이토 히로부미

살려지지 않은 이야기들

정일성

이토 히로부미 알려지지 않은 이야기들

초판 1쇄 발행 2002. 8. 20
초판 4쇄 발행 2021. 2. 5

지은이   정일성
펴낸이   김경희
펴낸곳   (주)지식산업사
주소   서울시 종로구 자하문로6길 18-7(통의동)
전화   (02)734-1978(대)
팩스   (02)720-7900

인터넷한글문패 지식산업사
인터넷영문문패 www.jisik.co.kr
전자우편 jsp@jisik.co.kr, jisikco@chollian.net

등록번호 1-363
등록날짜 1969. 5. 8

ISBN 89-423-2048-1 03990

책값 12,000원

이 책을 읽고 지은이에게 문의하고자 하는 이는 지식산업사 e-mail로 연락 바랍니다.

들머리

이토 히로부미(伊藤博文)만큼 우리 민족에게 이름이 널리 알려져 있으면서 실체가 베일에 싸인 일본 사람도 없을 듯싶다. 그는 한말(韓末) 한국통감으로 우리 국정을 농단한 '악인'이었다. 그 때문에 하얼빈에서 안중근 의사에게 사살되었다. 물론 이쯤은 우리가 다 아는 이야기다. 하지만 좀더 자세히 그에 대한 지식을 묻는다면 머뭇거릴 수밖에 없다. 거기에는 여러 가지 까닭이 있겠지만, 무엇보다 그에 관한 연구가 우리에게는 거의 없는 데다 한민족을 탄압했던 그의 죄상을 알아보기 쉽게 정리한 책자 하나 없는 탓일 것이다.

이토가 우리 민족에게 저지른 죄악은 실로 손꼽을 수 없을 만큼 많다. 안중근 의사가 재판과정에서 그를 사살한 이유로 내세운 죄목만도 열다섯 가지나 된다. 명성황후를 시해한 죄, 고종황제를 물러나게 한 죄, 을사조약과 한일신협약을 강제로 맺은 죄, 독립을 요구하는 무고한 한국인들을 마구 죽인 죄, 정권을 강제로 빼앗아 통감정치 체제로 바꾼 죄 등이 비교적 무거운 죄목에 속한다.

더구나 그가 통감으로 3년 6개월 동안(1905년 12월 21일~1909년

6월 14일) 군림하면서 우리나라를 일본의 식민지로 만들기 위해 자행한 죄상은 이루 헤아릴 수 없을 정도이다. 그 가운데서도 우리 민족성을 왜곡한 행위는 좀처럼 지울 수 없는 악질적인 죄악으로 꼽힌다. 왜냐면 그 후유증이 아직도 우리 사회에 계속되고 있기 때문이다. 그는 한말 민족 지도층을 총칼로 위협하거나 금품으로 매수하고 스파이를 양성하여 서로를 분열시켜 대한제국을 파멸로 이끌었다. 일본의 압제에서 벗어난 지 반세기가 넘도록 민족분열과 친일문제 등을 청산하지 못하고 있는 현실도 따져보면 이토의 한민족 분열 공작에서 그 뿌리를 찾을 수 있다. 국내 학계가 그를 '아시아 침략의 원흉', '일본 제국주의 수괴' 또는 '동양 평화를 파괴한 주범'으로 평가하는 이유도 바로 그 때문이다. 다시 한번 강조하지만, 그는 19세기 말 제국주의가 한민족을 비극의 나락으로 밀어 넣은 우리 민족 '공적(公敵) 1호'다. 반면 일본에서는 근대 일본의 가장 훌륭한 정치가로 자리매겨져 있다. 이토는 1984년까지 1천 엔짜리 일본 지폐의 얼굴이기도 했다.

근대 일본은 이른바 '메이지(明治)유신'이라는 혁명을 일으켜 국가 쇄신운동에 나섬으로써 시작되었다. 20~30대 하급 무사들이 주축을 이룬 유신 세력은 부국강병책을 추진하며 구미 열강의 침입에 슬기롭게 대처하여 제국주의 국가를 이루는 데 성공했다. 그 중심에 선 인물이 바로 우리에게는 '이등박문'으로 불리는 이토 히로부미이다. 그는 사이고 다카모리(西鄕隆盛)나 오쿠보 도시미치(大久保利通)와 견준다면 유신의 주역은 아니었지만, 그들의 뒤를 이어 새로운 시대의 뼈대를 만든 실무형 지도자였다.

이토는 44세에 초대 총리대신에 오른 뒤 네 번이나 일본 수상을 역임했다. 일본 왕 텐노(天皇) 자문기관이었던 추밀원의 의장과 오늘날 국회 상원에 해당하는 귀족원 의장도 그가 테이프를 끊을 정도였다. 그는 청일전쟁과 러일전쟁을 지휘 주도했으며 '대일본제국헌법'을 만들어 텐노제(天皇制) 국가를 확립하는 데 앞장서기도 했다. 이토는 천민 계급인 농부의 아들로 태어나 '일인지하(一人之下) 만인지상(萬人之上)'의 재상 자리를 거머쥔 이야기로도 유명하다. 그래서 일본 학계는 주저없이 그를 메이지 정계를 대표하는 제1급 정치가로 꼽는다.

일본의 근현대사는 메이지 시대를 국운 융성의 시발점으로 기록한다. 오늘날 일본 국민들 특히, 보수 우익들은 메이지 시대를 가장 동경하며 복고운동에 앞장서고 있다. 제2차세계대전에 패한 일본은 지난 1968년 메이지유신 100주년을 맞아 국민정신을 가다듬는 기념행사를 대대적으로 펼친 적이 있다. 메이지백주년 기념준비위원회는 그때 "메이지유신은 '세계를 고무시킨 장거(壯擧)'로 이 빛났던 시대는 다가오는 새천년의 또 다른 영광을 위한 거울이다"고 주장하고, "이는 발전 도상에 있는 이웃 여러 우방국의 새로운 국가 건설에도 본보기가 될 것"이라며 과거 피지배국가 국민들의 심기를 불편하게 만들었다. 지난 1999년에는 국회의 의결을 거쳐 메이지 시대에 사용하던 제국주의의 상징인 '히노마루(日の丸)' 일장기와 일본국가 '기미가요(君が代)'를 '평화헌법국가'로 자처하는 현재 일본의 정식 국기와 국가로 다시 채택, 전후 일본이 전전(戰前)과 다르지 않음을 세계 만방에 알렸다. 그뿐만이 아니다. 세계인의 축제인 '2002 월드컵'을 한국과 공동 개최하면서 '관방장관'이라는 지도급 각료가 '평화 제전'의 본분을 망각하고 개막식이 열린 5월 31일 '일본의 핵무장은 현행 일본 헌법상 문제가 없다'는 발언을 하여 또 한번 아시아인의 눈살을 찌푸리게 했다.

이쯤되면 다음과 같은 의문이 생긴다. 우리는 왜 일본의 식민지배를 받게 되었을까. 또 제국주의 시대가 가고 세기(世紀)가 바뀌었는데도 역사교과서 왜곡이라는 또 다른 '역사 침략'과 일본 정치인들의 분별 없는 망언수모를 당하는 것일까. 이 책은 바로 그 해답을 찾아보기 위해 기획되었다.

일본의 역사 왜곡은 사실 어제오늘의 일이 아니다. 그들은 메이지유신 때부터 역사를 왜곡하기 시작했다고 해도 틀린 말이 아니다. 이는 '메이지 역사는 픽션이다'고 단언한 평론가 니시베 스스무(西部邁)의 고백에서도 명백히 확인할 수 있다. 일본은 침략의 정당성을 강조하기 위해 한·일 또는 중·일 관계사를 날조하여 마치 진실인 것처럼 일본 국민들을 속였다. 그러한 터무니없는 역사왜곡 행위가 아시아 여러 나라의 규탄의 대상이 되는 것은 주지의 사실이다. 그럼에도 이른바 '황국사관'에 젖은 일본 위정자들은 반성은커녕 침략 역사를 그들의 입맛에 맞게 자의적으로 해석, 여전히 왜곡을 서슴지 않고 있다.

우리는 일본 정치인들이 과거 아시아 침략을 정당화하는 망언을 되풀이할 때마다 분을 삭이며 그들의 정신 상태를 개탄해 왔다. 물론 이런 지경에 이르기까지는 우리의 책임이 더욱 무겁다고 아니할 수 없다. 그러면서도 그에 대한 연구와 대책 마련을 게을리한 점은 숨길 수 없는 사실이다. 필자는 지난해(2001년) 《후쿠자와 유키치》 평전을 내면서 근대 한일관계사 한국측 자료가 크게 부실함을 절감했다. 특히 이토를 주제로 한 연구는 전무하다시피 하다. 현재 시중 서점에 나와 있는 이토에 관한 서적은 한두 권에 불과하다. 그나마 일본인의 입맛에 맞게 쓴 책을 번역한 것이 고작이다. 이러한 현실이 이토의 행적을 추적하도록 하는 데 자극제가 되었음은 말할 필요도 없다.

따라서 이 《이토 히로부미》는 그의 일생을 해부하여 한민족에게 가한 죄상을 명확하게 다시 밝히고 오늘날 일본인들의 역사 왜곡이 얼마나 허무맹랑한가를 입증해 보이려는 데 참뜻이 있다. 아울러 수치스런 역사를 반성하고 나아가 새로운 한일관계의 위상을 정립하는 데도 보탬이 되리라 확신한다. 내용은 안중근 의사가 지적한 이토의 죄상을 명증하는 데 역점을 두었다. 또 독자들이 일본 근대사를 더 쉽게 이해할 수 있도록 메이지유신 주체들의 역학 관계를 비화 중심으로 엮어 일본의 근대화 과정을 설명했다. 이야기 가운데 '이토를 죽인 암살범이 따로 있다'는 주장과 '고메이(孝明)왕을 죽이고 부하를 메이지텐노(明治天皇)로 삼았다'는 설은 지금까지 알려지지 않았던 관점이어서 정말 충격적이다.

끝으로, 이 책을 기꺼이 출판해 주신 지식산업사 김경희 사장과 편집진에게 심심한 감사의 뜻을 표한다.

2002년 7월
정일성

▣ 차 례

일러두기

1. 개화기 우리나라 국호는 원칙적으로 '조선'이라 쓰고 1897년 10월 12일 '대한제국'으로 바뀐 다음부터는 '대한제국' 또는 '한국'으로 표기했다. 다만 인용한 자료는 원문을 그대로 살렸다.

2. 일본 왕에 대한 호칭은 일본어 원음대로 '텐노'로 표기하고 우리말로는 황국사관을 벗어나는 관점에서 '천황' 대신 '왕'으로 옮겼다.

3. 고종왕비는 '민비'나 '명성왕후'가 아닌 '명성황후'로 표기한다.

1. 인과응보

이토의 심장을 뚫다
암살범은 따로 있다?
이토는 죽어야만 했다

이토의 심장을 뚫다

囘

이토 히로부미(伊藤博文)의 하얼빈 피격(被擊) 장면은 한편의 미국 서부영화를 연상케 한다. 그의 죽음이 너무나 극적이기 때문이다. 그는 자타가 공인하는 검술(劍術)의 명수였다. 칼을 다루는 솜씨는 물론이고 호신술도 뛰어났다. 그는 이런 칼솜씨를 무기로 메이지유신 전후 청년시절, 권력을 잡기 위해 과격한 행위를 서슴지 않았다. 외국인들을 몰아내야 한다며 뜻을 같이한 동료들과 함께 영국공사관을 습격하는가 하면 눈에 거슬리는 반대파를 칼로 찔러 죽이기도 했다. 일본 역대 수상들 가운데 사람을 암살하고도 그 자리에 오른 문관 출신은 오로지 이토뿐이다. 그런 검술의 달인이 그의 말대로 총탄에 "당했다"(やられた : 이토는 자신이 총탄 세례를 받자마자 이렇게 표현했다). 아이러니라고 할 수밖에 없다. 신성불가침의 절대 권력자 메이지왕마저 제 손안에 쥐었다 폈다 할 정도로 일본정국을 마음대로 주무르던 그가 총을 맞아 숨을 거둘 줄이야 어느 누가 상상이나 했겠는가. 하지만 우리 민족에게 이것은 '나쁜 짓을 하면 천벌을 받게 된다'는 인과응보(因果應報)의 교훈으로 보였다. 우리 현대사에서 이른바 '10·26사건'으로 기록

되는 박정희(朴正熙) 전 대통령의 시해사건이 일어난 바로 그 날이 이토 히로부미가 안중근(安重根) 의사의 총격을 받고 눈을 감은 날이다. 두 사건은 70년이라는 세월의 간격을 두고 약간의 시간차는 있지만, 같은 날 일어나 역사의 우연 치고는 정말 공교로운 일이 아닐 수 없다.

기록이 전하는 이토의 마지막 여행은 신흥 일본제국(日本帝國)의 위세를 충분히 실감할 수 있게 한다. 이토는 중국 흑룡강성 성도(省都)인 하얼빈(哈爾賓)역 1번 플랫폼에서 러시아군 의장대를 사열하던 1909년 10월 26일 오전 9시 30분 전까지만 해도 마치 한 나라의 제왕(帝王)이나 다름없었다. 그만큼 러시아가 그에게 칙사 대접을 한 것이다. 우선 그의 여행을 위해 러시아가 내어준 특별 열차는 호화롭기 그지없었다. 모두 6량으로 편성된 열차는 귀빈칸과 응접칸이 따로 연결되었다. 귀빈칸에는 바닥에 두터운 양탄자가 깔리고 안락의자와 집필용 책상, 자유롭게 움직일 수 있는 독서용 램프 등이 비치되었다. 응접칸에는 호화로운 고급 테이블과 소파는 물론 술을 마실 수 있는 바까지 갖춰 놓았다. 열차를 끄는 기관차는 막 들여온 최신형이었다.

러시아가 이토 일행에게 이처럼 호화열차를 선뜻 내준 데는 회담을 앞두고 기선을 잡기 위한 은근한 자랑의 뜻도 들어 있었다. 러시아는 1903년 이미 시베리아 횡단철도를 완공하고 1907년 여름부터 블라디보스토크와 장춘(長春)역을 시발로 모스크바 사이에 급행열차를 운행하기 시작했다. 이 급행열차는 러시아 국영 특급 침대객차와 국제침대회사(본사 벨기에)의 호화객차로 편성되어 말 그대로 움직이는 궁전이었다. 러시아 정부가 이 급행열차를 '호화로운 10일 동안의 이동궁전'이라 이름 붙일 만했다. 이 열차를 이용하면 런던이나 파리에서 출발하여 하얼빈 등 도중에서 바꿔 타도 상하이(上海)까지 16일밖에 걸리지 않았다. 35일 동안의 배 편 여행과 견주면 훨씬 빠른 데다 값이 싸고 홍해나 인도양의 열대병 에 걸릴 염려가 없어 인기가 높았다.

이토의 공식 수행원도 무로다 요시아야(室田義文) 귀족원 의원을 비롯하여 무라다 아쓰시(村田惇) 육군중장, 후루야 히사쓰나(古谷 久綱) 추밀원 의장 비서관, 모리 카이난(森槐南) 궁내대신(宮內大 臣) 비서관, 나카무라 제코(中村是公) 남만주철도회사 총재, 고야마 요시(小山善) 주치의 등 10명이 넘었다. 특히 고야마는 십 수년 동 안 이토가(伊藤家)의 주치의로 일해 왔으며 러일전쟁 전 이토가 미 국·유럽 등 각국과 외교교섭을 위해 여행을 할 때도 수행했었다.

일행을 태운 특별열차는 10월 25일 밤 11시 장춘을 출발하여 이 튿날 오전 9시 정각에 하얼빈역에 도착했다. 장춘에서 하얼빈까지 는 급행으로 6시간 거리지만 러시아가 시간을 적당히 조절하여 9 시에 도착하도록 했다. 이토의 회담상대인 코코프체프 러시아 재 무상은 이에 앞서 동청(東淸)철도 민정(民政)부장 아파너세프 소 장을 비롯하여 영업과장, 호경(護境)군단 군무장(軍務長), 헌병대 위 등을 장춘까지 보내 이토를 수행하도록 했다. 이토는 열차가 장춘을 출발하자마자 러시아측 수행원들과 식당 칸에서 30여 분

이토 일행을 맞이하기 위해 하얼빈역 플랫폼에 줄지어 선 러시아군 의장대.

동안 음료를 들면 서 담소를 나누고 자기 자리로 돌아 와 가와카미 도시 히코(川上俊彦) 하얼빈 총영사에 게 만주 현황을 보고 받았다. 그

런 다음 새벽 1시쯤 잠자리에 들었으나 좀처럼 잠을 이루지 못했다. 그는 아침 8시에 일어나 무로다를 불러 밖은 추우니 두터운 옷으로 갈아입는 편이 좋겠다고 일렀다. 10월 하순인데도 열차 밖은 이미 수은주가 영하 5도를 가리키고 있었다.

열차가 멈추자 플랫폼에 도열해 있는 러시아 의장대의 모습이 귀빈칸 차창으로 들어왔다. 곧이어 코코프체프 러시아 재무상이 벤틀 동청철도 부총재와 함께 귀빈차로 올라왔다. 코코프체프는 이미 24일 하얼빈에 도착하여 이토의 환영준비를 점검하고 있었다. 코코프체프는 프랑스어로 말하고 다나카 세지로(田中淸次郎) 남만주철도회사 이사가 이를 통역했다(코코프체프 혼자 올라와 이토와 대담하고 통역은 가와가미가 맡았다는 설도 있다). 이때 이토와 코코프체프가 서로 주고받은 대화는 기록마다 조금씩 다르지만 한 가지 분명한 이야기는 이토가 일본정부를 대표하여 코코프체프를 만나러 만주에 오게 되었다고 말한 사실이다. 따라서 그가 만주여행에 앞서 도쿄에서 외교단과 신문기자들에게 밝힌 개인적이라는 여행목적은 거짓말이 되어 버렸다.

코코프체프와의 대담은 20여 분 동안 계속되었다. 코코프체프는 이야기를 끝낸 다음 이토에게 러시아 의장대를 사열해 달라고 요청했다. 미리 합의된 일정에 사열행사는 없었다. 이 점에 대해 "보통 의장대 사열은 미리 결정하는 외교 의전 사항인데 러시아측이 왜 갑자기 이를 요구했는지는 수수께끼다"라고 일본 역사서는 기록하고 있다. 이에 이토는 정장을 입지 않았다며 일단 사양했으나 코코프체프는 뜻을 굽히지 않고 거듭 사열을 청했다. 이토는 하는수없이 그의 뜻에 응할 수밖에 없었다. 이렇게 하여 이들은 9시 25분쯤 열차에서 내려 사열에 들어갔다. 의장대는 귀빈칸의 정면에 자리하고 있었다. 그리고 열차를 향해서 왼쪽으로 각국 영사

열차에서 내린 이토가 환영 나온 러시아 인사들과 손을 들어 인사를 나누고 있다.

들과 환영 나온 일본 거류민 대표들이 줄을 서 있었다. 경비는 청나라 군대가 맡았다. 이토는 그의 오른쪽에서 안내하는 코코프체프와 함께 걸으며 그가 소개한 요인들과 목례를 하고 악수를 나누었다. 사열은 각국 영사(領事)석을 마지막으로 되돌아가게 되어 있었다. 이토는 하얼빈 시장 베르그와 인사를 마친 다음 다시 뒤로 발길을 돌렸다. 따라서 코코프체프는 이토의 왼쪽에 서서 걷게 되었고 오른쪽은 의장대로 바뀌었다. 그 가운데서 약간 뒤에 나카무라 만주철도 총재와 가와카미, 무로다, 다나카, 모리 등이 뒤를 이었다. 여러 나라 영사들과 일본 거류민, 그리고 일본상사 지점장들과는 뒤에 다시 간담회 시간이 예정되어 있어서 플랫폼 행사는 얼마 걸리지 않았다.

　사열이 거의 끝나고 이토를 가까이 보려고 앞으로 몰려나왔던 일본 거류민들이 제자리로 막 돌아가는 순간이었다. 갑자기 난데없는 총소리가 찬 공기를 갈랐다. 총성은 연달아 세 발이 이어졌다. 동시에 이토는 술에 몹시 취한 사람처럼 비틀거리고 뭔가 의지할 것을 찾는 듯이 손을 저었다. 그 뒤에도 총성은 세 발이 계속되었다. 이토의 뒤를 따르던 가와카미, 모리, 다나카 등 세 명도 차례로 몸이 앞으로 구부러졌다. 모든 일이 눈 깜짝할 사이에 벌어졌다. 이토보다 조금 앞서 가던 코코프체프가 뒤를 돌아보고 오른손을 내밀어 이토를 부축하려고 했다. 그때야 뒤를 따라가던 무로다, 후루야, 나카무라 제코 등이 달려와 이토를 일으켜 세웠다.

무로다 등은 코코프체프의 말을 듣고 이토를 열차의 응접칸으로 옮겨 중앙의 큰 테이블에 담요를 겹쳐 깐 즉석침대에 눕혔다. 주치의 고야마는 거류민 대표단에 있던 일본인, 러시아인 의사 등과 함께 응급처치를 위해 이토의 옷을 벗겼다. 오른쪽 가슴과 복부에서 선혈이 흘러내리고 있었다. 총탄은 세 발이 들어간 구멍은 있어도 어느 하나도 빠져 나온 흔적이 없었다. 의사들은 부랴부랴 상처 부위에 약솜을 대고 정신을 차리게 하려고 이토에게 브랜디 양주를 권했다.

이때 이토는 "당했다"고 분한 듯이 말하며 누가 쏘았는지 궁금해 했다. 곁에 있던 무로다 귀족원 의원은 자기도 총탄을 맞은 경험이 있다며 이 정도로는 죽지 않으니 힘을 내라고 격려했다. 그는 미도번(水戶藩) 출신으로 메이지유신 때 막부(幕府) 쪽과 싸우면서 오른쪽 어깨에 총탄을 맞은 적이 있었다. 이토는 "자네보다 내가 당한 횟수가 더 많으나 이번처럼 심한 적은 없다"며 살아날 가망이 없음을 내비쳤다. 그는 다친 사람은 더 없느냐고 묻고, 모리 비서관이 부상을 당했다고 말하자 "모리군도 당했는가"라고 중얼거리며 눈을 감았다. 이때 러시아측이 조선인 한 명을 저격 범인으로 붙잡았다는 보고를 했다. 무로다가 이 사실을 알려주자 이토는 "그런가. 바보 같은 놈이다(バカなやつだ)"고 신음하듯이 말했다. 이 한마디가 그가 남긴 최후의 말이었다.

이 말은 듣기에 따라서는 여러 가지로 뜻을 달리 새길 수 있다. 일본 사가들의 해석처럼 '병합방침은 이미 결정되어 있는데 나를 죽여봤자 병합일정만 앞당길 뿐 아무 소용없다'는 뜻을 그렇게 표현했는지도 모를 일이다. 이토는 한마디 유언이라도 해달라는 비서관 후루야의 간청에 아무런 대답도 없이 총을 맞은 지 30여 분만인 오전 10시 조금 안 돼 마침내 숨을 거두고 말았다. 예순여덟

위: 이토를 저격한 바로 뒤에
검거된 안중근 모습.
아래: 안중근이 이토를 저격한
브라우닝 권총(가운데)과 총탄.
(위는 콜트 권총)

살의 나이로 한국통감을 그만둔 지 134일 만
이었다.

한편 총성이 터진 환영식장은 땅에 넙죽 엎
드리는 사람, 달아나는 사람, 서로 붙들고 아
우성치는 사람들로 아수라장을 방불케 했다.
그런 가운데 의장대 뒤쪽에서 러시아말로 '한
국 만세'를 외치는 우렁찬 목소리가 터져 나와
군중의 시선이 쏠렸다. "코리아 우라(한국 만
세), 코리아 우라……" 러시아 의장병들은 곧
자기들의 대열 뒤에 권총을 들고 서있는 사나
이를 목격했다. 그들의 눈에는 마치 일본사람
으로 보였다. "일본사람이 일본사람을……" 이
란 말이 여기저기서 터져 나왔다. 그러나 그는
다름 아닌 한국사람 안중근이었다. 안중근은
니콜라이 미트로파노비치 니키포로프 기병 1
등 대위 등 러시아 장교들에게 체포되어 곧바
로 철도헌병대 분실로 연행되었다. 그가 갖고
있던 7연발식 브라우닝 권총도 압수당했다.
권총은 신품으로 탄창에는 탄두에 십자를 새
긴 탄알 한 발이 남아 있었다.

인간에게는 자기 운명을 감지하는 영감이 있는 것일까. 이토 히
로부미는 살아 돌아올 수 없는 땅이 된 하얼빈으로 출발하기에 앞
서 미국유학을 떠나려던 아들 이토 후미요시(伊藤文吉)를 오이소
(大磯)의 집으로 불러 여러 가지를 당부했다. 후미요시는 그때 스
물네 살로 이토가 본부인이 아닌 가정 밖에서 얻은 아들이었다.
이토는 그만큼 일본사회에서 소문난 바람둥이였다. 그는 죽을 때

까지 단 하루도 여자 없이는 잠을 이루지 못할 정도였다고 한다. 아무튼 이토는 그와 기질이 닮은 후미요시를 좋아했다. 이토는 우선 이렇게 말머리를 꺼냈다.

"인간에게는 저마다 지니고 태어나는 천분(天分)이 있다. 나는 네게 무엇이든 나의 뜻을 따르라고 무리한 요구는 하지 않는다. 갖고 태어난 천분이라면, 예를 들어 네가 걸식을 하게 되더라도 나는 결코 슬퍼하지 않을 것이다. 또한 부자가 되더라도 기뻐하지 않을 것이다."

《시덴(史傳) 이토 히로부미(伊藤博文)》를 쓴 미요시 도루(三好徹)는 자신의 책에서 "이 말에는 이토의 허세가 들어 있는 면이 없지 않지만 그의 인생관을 잘 보여주는 대목"이라고 전제하고 "그의 주변에는 흉금을 터놓을 만한 사람이 없었기 때문에 아들에게 솔직한 심정을 토로하지 않았나 짐작된다"고 썼다. 이토는 이어 후미요시에게 텐노(天皇)에 대한 충성심을 설명한 다음 지성(至誠)을 특별히 강조했다.

"충의(忠義) 다음으로 중요한 일은 지성이다. 지성은 귀신을 울리고 천지를 움직인다는데 이는 진실이다. 나는 젊을 때부터 몸과 마음을 국왕에게 바쳐 오직 나라를 위해 힘을 다해 왔다. 내 마음은 항상 무슨 일에 집착하지 않고 오로지 지성이라는 두 글자뿐이기 때문에 반드시 귀신을 울리고 천지를 움직여 보이겠다. 너도 충의의 두 글자 다음으로는 지성이라는 두 글자를 깊이 가슴에 새겨두는 것이 좋다."

이 말에 대한 미요시 도루의 견해는 상당히 비판적이다. 이토가 텐노제(天皇制)를 창안했으므로 텐노에 대한 충성심의 강조는 당연한 일이지만 지성을 가지고 후미요시를 훈계한 일은 조금은 과장이라는 지적이다. 이토는 지사(志士)활동 시절 자기를 도와준

다카스기 신사쿠(高杉晉作)▮주1가 병상에 누워 있는데도 병문안 한 번 하지 않고 외면했으며 사쓰마(薩摩) 출신인 오쿠보 도시미치(大久保利通)▮주2를 가까이함으로써 같은 조슈(長州) 출신으로 은인이었던 기도 다카요시(木戶孝允)▮주3의 애를 태우기도 했다. 그러나 이런 일들을 모두 잊고 아들에게 지성을 강조한 데서 이토의 적극적 성격을 엿볼 수 있다며 이것이 그의 출세비결의 하나라고 미요시 도루는 밝혔다. 이토는 끝으로 후미요시에게 몸조심하라는 당부와 함께 아래와 같이 이토다운 말을 이었다.

"학문은 읽는 학문도 필요하지만 '귀(耳) 학문'도 필요하다. 사람은 살아있는 책이기에 서양에 가면 널리 사람을 만나고 식견을 넓혀 어떤 사람과 무슨 문제를 논의하더라도 상대가 되어 이야기를 주고받을 수 있게 되는 일이 무엇보다 중요하다. 사회와 사물은 저마다 겉과 속이 있게 마련이어서 넓고 깊게 사물의 안팎을 통찰하여 잘 통하는 일이 바로 안목이다. 관찰의 세밀함은 서양 사람의 특색이고 허술함은 동양 사람의 약점이다. 사물을 이루는 데는 순서가 있다. 엉뚱함은 금물이다. 상식적인 운용이 가장 중요하다. 적어도 천하에 한 가지 일을 이루려면 목숨을 거는 일이 다반사인데 내가 지금까지 살아있다니 나 자신이 생각해도 이상할 정도다. 너도 내 뜻을 따르려면 이를 각오해야 한다. 의타심을 가져서는 안 되며 다른 사람의 힘을 빌려서도 안 된다."

▮ 주1   1839~1867. 막부 말기의 지사. 1861년 조슈번 존양파 동지들과 함께 도쿄 시나가와에 있던 영국대사관을 방화. 1863년 기병대를 조직하여 외세와 싸우고 번 정부에 반기를 들어 번정(藩政)을 제압한 뒤 막부군과 싸워 이겼으나 메이지유신을 눈앞에 두고 1867년 4월 병으로 죽음.

▮ 주2   1830~1878. 막부말 메이지 전기의 정치 지도자. 유신에 참여하여 막부를 무너뜨리고 왕정복고에 결정적 역할을 함. 정한론에 반대하여 정한파를 몰아내고 내무경이 되어 정부 내 세력 장악. 도쿄에서 암살됨.

▮ 주3   1833~1877. 막부말 왕정복고를 주장하며 폐번치현(廢藩置縣) 등 유신운동에 적극 가담한 유신정권의 핵심 정치가. 왕정복고 뒤 사이고 다카모리·오쿠보 도시미치와 함께 '유신3걸'로 추앙받음.

이토의 말처럼 그의 학력은 열여섯 살 되던 해 요시다 쇼인(吉田松陰)[주4]의 쇼카손주크(松下村塾)에서 잠깐 공부하고 이십대 초반 영국에서 1년 남짓 유학하며 어깨너머로 배운 것이 전부다. 그가 '귀 학문'을 강조한 것도 바로 이 때문이다. 또 막부말 서양을 배우기 위해 몰래 영국으로 갔다가 고향 조슈가 외세침입 등으로 혼란에 빠지자 유학을 그만두고 돌아온 일 등은 모두 목숨을 건 일이었다. 그 가운데서도 다카스기 신사쿠 편에 가담하여 존왕양이(尊王攘夷)파 동료들과 함께 도쿄 시나가와(品川)에 있던 영국공사관을 습격한 일은 그가 생각해도 목숨이 몇 개라도 모자라는 어이없는 일이었다. 그는 특히 유신 전 혼란기 권력쟁취를 위해 교토(京都)로 가면서는 닥칠지도 모르는 위험을 내다보고 독약을 옷소매에 감춰 갈 정도였다.

당시는 암살이 횡행하던 시대로 수많은 청장년들이 반대파의 칼에 찔려 목숨을 잃기 일쑤였다. 사카모토 료마(坂本龍馬),[주5] 나카오카 신타로(中岡慎太郎)[주6] 등이 대표적 인물이다. 이토는 유신이 성공하여 메이지 공신이 된 뒤에도 습격을 당하여 목숨을 잃을 뻔한 적이 한두 번이 아니었다. 그래서 일흔 살 가까이 살아있는

주4　1830~1859. 막부 말기의 근왕파 지사, 사상가, 교육자. 작은아버지가 운영하던 쇼카손주크 사숙을 물려받아 청소년을 교육. 기도 다카요시·다카스기 신사쿠·이토 히로부미 등 많은 인재를 배출함. 안세이 다이코쿠(安政大獄)에 연루되어 옥사함.

주5　1835~1867. 막부 말기 일본 개명운동에 앞장선 유신운동가. 한때 막부의 개명노선과 가까웠으나 도사(土佐)번주 야마노우치 도요시게(山內豊信)를 움직여 막부정권을 조정으로 넘기는 데 기여. 관제개혁·외교쇄신·법전제정·해군확장 등에 노력하다 11월 15일 나카오쿠 신타로와 함께 암살됨.

주6　1838~1867. 막부 말기 존왕양이운동에 가담한 지사. 육원대(陸援隊)를 조직하여 유신활동. 삿조(薩長) 군사동맹을 실현하여 막부를 무너뜨림. 개혁을 추진하던 가운데 암살됨.

자체가 이상할 정도라고 한 말은 결코 과장이 아니다.

이토는 아들에게 이처럼 의미심장한 말을 남기고 그해 10월 14일 오후 5시 20분 집에서 가까운 오이소역에서 시모노세키(下關)행 급행열차를 타고 여행길에 올랐다. 시모노세키로 가는 급행열차는 보통 오이소역에서는 정차를 하지 않지만 이 날만은 추밀원 의장 이토의 만주여행을 위해 특별히 멈췄다. 추밀원은 1888년에 설치된 텐노의 최고 고문기관으로 초대의장이 이토였다. 한국통감으로 재직하다가 그해 6월 다시 발령을 받아 네 번이나 의장을 맡은 셈이었다. 그의 직함이 직함인지라 출발 전 연도에는 체신대신 겸 철도원(鐵道院) 총재인 고토 신페이(後藤新平)를 비롯하여 해군대장 가바야마 스케노리(樺山資紀), 사위 스에마쓰 겐초(末松謙澄), 오이소 촌장 등 100여 명이 나와 환송했다.

고토는 1906년 1월에 설립된 남만주철도 초대총재로 1908년 7월 제2차 가쓰라 다로(桂太郎) 내각에 체신상으로 처음 입각했다. 이토는 160cm의 작달막한 체구로 중절모를 쓰고 여행용 검은 프록코트를 걸친 가벼운 차림이었다. 그래서인지 약간 뚱뚱해 보이기도 했다. 그는 비상시를 대비해 그동안 모아둔 단도(短刀) 두 자루와 단추를 누르면 칼날이 튀어나와 무기가 되는 호신용 지팡이를 지닌 채 떠났다. 도검(刀劍)수집은 기방(妓房) 유희를 빼면 그의 둘도 없는 취미였다.

이토는 이들 환송객들에게 "이번 출장은 국가를 위한 최후의 봉사가 될 것이다. 코코프체프 재무상과는 서로 국가를 대표하여 기탄 없는 이야기로 고토군의 기대에 답할 작정이다. 여러분 내년 정월에는 우리 집에서 맛있는 술을 함께 마시자"며 기분 좋게 웃으면서 차에 올랐다. 이토 일행은 15일 시모노세키에 도착하여 순반로(春帆樓)에서 하룻밤을 묵었다. 이곳은 그가 하급무사 시절 추억이 많은 곳이자 청일전쟁 뒤 청나라 이홍장(李鴻章)과 외교 담판을 짓던 곳이기도 하다.

이토는 다음 날 모지항(門司港)으로 건너가 오사카상선회사의 '데쓰레이마루(鐵嶺丸)'를 타고 18일 정오 중국 대련(大連)항에 도착했다. 그는 19일 저녁 그곳에서 열린 관민연합환영회에 참석, 일본인·중국인·유럽인 등 300여 명이 모인 가운데 연설을 했다. 그는 이 자리에서 "이번 여행은 만주구경이 처음이라 단순한 유람이다"라고 밝히고, "시찰을 마치고 돌아가면 '극동의 평화'를 위해 문호개방과 기회균등이 보장되는 '문명의 길'을 여는 데 최선의 노력을 다하고 싶다"고 말했다. 이어 21일에는 여순(旅順)의 이룡산(二龍山)에 올라 러시아군 전사자 묘를 참배했다. 또 24일에는 봉천(奉天)에서 51.9km 떨어진 푸순(撫順) 탄광을 돌아보고 다시 봉천으로 돌아와 밤을 보낸 다음 25일 아침 장춘으로 떠났다.

이토와 코코프체프의 회담이 열릴 예정이던 하얼빈은 19세기 중반까지만 해도 건물도 별로 없는 황량한 들판이나 다름없었다. 1890년대 들어 러시아가 동방경영의 중심으로 정하고 개발에 나서면서 북부 만주의 중심지로 탈바꿈했다. 당시 인구도 급격히 늘어 5만 명을 넘었다. 시가지가 번화하여 '마법의 도시'로 불리기도 했다. 러시아는 동방을 효율적으로 경략하기 위해서는 무엇

이토 일행이 러일전쟁 당시 많은 희생자를 낸 여순 이룡산(二龍山)의 격전지를 돌아보고 있다.

20세기 초 북부 만주, 교통의 요지였던 하얼빈역.

보다 모스크바에서 블라디보스토크를 잇는 시베리아 철도의 부설이 시급한 과제였다. 그러나 자국 영토로만 연결할 때 모스크바에서 블라디보스토크까지는 직선거리로도 9,297km나 되었다. 청나라 영토인 하얼빈을 거치게 되면 549km가 단축된다.

이에 러시아는 1896년 6월 러청협정을 체결하고 동청철도회사를 설립, 철도부설공사에 나섰다. 러시아와 프랑스가 자금을 대고 청나라가 협력한 이 회사는 러시아 페테르부르크에 본사를, 북경에 지사를, 그리고 하얼빈에 철도청을 두었다. 이는 물론 이른바 '삼국간섭'의 공로에 따른 대가였다. 러시아는 2년 전 일어난 청일전쟁에서 청나라가 져서 요동반도를 일본에 내놓게 되자 프랑스·독일과 함께 이를 다시 청나라에 반환토록 압력을 넣어 성공을 거두었다. 러시아는 1897년 3월부터 공사를 시작하여 1903년 7월 중국 서쪽의 자바이카리스크[滿州里]에서 하얼빈을 거쳐 동쪽의 포그라니티누이[綏芬河]에 이르는 1,500km의 중국 내선을 완공했다. 이로써 1891년 5월부터 시작된 모스크바와 블라디보스토크를 잇는 시베리아 철도는 착공한 지 12년 만에 완전 개통되었다. 이는 당시의 기술로는 놀라운 일이었다.

러시아는 이에 앞서 1898년 3월 이홍장과 북경에서 여순 지역을 빌리는 '여대조지조약(旅大租地條約)'을 맺었다. 같은 달 독일이 산동성(山東省)에서 일어난 선교사 살해사건을 구실로 교주만(膠州灣)을 점령, 강제로 청국과 조차(租借)조약을 체결하자, 러시아는 독일의 침략에서 동맹국인 청나라를 보호하려면 러시아군의 요동반도 주둔이 필요하다며 여순을 점령하여 조차(租借)에 성공하게 된 것이다. 이리하여 러시아는 동양에 부동항 여순을 손에 넣고 1902년 1월 하얼빈에서 여순까지 860km의 남만(南滿) 지선(支線)을 개통했다. 모스크바에서 여순이 직접 연결되어 러시아 군용열차는 2주일이면 요동반도에 닿게 되었다. 이런 철도부설을 계기로 개발되기 시작한 하얼빈은 오늘날 핑쵸(浜州) 핑즈(浜綏) 창핑(長浜) 라핑(拉浜) 핑패이(浜北) 등 5개 노선이 교차하는 만주 동북지역 교통의 요충지가 되었다.

그렇다면 이토의 하얼빈 방문 목적은 과연 무엇이었을까. 물론 그는 출발할 때부터 개인적인 여행이라고 못을 박고 있지만 러시아측과 해결해야 할 문제가 한두 가지가 아니었다. 러일전쟁에서 승리한 일본은 포츠머스조약으로 그동안 러시아가 사용해오던 대련항을 폐쇄하고 이 항구를 통한 국제무역을 모두 막아버렸다. 이어 1907년 4월 대련에 남만주철도주식회사를 설립하고 러시아에게 빼앗은 장춘 이남 야전철도를 군에서 인계 받아 영업을 시작했다. 말하자면 만주지방 철도를 북쪽은 러시아가 남쪽은 일본이 운영하는 등 철도 이권을 두 나라가 나눠 가진 셈이었다.

이에 미국을 비롯한 유럽 각국은 있을 수 없는 일이라며 항의하고 나섰다. 이처럼 국제적 비판이 점차 거세지자 일본은 하는수없이 대련을 폐쇄조치하고 1년 만에 자유무역항으로 개방해야만 했다. 하지만 만주의 문호개방과 기회균등을 주장해 오던 미국은 이에 만족하지 않고 1909년 1월 '일본과 러시아가 양분하고 있는 만주철도를 중립화하여 각 나라가 공동으로 경영하자'고 제안했다. 그래서 서구 열강과 청나라는 미국의 제안에 러시아와 일본이 어떻게 대응하는가를 주목하였다. 이토의 만주여행도 이를 해결하기 위한 대처방안의 하나로 보였다.

《시덴(史傳) 이토 히로부미(伊藤博文)》에 따르면 동청철도 기관지 《하얼빈 웨스트니크》는 10월 21일자에서 "요즘 외교문제의 화두(話頭)는 뭐니뭐니해도 이토 공작과 코코프체프 재무상의 회견이다. 그러나 이 회견 결과를 예측할 수 없다 하더라도 이에 따라 현지 러시아 사람들은 좋은 성과를 기대하고 유럽 사람들도 중대한 의미를 부여하고 있는 모양이다. 프랑스 기자가 천진(天津)으로부터 취재하러 오는 일 하나만 봐도 그렇다. 영국 상인들 말에 따르면 영국 기자도 상해에서 블라디보스토크를 경유하여 현지로 출발했다고 한다. 또 봉천에 있는 영국 총영사가 두 사람의 회견 당일 비공식적으로 하얼빈에 온다는 설도 있다. 다시 말하면 영국이 이 회담에 대해 가장 큰 관심을 갖고 주목하고 있는 듯하다"고 전하고 있다.

나아가 이 신문은 24일자에서 이토의 여행목적을 더욱 단정적으로 보도하고 있다. "이토의 만주여행은 개인적이나 텐노의 마음에 따른 일이 아니라 정부의 뜻이라고 한다. 이토는 귀국하면 새로 생길 '남만주대수(南滿州大守)' 자리에 임명될 가능성이 높다. 이토가 남만주철도 정리를 비롯하여 이에 관한 모든 문제 처리를 위임받은 사실이 이를 뒷받침하고 있다. 게다가 나카무라 제코 남만주철도 총재가 수행하고 있는 점이 더욱 명백하게 입증하고 있다"고.

그러나 《이토 히로부미를 쏜 남자(伊藤博文を撃った男)》의 저자

사이토 미치노리(齋藤充功)는 견해를 조금 달리하고 있다. 사이토
는 그가 쓴 책에서 "이토와 코코프체프의 회담은 물론 만주 식민지
경영을 위한 일·러 협약을 논의하기 위함도 있었지만 그보다는 일
본의 한국병합에 따른 러시아측의 양해를 구하는 데 더 큰 목적이
숨겨 있었다"고 밝히고 있다. 사이토의 주장이 아니더라도 이토가
한일합방을 목적으로 만주여행을 추진했다는 증거는 다른 기록 여
기저기에서 확인할 수 있다. 안중근은 바로 이 점을 노렸던 것이다.

암살범은 따로 있다?

이토 히로부미가 절명하자 후루야 히사쓰나 비서관은 고야
마 주치의의 진단을 근거로 26일 오후 6시쯤 가쓰라 다로
(桂太郎) 당시 일본수상에게 사망 사실을 보고했다. 이 보고서에 따
르면 "공작(公爵)의 부상은 3개소의 맹관총창[주7]으로, 첫 번째는
오른쪽 윗몸 중앙 외면에서 일곱 번째 갈비뼈 사이를 향해 수평으
로 파고들어 가슴 안에 출혈이 많고 탄환은 아마 왼쪽 가슴에 있는
것 같다. 두 번째는 오른쪽 팔꿈치 바깥에서 팔꿈치 관절을 뚫고 아
홉 번째 갈비뼈 사이로 들어와 가슴과 배를 지나 왼쪽 늑골 아래에
멈춰 있다. 세 번째는 윗배 부분의 중앙에서 오른쪽으로부터 들어
와 왼쪽 복근(腹筋) 가운데 머물러 있다"고 직접적인 사망 원인을
밝히고 있다.

이토의 죽음은 사실상 오래전부터 예고된 일이었다. 비극은 일본
내각수상을 이미 네 번이나 지낸 그가 한국통감에 내정되면서부터
싹트기 시작했다. 1905년 12월 21일 초대 한국통감에 임명된 그는

주7   盲管銃創 : 총알이나 파편이 들어간 구멍만 있고 나온 구멍이 없어 몸 안에
       총알 파편이 그대로 남아 있는 총상.

부임하기가 바쁘게 우리나라를 실질적으로 지배하면서 식민지화(植民地化) 작업에 박차를 가했다. 모든 행정과 시책은 그에 초점이 맞춰졌다. 따라서 1909년 6월 14일 그가 한국통감을 그만두기까지 3년 반 동안은 일한합방을 위한 준비기간이었다고 해도 틀린 말이 아니다. 그의 통감 재임기간에 수립된 '한일병합' 방침이 이를 잘 말해주고 있다. 한국 식민지화 방침은 1909년 3월 30일 초안이 마련되었다. 이를 주도한 고무라 주타로(小村壽太郎) 외무상은 가쓰라 수상의 재가를 얻은 데 이어 4월 10일 휴가차 도쿄에 와 있던 이토를 찾아가 동의를 얻어내고 결행을 굳혔다고 한다.

아카사카구(赤坂區) 레이난사카(靈南坂)에 있던 이토의 관저에는 가쓰라 수상과 고무라 외무상이 함께 찾아갔다. 이들은 이 자리에서 "이는 한국 황제가 영토를 일본 황제에 양여하는 형식이므로 약탈을 의미하는 '합병(合倂)'이나 '합방(合邦)'이란 과격한 말을 피하고 '병합(倂合)'으로 하는 쪽이 좋겠다"고 서로 의견을 모았다고 기록은 전하고 있다. 따라서 엄밀히 말하면 한일합방은 이 '레이난사카 회담'에서 결정되었다고 할 수 있다. 《안중근과 이토 히로부미(安重根と伊藤博文)》의 저자 나카노 야스오(中野泰雄)는 "이토를 6월 14일 한국통감을 그만두게 하고 다시 추밀원 의장으로 추대한 인사도 가쓰라 내각의 일한병합 정책에서 출발한 묘안의 하나이다"라고 그의 책에서 지적했다.

추밀원 의장이 된 이토는 부통감에서 통감으로 승진한 소네 아라스케(曾禰荒助)에게 사무를 인계하기 위해 7월 1일 오이소(大磯)를 출발, 마산항을 거쳐 특별열차로 5일 서울에 도착하여 그 날 밤 통감부에서 열린 환송회에 참석했다. 일본정부는 그 사이 각의를 열고(6일) '일한병합' 방침을 정식 의결한 뒤 서울의 이토에게 이를 알렸다. 그러나 고종과 순종을 비롯한 우리나라 관료들은 이토 저격사건이 일어날 때까지만 해도 이런 사실을 까맣게 모르고 있었다. 이토는 이를 듣고 12일 스스로 한국 대신들을 위협하여 사법권과 감방사무를 일본에 위임토록 하는 협약을 소네 이름으로 체결했다. 13일에는 순종 황제가 취운정(翠雲亭)에서 베푼 환송만찬에 참석하고 다음날 서울을 출발하여 인천에서 군함 만슈마루(滿洲丸)를 타고 귀로에 올라 19일 오이소 집에 도착했다.

이토는 그 뒤 8월 1일부터 23일까지 전국 순회강연을 마치고 집에서 지내고 있다가 내각의 간청을 받았다. "러시아의 코코프체프 재무상이 오는 10월 26일 동청(東淸)철도 시찰을 목적으로 하얼빈에 오는데 고토 신페이(後藤新平)의 중개로 하얼빈에서 이토 공(公)과 회담하기로 결정되었으니 이에 응해 달라"는 내용이었다. 목적은 물론 이미 결정한 한국병합 방침을 러시아에 알려 양해를 구하고 만주의 이권을 러·일이 나눠 가져서 미국의 진출을 억제하자는 데 있었다. 이토는 이에 여행목적을 다시 한번 확인하기 위해 9월 29일 가쓰라 수상 관저를 찾아가 이야기를 나누다가 갑자기 뇌빈혈로 쓰러져 가쓰라 부인의 치료를 받고 회복되기도 했다. 이와 같은 일제의 외교각본에 따라 이토는 10월 14일 만주여행을 떠났던 것이다.

이런 가운데 일어난 이토 히로부미의 피격사건은 실로 보기 드문 큰 뉴스로 전파를 타고 곧바로 전세계로 퍼져 나갔다. 일본의 모든 신문이 호외를 만들어 이를 알리는가 하면 미국·영국·러시아 등 구미의 유력 신문들도 앞다투어 보도했다. 때마침 《오사카마이니치신문(大阪每日新聞)》사의 이시 도(石堂) 기자 등 세 명의 일본 대련(大連)특파원들은 이토의 하얼빈 여행을 취재하기 위해 우편열차를 타고 뒤따라가다가 26일 정오께 채가구(蔡家溝)역에 도착하여 러시아 병사들에게 소식을 전해 듣고 피살 사실을 알게 되었다.

이들 특파원은 당초 장춘(長春)역에서 이토 일행과 함께 특별열차를 타고 출발할 계획으로 동청철도측의 허가까지 받았다. 그러나 열차에 막 오르려는 순간 가와카미 도시히코(川上俊彦) 하얼빈 총영사가 탑승을 반대하여 하는수없이 26일 아침 6시에 출발하는 우편열차를 탈 수밖에 없었다. 러시아 병사들의 이야기가 농담이 아님을 알아차린 이들은 이를 확인하기 위해 채가구역에서 내려 하얼빈에서 장춘으로 되돌아오는 특별열차를 기다려야만 했다. 그로부터 1시간 가량 지난 오후 1시쯤 러시아 병사들의 말대로 특별열차가 이토의 유해를 실은 운구(運柩)열차로 바뀌어 도착했다. 이들은 이 운구열차를 타고 장춘으로 돌아와 이 날 밤 기사를 송고했다. 이때 발행한 《오사카마이니치신문》의 호외는 다음과 같이 이토의 최후를 전하고 있다.

"이토 공작은 오늘 오전 9시 장춘에서 러시아 특별열차로 하얼빈에 도착하여, 환영 나온 러시아 장상(藏相) 코코프체프씨와 열차 안에서 약 30분 동안 회담한 다음 가와카미 총영사의 안내로 열차에서 내렸다. 코코프체프씨와 나란히 앞서고 나카무라 만주철도 총재, 다나카 이사, 후루야 비서, 모리 카이난씨, 무로다 요시부미씨 등이 뒤를 따라 플랫폼으로 나왔다. 플랫폼에 도열한 의장대 앞을, 공(公)은 인사를 계속하며 발걸음을 옮겨 그 옆에 정렬한 일본인 단체 앞에서 뒤돌아 몇 발자국 걷는 순간 왼쪽에 자리한 러시아 군대 앞 맨 오른쪽에 섰던 쥐색 양복에 사냥모자를 쓴 22~23세 가량의 한국인이 겨우 2m 거리에서 7연발 권총을 겨누어 공을 향해 쏘았다. 공은 오른쪽 가슴과 복부의 세 곳을 맞았다. 옆에 있던 나카무라 총재는 공을 껴안아 세웠다. 이때 공은 침착하게 '당했다. 세 발 가량 탄알이 몸에 들어온 모양이다'고 말한 뒤 순식간에 얼굴색이 파랗게 변하여 곧바로 열차 안으로 옮겨졌다. 공은 이어 '어떤 놈인가. 모리도 당했는가'라고 물었으나 얼마 지나지 않아 말을 못하고 약 30분쯤 지난 오전 10시 낙명(落命)했다.

공은 항상 여생이 얼마 남지 않아 국가를 위해 암살 당해도 무방하며 바라는 일이라고 말해 왔다. 상처는 모두 깊고 탄알이 오른쪽 폐부를 관통하여 치명상이 되었다. 저격한 한인은 그 자리에서 포박되었다. 그의 자백에 따르면 공을 암살할 목적으로 원산에서 블라디보스토크를 거쳐 어제 저녁 7시에 하얼빈에 도착하여 일을 저질렀다고 한다. 그는 이토 공 때문에 수많은 한국인이 죽어 복수했다고 말했다. 침착하게 그리고 두려워하는 기색이 없으며 그 밖에는 입을 다물고 말을 하지 않은 점으로 미루어 다른 사람의 교사(敎唆)를 받지 않았나 생각한다. 흉한(兇漢)은 수행자에게도 총구를 겨누어 모두 6발을 발사하고 한 발을 남겼다. 가와카미 총영사는 오른쪽 팔을 맞고 다나카 이사는 오른쪽 다리를, 모리 카이난씨는 오른쪽 팔과 오른쪽 폐부에 부상을 입었다."

이 같은 급보는 일본열도를 충격으로 몰아넣었다. 일본 내각은 대책반을 만들어 사후 수습에 나섰다. 또 메이지유신 원훈(元勳) 가운데 이토를 가장 신임하던 메이지왕은 전신으로 상황을 계속 알아보도록 독촉하는 한편 궁내성(宮內省) 직원이던 이토의 사위 스에마쓰 겐초(末松謙澄)와 왕실 주치의를 현지로 곧 보내도록 지시하기도 했다. 그러나 메이지왕의 지시는 곧이어 운명하였다는 보고가 들어와 취소되었다.

이토 히로부미의 피격으로 가장 당황한 쪽은 역시 러시아였다. 러시아는 무엇보다 자기들이 이런 일을 꾸미지나 않았는지 일본이 의심할까 큰 걱정이었다. 그리고 소홀한 경비도 지나칠 수 없는 문제였다. 러시아는 우선 자신들의 결백을 증명해 보이기 위해 안간힘을 다했다. 따라서 사건 당일부터 하얼빈에는 한국인 검거 바람이 일었다. 26일 현장에서 안중근(당시 30세)을 현행범으로 체포한 데 이어 채가구역에서 우덕순(禹德順, 32)과 조도선(曺道先, 36)을 살인예비 혐의로 검거했다. 둘은 이토를 암살하기 위해 채가구역 앞 여관에 투숙하고 있다가 붙잡혔다.

이어 27일에는 하얼빈시 부두구(埠頭區)에 있는 재하얼빈 한국 민회 회장 김성백(金成白)의 집에서 유동하(劉東夏, 17), 정대호

(鄭大鎬, 34), 정서우(鄭瑞雨, 20) 등을 관련 혐의로 연행했다. 러시아 관헌(官憲)이 이 사건과 관련하여 붙잡아 일본에 넘긴 한국인은 모두 15명이나 되었다. 김성화(金成華, 19), 김성옥(金成玉, 48), 김형재(金衡在, 20), 탁공규(卓公奎, 34), 홍청담(洪晴澹, 37), 김여수(金麗水, 29), 장수명(張首明, 32), 김택신(金澤信, 42), 이진옥(李珍玉, 39) 등이 그들이다.

그때만 해도 청나라 영토 하얼빈은 모든 나라에 개방된 자유지역이었으나 러시아의 영향력이 워낙 커서 러시아 관할지나 다름없었다. 그런 상황에서 일본이 하얼빈에서 이 사건을 독자적으로 수사하기란 꿈도 꿀 수 없는 일이었다. 이에 따라 일본정부는 관동도독부[주8] 법원에 맡겨 10월 28일 고등법원 검찰관 미조부치 다카오(溝淵孝雄)를 '이토 히로부미 암살사건' 담당 검사로 임명하고 본격 수사에 나섰다.

이토 피살사건을 수사한 미조부치 다카오(溝淵孝雄)

1874년 8월 일본 고치현(高知縣)에서 태어난 미조부치는 1899년 도쿄제국대학 법학과를 졸업하고 사법관 시보로 도쿄지방재판소 검사국에 들어갔다. 그는 1908년 9월 '관동주(關東州) 재판령'이 제정되어 여순에 관동도독부 법원이 설치됨에 따라 고등법원 근무 발령을 받고 부임했다. 그리고 근무 2년째에 뜻하지 않은 큰 사건을 담당

주8   關東都督府 : 일본이 러일전쟁 승리로 1906년 9월 1일 칙령을 제정하여 설치한 만주통치기관. 도독은 만주에 파견된 일본 군대를 통솔하고 외무성 감독 아래 정무를 수행함. 또 남만주철도를 보호하고 회사업무를 감독했다. 도독은 육군대장 또는 중장으로 보임되었다.

하게 되었다. 그는 28일 여순을 출발, 하얼빈에 도착하여 안중근을 비롯한 용의자 15명의 신병과 러시아가 작성한 조사서류, 증거품 등 일체를 하얼빈 총영사관으로부터 인수했다.

　그러나 이 사건은 조약에 따라 본래는 일본이 직접 조사하고 재판할 수 없게 되어 있었다. 사건이 청나라 영토 안에서 일어난 데다 용의자가 한국인이고 사건 현장에서 러시아 관헌이 체포했기 때문이다. 게다가 하얼빈은 동청철도 부속지(附屬地)이자 개방지역으로 청나라에 치외법권이 있는 나라라면 하얼빈에서 자국민이 범행을 저질렀을 때 각각 자국의 법으로 다스리도록 되어 있었다. 한국은 1899년 9월 10일 청나라와 체결한 '한청(韓淸)조약' 제5조에서 '청나라 영토 안에 있는 한국인은 한국법을 적용한다'는 영사재판권을 명확히 하고 있다. 따라서 조약으로만 보면 이토 저격사건의 재판권은 러시아나 청나라, 일본이 아니라 한국에 있었다. 주하얼빈 일본 총영사는 일본인을 관할할 뿐 한국인은 외국인이어서 관할대상에 포함시킬 수 없었다. 그럼에도 한국정부는 아무런 대책도 내놓지 않았다.

　일본은 1905년 11월 17일 체결한 '한일보호조약'을 근거로 재판권이 일본에 있음을 들고 나왔다. 이 조약 제1조는 '외국에 있는 한국인은 일본 관헌이 보호한다'고 규정하고 있다. 결국 일본은 이 조약을 확대해석, 러시아로부터 용의자들을 넘겨받았다. 일본은 또 주재 영사관이 있는 만주지방에서 일어난 사건은 1908년 10월 1일부터 시행한 법률 제52조에 따라 외교상 필요할 경우 외무대신령으로 관동도독부 지방법원에서 재판토록 하였다. 당시 외무대신 고무라 주타로는 그에 앞서 10월 27일 가와카미 하얼빈 총영사에게 이 사건의 재판을 관동도독부 지방법원에 넘기도록 지시했다.

이렇게 하여 용의자들의 신변과 기초 수사자료 등을 넘겨받은 미조부치 검사는 10월 30일 하얼빈 일본 총영사관에서 처음으로 안중근을 신문했다. 통역은 한국말을 잘하는 소노키 스에요시(園木末喜)가 도왔다. 일본정부는 이 사건의 원활한 조사를 위해 한국통감부에서 근무하던 그를 10월 30일자로 관동도독부 고등법원 통역관으로 위촉했다. 그때 나이 26세였다. 구마모토현(熊本縣) 기쿠치군(菊池郡) 가모가와(加茂川) 출신인 소노키는 15세 때부터 구마모토현 장학생으로 뽑혀

이토 피살사건의 통역을 맡은
소노키 스에키(園木末喜)

한성에서 계속 한국어를 공부해서 한국사람이나 다름없었다. 미조부치 검사는 소노키의 통역으로 신문을 시작했다.

문 : 성명, 나이, 직업, 본적지, 주소, 출생지를 말하라.
답 : 이름은 안응칠(安應七)이고 나이는 만 30세, 직업은 사냥꾼, 주소, 본적지, 출생지는 한국 평안도 평양성 밖이다.
문 : 국적, 병적, 신앙은.
답 : 한국인으로 병적은 없고 신앙은 천주교이다.
문 : 부모, 처자, 토지, 가옥을 소유하고 있는가.
답 : 부모, 처자는 없고 사냥꾼이기 때문에 야산을 돌아다녀 일정한 주소가 없다. 토지, 가옥도 없다.
문 : 한국에서 공직에 있었거나 학문을 배운 일이 있는가.
답 : 공직에 근무한 적이 없고 학문도 하지 않았으나 신문 등에서 자연적으로 글자를 익힌 정도이다.
문 : 정치상 당파, 교제하고 있는 인물에 대해서는.
답 : 당파에는 관계가 없고 교제하고 있는 사람은 사냥꾼들뿐이다.
문 : 한국 내에서 평소부터 존경한 인물은.
답 : 특별히 그럴 만한 인물은 없다.
문 : 평소부터 적대하는 인물은 있는가.

답 : 이전에는 없었다. 그러나 수년 전부터 불구대천(不俱戴天)의 적으로 생각하게 된 사람이 생겼다.

문 : 그가 누구인가.

답 : 전 한국통감 이토 히로부미이다.

문 : 이토 히로부미를 왜 적대하게 되었는가.

답 : 적대하게 된 원인은 대단히 많다. 이제부터 열거하겠다. 첫째, 1895년 무장병력을 동원, 왕궁에 난입하여 황후폐하를 살해했다. 둘째, 1905년 군대를 이끌고 왕궁에 들어가 황제폐하를 위협하고 5개조의 조약을 강제체결했다. 셋째, 1907년 11월 다시 병력을 동원하여 총칼을 빼들고 황제를 위협, 7조약을 체결한 뒤 폐하를 물러나게 했다. 넷째, 한국 내 산림·하천·광산·철도·상공업 등을 약탈했다. 다섯째, 이른바 제일은행권을 발행하여 한국재정을 고갈시켰다. 여섯째, 국채 1,300만 엔을 발행하여 한국 국민에게 부담시켰다. 일곱째, 한국 내 각 학교의 서책을 압수하여 불지르고 한국 국민이 신문을 구독하지 못하도록 금지했다. 여덟째, 조약 체결에 국민이 분노하여 의병을 일으키자 양민 10만여 명을 학살했다. 아홉째, 한국 청년의 외국 유학을 금지했다. 열째, 이른바 한국 대관 오적 칠적과 일진회 등을 매수하여 보호조약을 체결하고 이를 지지토록 했다. 열한 번째, 1909년 또다시 5조약을 강제로 맺었다. 열두 번째, 한국 삼천리 강토를 마치 일본의 속국인 것처럼 선언했다. 열세 번째, 동양평화를 교란했다. 그는 동양평화를 앞세우면서도 행동이 말과는 달라 이천만 한국인은 분개하고 있다. 열네 번째, 항일운동이 불꽃처럼 번지고 있는데도 '한국은 무사태평하다'며 일본 황제를 비롯하여 세계 각국을 속이고 있다. 마지막으로 1897년 6월 메이지왕의 부친을 시살(弑殺)했다."

1879년 9월 2일(음력 7월 16일) 황해도 해주(海州)에서 태어난 안중근은 부인과 두 아들, 그리고 두 동생 등을 두고도 이처럼 처음에는 자기의 신상을 철저히 감췄다. 죄 없는 가족을 비롯한 주변에까지 해가 미칠지 몰라서였다. 그러나 이토 히로부미를 살해하게 된 동기만은 시작부터 하나하나 예를 들어가며 논리 정연하게 설명했다. 검사의 신문은 계속된다.

문 : 일본의 텐노헤이카(天皇陛下)에 대해서는 어떻게 생각하나.
답 : 황실은 신성하게 여기고 함부로 거역해서도 안 된다. 한국의 황제와 함께 존중하지 않으면 안 된다.
문 : 한국 황태자(영친왕을 말함 — 필자)가 일본 황실에서 우대 받아 문명의 학문을 배우고 있는 일을 어떻게 생각하나.
답 : 황태자 전하를 일본 황실이 우대하고 있는 점은 국민이 대단히 감사하게 생각하고 있다. 그러나 총명한 선제(先帝 : 고종)를 이토가 폐하고 젊은 황제를 옹립함으로써 한국의 진보에 지장을 가져오고 있다.
문 : 한국의 장래는 어떻게 되리라고 생각하는가.
답 : 이토가 살아 있는 한 한국뿐만 아니라 일본도 멸망하리라고 생각했다. 이토가 죽었으니 이제부터 일본은 한국의 독립을 보호하리라 생각되어 국민으로서 대단히 행복하며 동양을 비롯하여 세계 각국의 평화가 지켜지리라 믿는다.
문 : 이토 전 통감의 후임자를 알고 있는가.
답 : 부통감인 소네 아라스케(曾禰荒助)가 통감이 되었다고 듣고 있다.
문 : 소네 통감의 시정에 대해서는 어떻게 생각하는가.
답 : 어떤 방침을 취하고 있는지 나는 아직 잘 모른다. 그러나 이토와 같은 방침을 취하면 역시 제거되어야 하리라고 생각한다.
문 : 앞서부터 이야기를 들으면 도저히 사냥꾼이라고는 생각할 수 없다. 이번 거사는 세계사에 이름이 남게 되므로 숨김없이 신분을 밝혀달라.
답 : 나는 결심하고 큰 죄를 범했으므로 거짓말은 할 수 없다.
문 : 이번 하얼빈 역에서는 혼자 일을 도모했는가.

답 : 나 혼자 결행했다.

문 : 우덕순이라는 사람을 알고 있지 않은가.

답 : 전혀 모른다.

문 : 지금까지 이토의 목숨을 노려왔다면 동지들이 함께 하얼빈에 왔
　　으리라 보이는데.

답 : 동료 사냥꾼도 이토에 대해서는 같은 생각이지만 권총이 한 자
　　루밖에 없고 여비도 많이 든다. 나는 블라디보스토크의 동료에
　　게 '나중에 오려면 오라' 는 말을 남기고 출발했다.

문 : 역에서 총을 쏠 때 이토임을 어떻게 확인했는가.

답 : 이토의 사진을 전에 본 적이 있다. 나는 역 대합실에 있다가 특
　　별열차가 도착하자마자 열을 지어 서있던 러시아 병사들의 뒤로
　　가서 섰다. 기차에서 내린 이토가 의장대 앞을 한번 지나 다시
　　환영단 쪽으로 되돌아설 때 이토의 모습을 확인하고 병사들 사
　　이로 방아쇠를 당겼다.

문 : 총을 발사할 때는 어떤 자세였나.

답 : 서서 쏘았다.

문 : 피스톨로 사람을 쏘는데 머리를 겨누지 않고 윗몸 부분을 표적
　　으로 하면 가슴 부위에 명중하는 이치를 연구했는가.

답 : 나는 줄곧 사냥을 했기 때문에 그 경험상 알고 있지 사람으로부
　　터 배우지는 않았다.

문 : 많은 사람이 있는 장소에서 발포하면 이토 이외에도 위해(危害)
　　를 끼치게 됨을 예상하지 않았는가.

답 : 이토의 주변에 있는 일본의 요인들이 얼마간 희생되리라고 예상
　　했었다.

문 : 피스톨에는 총탄 한 발이 남아 있고 현장에는 소형 나이프가 떨
　　어져 있었다. 이토를 죽인 다음 자결할 작정이었는가.

답 : 내 자신의 장래에 대해서는 별로 생각하지 않았다. 다만 이토의
　　목숨을 빼앗으면 나는 법정에 세워진다. 그때 법정에서 이토의
　　죄상을 하나하나 진술하여 세계 만방에 옳고 그름을 알리고 내
　　자신은 관헌에 맡길 생각이었다. 신의 가르침에 반(反)하여 자

살 같은 일은 생각지도 못했다."

이상은 이 날 검찰 신문에서 안중근과 미조부치 검사가 주고받은 일문일답이다. 기록에서 보듯이 안중근은 범행 자체를 결코 부인하지 않았다. 오히려 그의 대답은 너무도 당당했다. 미조부치는 다음날 우덕순, 조도선, 유동하 등 관련 용의자 3명을 신문한 데 이어 11월 1일 안중근 등 9명을 구속, 신병을 관동도독부 헌병대로 넘겼다. 이들은 여순감옥으로 옮겨져 수감되었다. 정성우, 김성화, 홍청담, 장수면, 김택신, 이진옥 등 나머지 6명은 무혐의로 풀려났다. 미조부치는 그 뒤에도 11월 11일까지 하얼빈에 머무르면서 주변인물들을 상대로 수사를 계속했다. 그 결과 미조부치는 안중근이 황해도 해주의 명문가 출신으로 의병활동을 하다가 연해주 쪽으로 피신했으며 다른 동지 11명과 함께 손가락을 잘라 이토의 암살을 다짐하는 단지(斷指)동맹을 한 사실 등을 알아냈다.

안중근 집안은 할아버지 인수(仁壽)씨가 진해(鎭海)현감을 지낸 명사로 수천 석의 쌀을 수확할 수 있는 토지를 소유하고 있었다. 안중근의 단지동맹 사실은 신문보도가 단서가 되었다. 당시 《대한매일신보(大韓每日申報)》가 11월 9일자에 수사상황을 전하면서 이를 실었기 때문이다. 이 신문은 "안중근은 3년 이내에 이토를 암살하지 못하면 자살하여 무능을 증명해 보이기로 맹세했다"고 전하고 있다. 안중근은 특히 전명운(田明雲)과 장인환(張仁煥) 의사가 1909년 3월 23일 스티븐스를 저격한 데 용기를 얻고 이토의 암살을 계획했다고 한다. 잘 알려져 있듯이 스티븐스는 이토의 추천으로 한국외교 고문이 되기 전까지 워싱턴 주재 일본공사관 고문이었다. 그는 한국정부로부터 봉급을 받으면서도 일본을 편드는 말을 많이 하여 우리 국민의 원성을 샀다. 스티븐스의 일시 귀국은 이러한 비난을 잠재우기 위한 이토 통감의 계략이었다.

그해 3월 21일 미국으로 돌아간 스티븐스는 샌프란시스코에서 기자회견을 갖고 "한국의 황실과 정부에는 부패 타락이 끊이지 않고 고리타분한 관리들은 인민의 재산을 약탈하고 있다. 게다가 인민은 우매하기 그지없다. 이래서는 독립할 자격이 없으며 앞선 문명과 경제력을 갖고 있는 일본이 통치하지 않으면 러시아의 식민지가 될 것이다. 이토 통감의 시책은 조선인민에 유익하여 반대하는 사람은 없다"고 밝혀 각 신문에 대대적으로 보도되었다. 이를 본 재미 조선인들은 크게 분노하게 되었고 결국 이 성명을 도화선으로 그는 불귀의 몸이 되었다.

하얼빈에서 조사를 마치고 11월 12일 여순으로 돌아온 미조부

안중근이 같이 손가락을 자른 우덕순과 연명으로 다른 동지에게 보낸 편지.

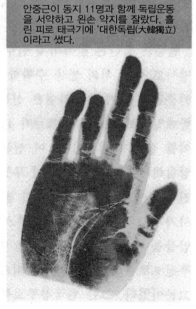

안중근이 동지 11명과 함께 독립운동을 서약하고 왼손 약지를 잘랐다. 흘린 피로 태극기에 '대한독립(大韓獨立)'이라고 썼다.

치 검사는 사건전모를 어느 정도 밝혀내고도 수사의 한계를 통감할 수밖에 없었다. 외국인 정치범을 다루는 문제가 여간 어려운 일이 아닌 데다 범행 가담자가 한 명 이상이라는 범인복수설이 제기되었기 때문이다. 그래서 일본정부는 안중근의 배후관계에 더욱 신경을 썼다. 안중근이 진짜 범인이 아닐 수도 있다는 의혹은 "공작을 저격한 범인은 현장에서 체포된 자가 아니라 다른 사람일 수 있다"는 무로다 요시아야 귀족원 의원의 발언으로 더욱 부풀려졌다. 이토를 수행하다가 현장을 목격했던 그는 처음 작성한 진술서에서 그런 의문점을 제시하고 귀국 후에도 가능성을 계속 주장했다. "망명 한국인 단독으로는 절대로 대 정치가의 암살을 실행할 수 없다"는 것이 그의 생각이었다. 참고로 무로다의 진술서를 옮기면 이렇다.

"나는 단지 동행자로서 시모노세키로부터 이토 공작과 함께 갔다. 10월 26일 오전 9시에 하얼빈 역에 도착하자 플랫폼에는 러시아 군대가 줄을 지어 군악을 연주하고 있었다. 공작은 차안에서 코코프체프 장상(藏相)과 회담한 뒤 철도수비대를 사열하고 외국 영사단석에 이르러 뒤돌아 러시아 군대가 있는 곳으로 갈 무렵 조난당했다. 나는 폭죽과 같은 소리를 들으며 러시아 의장대 사이에서 몸을 내밀 듯이 한 사람의 양복을 입은 남자가 피스톨을 발사하고 있는 모습을 보고 곧바로 공작 곁으로 달려가 몸을 부축했으나 그때 이미 총을 맞았다. 총탄 세 발 가운데 두 발은 오른쪽 팔을 관통하여 폐와 배 안에 멈춰 있고 다른 한 발은 오른쪽 옆구리를 뚫고 들어가 왼쪽 옆구리에 박혀 있다. 그 탄도는 모두 위로부터 들어와 아래쪽으로 비스듬하게 향하고 있다고 한다.

내가 목격한 저격자는 오른손에 피스톨을 들고 발사 자세는 오른발을 앞으로 딛고 몸을 약간 앞으로 구부린 모습이었다. 나의 외투 밑 부분에는 세 발의 탄알이 지나간 흔적이 있고 또 바지 오른 다리 무릎 부분에도 한 발이 스친 탄흔이 있다. 이 밖에 왼쪽 새끼손가락에도 한 발이 스쳐갔으나 찰과상에 불과하다. 이처럼 나에게는 다섯 발의 총탄이

스치고 지나갔다. 한 발이 2곳을 지나갔다고 가정하더라도 저격자는 나를 향해 적어도 5~6발을 발사했다고 생각한다. 들은 바에 따르면 체포된 저격자는 7연발 피스톨을 갖고 한 발은 남겼다고 한다. 이런 점들로 미루어 보면 공작을 저격한 범인은 현장에서 체포된 자가 아니라 다른 자가 아닐까. 원래 저격자가 공작을 쏜 뒤 다른 피스톨로 바꿔 쏘았다면 이야기는 달라진다."

또 주치의 고야마도 당초 보고와는 달리 수사 당국에 제출한 진술서에는 총알이 약간 위에서 아래로 향했다고 적고 있다. 무로다의 주장은 이에 그치지 않는다. 그는 《무로다 요시아야옹담(室田義文翁譚)》이라는 회상록에 이토 히로부미 저격 비화를 담고 있다. 《시덴(史傳) 이토 히로부미(伊藤博文)》의 저자 미요시 도루가 그의 책에 공개한 무로다의 회상록에 따르면, 무로다의 기억으로는 이토가 되돌아올 때 폭죽이 계속 터지고 있었다고 한다. 그리고 안중근의 사격 자세는 의장병의 넓적다리 사이를 빠져 나오는 모양이었으므로 그 각도에서의 탄도는 이토의 치명상이 된 세 발의 총알 방향과 결코 일치할 수 없다는 설명이다.

무로다는 일본에 돌아와서도 고야마에게 계속 캐물었다고 한다. 고야마는 이에 비밀을 지키는 조건으로 이토의 몸 안에 남아 있던 세 발의 탄알은 브라우닝용이 아니라 러시아 병사들이 쓰던 프랑스 기병총 탄환이었음을 알려주었다고 쓰고 있다. 무로다는 많은 목격자의 증언이나 안(安)의 말 대로라면 이토는 오른쪽 뒤에서 총알을 맞아야 옳다며 이를 모두 종합해 보면 누군가가 역사 2층 식당에서 쏘았음이 분명하다고 결론지었다. 무로다는 또 정부에 재조사를 신청했으나 안의 자백으로 사건은 이미 처리되고 있고 설령 자신의 주장이 받아들여져 재조사를 한다 해도 '진범'이 잡힐 리 만무하므로 일을 시끄럽게 하지 않는 편이 좋다고 당시 해군대신 야마모토 곤베(山本權兵衛)가 말렸다고 기록하고 있다.

미조부치 검사는 이와 같은 수수께끼를 풀기 위해 11월 24일부터 여순감옥에서 다시 안중근을 신문하기 시작했다. 신문은 그 뒤에도 9번이나 되풀이되었으나 미조부치는 결국 다른 배후 관계자를 밝혀내지 못한 채 수사를 마무리, 1910년 2월 1일 한국인 4명만을 암살 용의자로 재판에 회부했다. 안중근은 살인, 우덕순과 조도선은 살인예비, 유동하는 살인방조 혐의였다. 그렇다면 무로다의 범인복수설은 과연 진의가 무엇일까. 그리고 어디까지가 진실일까. 혹시 또 다른 역사왜곡은 아닐까. 일본 역사학계의 논란은 되살아난 자국 중심의 황국사관에 편승하여 더욱 가열되고 있다.

이토는 죽어야만 했다

이토 히로부미의 유해(遺骸)를 실은 특별열차는 러시아 군악대의 구슬픈 장송곡이 연주되는 가운데 사건 당일(26일) 오전 11시 40분 하얼빈역을 출발했다. 일본은 한시라도 빨리 통한의 땅을 벗어나고 싶었으나 코코프체프 재무상이 '고별 인사'를 하고 싶다고 하여 시간이 늦어졌다. 코코프체프는 먼저 고인 앞에 묵념을 한 다음, 만철(滿鐵)회사 직원의 통역을 통해 "나는 지금 막 고토 신페이 체신 대신에게 조전(弔電)을 치고 오는 중이다"며 말머리를 꺼낸 뒤 "조금 전까지만 해도 차안에서 유쾌하게 대화를 나누었는데 이렇게 공작과 이별하게 되다니 비통하기 그지없다"고 애도의 뜻을 표했다.

그는 이어 "범인은 한국인으로 용모가 일본인과 비슷하여 쉽게 구별할 수 없는 데다 가와카미 영사가 '공작이 도착할 때 될 수 있는 대로 많은 일본인 환영객을 플랫폼에 나오게 하고 싶다'고 하여 우리 쪽에서도 검문을 느슨하게 한 결과 한국인이 일본인에 섞여 들어온 모양이다"며 경비가 소홀했음을 시인했다. 코코프체프는 또 "범인은 가톨릭교도로 수사관 앞에서 조사를 받기 전 가슴에 성호(聖號)를 그리며 신에게 '목적을 달성하게 해주어 감사하다'는 말을 했다"고 전하기도 했다.

코코프체프의 인사가 끝나고 열차가 출발할 무렵 특별열차에는 코코프체프와 동청철도회사, 하얼빈 시장 등이 보낸 조화(弔花)가 이토의 마지막 길을 장식했다. 러시아측은 그래도 사과의 뜻이 모자랐던지 코로스트웨츠 북경주재 러시아공사와 홀버트 동청철도 장관을 조문사절로 특별열차에 동승하도록 했다. 이들은 대련으로 내려오는 열차 안에서 일본측 관계자들에게 거듭 깊은 애도의 뜻을 표했다. 러시아측은 이에 앞서 이토 히로부미가 숨을 거두자 원인 규명을 위해 부검을 하자고 나섰다. 그러나 일본측은 부검 때문에 시간을 지체할 수 없다며 이를 거절, 나중에 결과를 알려주겠다고 약속했다.

특별열차는 27일 밤늦게 대련에 도착했다. 이토의 유해는 메이지 왕이 보낸 칙사를 맞기 위해 곧바로 만철병원에 안치되었다. 유해는 칙사가 도착하면 함께 일본으로 운구될 예정이었다. 칙사로는 이토의 사위, 스에마쓰 겐초(末松謙澄)가 지명되었다. 그러나 칙사가 대련까지 가는 데는 시간이 너무 많이 걸렸다. 스에마쓰는 27일 오전 8시 30분 급행열차로 도쿄 신바시(新橋)역을 출발하였으나 다음날 오후 9시 10분에야 사세보(佐世保)항에 닿을 수 있었다. 일본 안에서만 하루하고도 반나절이 걸린 셈이다. 이런 빠르기라면 대련까지는 적어도 이틀은 더 걸릴 수밖에 없었다. 그래서 칙사파견은 도중에 취소되고 말았다. 아무리 겨울이 빠른 만주라고는 하지만 시간이 오래 지나면 시체가 부패할 우려가 있었기 때문이었다. 그렇지 않아도 주치의 고야마와 만철 관계자들은 만일에 대비, 포르말린액으로 이토의 유해를 방부 처리했다. 그러자 이토의 일그러진 얼굴이 평온하게 되돌아왔다고 기록은 전하고 있다.

이토의 유해는 때마침 훈련을 끝내고 대련항에 들어온 군함 '아키즈시마(秋津洲)'에 실려 10월 28일 아침 도쿄로 떠났다. 시속 18노트 빠르기의 아키즈시마는 3일 반 동안의 항해 끝에 31일 밤 요코스카(橫須賀)항에 입항했다. 유해는 이곳에서 하룻밤을 묵은 뒤 다음날 오전 11시, 6량 편성의 특별열차로 오후 1시 조금 지나 신바시역에 도착했다. 역에는 황족, 원로, 각료, 해군장성 등 2천여 명이 나와 말없이 돌아온 유해를 맞이했다. 유해는 곧이어 영구차에 옮겨져 오후 2시 40분 레이난사카에 있는 추밀원 의장 관저에 안치됐다. 영구차가 지나가는 길가는 인산인해를 이루어 이 행렬을 보기 위해 지붕 위나 가로수에 올라가는 사람도 있었다고 한다. 일본정부는 이윽고 11월 4일을 국장일(國葬日)로 선포하고 히비야(日比谷)공원에서 사건발생 9일 만에 장례를 치렀다. 도쿄시 주관으로 열린 장례식에는 일가친척, 원로, 귀족원과 중의원 의원, 보도진 등 5천여 명이 참석했다. 유해는 오후 2시 30분 오모리(大森), 온시칸(恩賜館) 근처에 있는 오이무라(大井村) 묘지에 묻혔다.

이토의 장례를 마친 일본정부는 외무성에 한국 병탄(倂呑)을 위한 특별팀을 구성하고 본격 가동에 들어갔다. 이토 저격사건 3개월 전 이미 한일합병 방침을 확정하고도 국제사회의 눈치를 보아 오던 그들에게는 한국인이 이토를 암살한 사건은 그야말로 좋은 빌미가 아닐 수 없었다. 이토의 횡사를 '장한 죽음'으로 극찬한 노기 마레스케(乃木希典)▐ *9의 한마디에도 그런 뜻이 담겨 있었다.

일본정부는 먼저 정보원들을 동원, 한국인의 움직임을 비롯한 세

▐ 주9   1849~1912, 메이지시대 군인, 육군대장. 1907년부터 학습원 원장으로 황족
자제 교육담당. 1912년 7월 30일 메이지왕이 사망하자 자신의 임무도 끝났다며
같은 해 9월 12일 대상(大喪)날 아내와 함께 스스로 목숨을 끊음.

계 각국의 여론을 살폈다. 이토의 죽음으로 한국의 여론은 말 그대로 끓는 솥이었다. 일본 외무성이 작성한 기밀서류에 따르면 한국정부가 이토 피격을 이유로 3일 동안 아침 저자를 열지 못하게 한 데 대해 "한국 기독교계 일부가 과거 황족이 서거해도 시장을 닫은 일은 없었다며 잘못된 처사를 비난했다"고 기록하고 있다. 특히 관리와 양반들은 이번 일로 일본이 대한(對韓)정책을 크게 바꾸어 더욱 강압적으로 나오지 않을까 걱정했다. 또 부산의 지식인들은 일본인은 복수심에서 강경 일변도로 한국인을 몰아세우리라 내다보고 있었다.

실제로 부산에 거주하는 일본인들은 10월 30일 이토 추도회를 열고 "이번 이토공 저격은 한 개인의 배일(排日)사상에서 나온 일이 아니라, 한국 전체에 그런 생각이 가득 차 있다"며 강압수단으로 본때를 보여주어야 한다고 무단통치를 건의하기도 했다. 일본 외무성 정무국장인 구라치 데쓰키치(倉知鐵吉)는 사건이 일어나자마자 발빠르게 여순으로 달려가 수사동정과 만주지방의 여론 등을 직접 확인, 외무성으로 보고했다. 그는 외무대신 고무라 주타로(小村壽太郎)의 지시로 그해 3월 30일 '한국병합안'을 처음으로 기안한 장본인이기도 하다. 그의 움직임에서 당시 일제의 한일합방 야욕을 여실히 확인할 수 있다. 그가 11월 30일 고무라에게 보낸 암호전보는 다음과 같다.

"1. 안중근이 이번 범행에 이르게 된 까닭은 개인적인 원한 문제가 아님이 분명하므로 법원에서 '무기징역에 처해야 한다'는 의견이 나올 우려가 있다.
2. 우덕순은 범행을 단념한 증거가 확실하여 '처벌할 이유가 없다'는 결론을 내릴 가능성이 높다.
3. 이들 사항은 순전히 형벌적용 문제이므로 행정부에서 사법부를 간섭하는 형식은 피해야 한다.

일본정부의 훈령을 받고서
안중근을 극형에 처하도록
재판관들에게 압력을 넣은
히라이시 고등법원장

4. 안중근, 우덕순 두 사람의 죄형이 확정되기 전에 본
   관(本官)을 통해 희망사항을 법원측에 전달할 수는
   있다."

이를 받아본 고무라 외무대신은 12월 2일자로 아
래와 같이 답신을 보냈다.

"안중근의 범행은 지극히 중대하므로 권선징악(勸善懲
惡) 정신에 따라 극형에 처해야만 하리라고 생각한다. 또
우덕순에게는 모살(謀殺) 미수죄를 적용토록 해야 한다.
조도선과 유동하에게는 특별히 주문할 것이 없다. 하지만
그처럼 분위기가 좋지 않다면 재판을 될 수 있는 대로 연
기시키도록 하라."

이는 물론 형량조정을 위한 부처 사이에 협의가 있었음을 보여준
다. 지시를 받은 구라치는 곧바로 히라이시(平石) 관동도독부 고등
법원장을 찾아가 의견을 나누었다. 그리고 그 결과를 12월 3일 전보
로 타전했다.

"1. 안중근에게는 법원장 스스로도 '사형에 처해야만 한다'는 지론이
   다. 혹시라도 지방법원에서 무기징역 판결을 내리면 검찰관에게 항
   소토록 하여 고등법원에서 사형선고를 내리도록 하겠다.
2. 우덕순에게도 정부의 의사가 확실하므로 앞으로 신문(訊問)과정에
   서 '범행을 단념했다'고 말하지 못하도록 힘쓰겠다.
3. 법원측은 재판에 필요한 조사를 거의 마쳤다. 담당자들은 하루라도
   빨리 재판에 회부해 주기를 열망하고 있다. 젊은 직원들 가운데는
   사법권 독립정신이 강해 법원이 정부의 지휘를 받는 모양새를 싫어
   하고 있다. 일부에서는 이를 저지하려는 기색이 이미 나타나 고등법
   원장이 매우 난처해하고 있다.
4. 그러나 정부의 요망도 중요하므로 고등법원장도 충분한 생각 끝에

일단 재판진행을 당분간 연기하기로 승낙했다."

　이상 구라치가 한 보고와 고무라 외무상의 지시에서 읽을 수 있듯
이 이토 피격사건은 재판이 시작되기 전부터 일본 국익을 앞세운
행정부의 입김이 크게 작용했음을 확인할 수 있다. 이 같은 행정부
의 요청에 따라 첫 공판은 2월 7일에야 열렸다. 개정시간은 오전 9
시. 장소는 지방법원 제1호 법정이었다. 주임 재판관은 마나베 주
조(眞鍋十藏), 검찰관은 미조부치 다카오(溝淵孝雄), 서기관은 와타
나베 요이치(渡邊良一)였다. 통역은 검사의 수사를 돕던 소노키 스
에요시가 다시 맡았다. 미즈노 요시타로(水野吉太郎)와 가마다 마사
하루(鎌田正治)가 관선변호인으로 결정되고 변호를 자원하고 나선
한국·영국·러시아의 변호사들에게는 활동이 허용되지 않았다. 공
판은 매일 개정원칙이었으며 방청권은 300장씩 발행했다.

　히라이시 관동도독부 고등법원장은 재판개정에 앞서 도쿄에서
정부와 장시간 업무협의를 마치고 1월 27일 여순으로 돌아왔다. 관
동도독부의 재판제도는 지방법원은 단독으로 판관이 심리하고 고

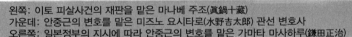

왼쪽: 이토 피살사건의 재판을 맡은 마나베 주조(眞鍋十藏)
가운데: 안중근의 변호를 맡은 미즈노 요시타로(水野吉太郎) 관선 변호사
오른쪽: 일본정부의 지시에 따라 안중근의 변호를 맡은 가마타 마사하루(鎌田正治)

이토 피살사건의 재판이 열렸던 여순지방법원 법정.

등법원은 합의제로 판관 세 명이 심리하되 2심으로 모든 재판이 끝나게 되어 있었다. 게다가 이 사건은 다른 어떤 사건에도 비교할 수 없을 만큼 비중이 큰 데도 예심을 거치지 않고 직접 공판에 넘긴 데다 피고인이 요청한 변호사를 인정하지 않아 피의자 가족은 말할 것도 없고 일본 지식인들의 비난을 사기도 했다.

재판은 첫날부터 방청객이 몰려들어 오전 6시에 방청권이 모두 동이 날 정도였다. 외국인으로는 대련주재 러시아 영사 부부와 서기관 등 러시아인 세 명과 안승경(安乘瓊) 변호사, 안정근(安定根), 안공근(安恭根) 형제 등 한국인 세 명이 방청했다. 나머지는 모두 일본사람이었다. 재판은 일사천리로 진행되었다. 개정과 함께 마나베 판사가 네 명에 대해 인정신문을 한 뒤 미조부치 검사가 공소장을 낭독했다. 마나베 판사의 인정신문에서도 안중근의 기개를 읽을 수 있다.

　문 : 안중근이 아니라 안응칠이라고 이름을 댔는데……?

답 : 모국에 있을 때는 안중근이라고 불렀으나 블라디보스토크로 가
면서부터는 안응칠로 통했다.

문 : 블라디보스토크에서의 생계는?

답 : 처음에는 고향에서 가져온 돈으로 지냈고 나중에는 친구들의 도
움을 받았다.

문 : 그리고 3년 동안 무엇을 했나?

답 : 내 목적을 향해 오로지 나아가고 있었다. 그 목적이란 외국에 있
는 동포들을 가르치고 대한독립을 위해 의병을 훈련하는 일이다.

문 : 독립사상은 언제부터 갖게 되었나?

답 : 이토 히로부미가 한국통감이 되면서부터 급속하게 높아졌다. 이
토의 악정(惡政) 때문에 그를 암살하지 않으면 나라가 망하리라
보고 생각을 계속해 왔다. 따라서 이번 일도 의병 참모중장[주10]
으로서 독립전쟁을 한다는 생각으로 계획하게 되었다. 사사로운
원한으로 저지른 개인 범죄가 아니라 참모중장의 자격으로 한민
족을 위해 결행했으므로 포로로 취급해 주기 바란다. 이처럼 오늘
법정에서 살인죄의 피고인으로 조사를 받게 되어 대단히 유감이
다. 좀더 솔직하게 말하면 이처럼 형편없는 곳에서 피고인으로 취
급받고 있음은 뜻 있는 자로서 당혹스럽기 그지없는 일이다.

안중근은 피고인 석에서 앞으로 금방이라도 튀어나올 듯한 자세
로 이처럼 당당하게 사건 경위를 설명했다. 그러나 마나베는 한쪽
귀로 듣고 다른 쪽으로 흘리듯이 검찰관이 작성한 조서를 하나하나
확인하는 신문을 계속했다. 2월 8일 열린 제2회 공판에서는 우덕순
과 조도선에 대한 신문이 계속되었다. 2월 9일에 열린 제3회 공판
때는 안중근의 두 동생과 안승경 변호사, 그리고 더글러스 영국 출
신 변호사 등이 재판을 지켜보았다. 변호인들은 이때 '안씨와 우씨
의 3대 목적을 진술하도록 허용해 달라'고 판사에게 요구했다. 그

[주10]   안중근은 1908년 6월 만주의 간도 지방에서 '연합대한의군(連合大韓義
軍)'의 참모중장으로 뽑혔다. 의군단의 병력은 200~300명 정도였다고 함.

러자 재판관은 '만일 공안을 방해하는 발언을 하면 방청을 금지하겠다'고 엄포를 놓은 뒤 두 사람의 진술을 허용했다. 먼저 안중근은 이미 옥중에서 쓴 '이토 살해 이유서 15개조'를 뼈대로 열변을 토하기 시작했다.

"내가 하얼빈에서 이토를 살해한 까닭은 그가 한국의 독립을 방해했기 때문이다. 따라서 하얼빈의 암살은 '한국독립전쟁'의 일부이다. 또 이렇게 우리들이 일본의 재판을 받는 이유는 전쟁에서 패배하여 포로가 된 이치와 같다. 한국 안의 의병이 일본군과 충돌하는 예도 물론 독립전쟁으로 보아야 한다. 나는 이번 일을 개인 자격이 아니라 한국 의군의 참모중장으로서 국가와 동양평화를 위해 감행했다. 이토는 러일전쟁을 시작할 때 선언한 '한국의 독립을 보호한다'는 대의명분과는 달리 보호조약을 강제로 체결시켜 동양평화를 교란시켰다. 또 이토는 민비암살의 주모자이며 통감은 한국 외무대신의 신분인데도 우리 황제폐하를 속이고 황위를 폐하여 한국의 역신(逆臣)이자 일본의 대 역신이다. 다시 말하면 이토는 메이지 선제(先帝)의 고메이 왕(孝明王)을……"

그러나 이를 듣고 있던 재판관은 '고메이'라는 이름이 튀어나오는 순간 말이 채 이어지기도 전에 '공안 방해다'며 발언을 즉각 중지시켰다. 그리고 방청인들을 모두 나가게 한 뒤 진술을 계속 하도록 했다. 왜냐하면 그때만 해도 고메이 왕의 죽음이 석연치 않아 이에 대한 언급은 한마디도 해서는 안 되는 금기사항이었기 때문이다.

재판은 4회만에(2월 10일) 마침내 결심공판으로 들어갔다. 심리를 시작한 지 나흘 만이었다. 논고는 각자의 성격, 범죄동기, 범행기회, 실체법상의 문제, 양형에 관한 의견, 구형 순으로 이어졌다. 재판에 임하는 미조부치 검사의 사건에 대한 생각이 어떠했는지 알아보기 위해 논고 가운데 범죄동기와 범행결의 부분을 옮겨본다.

범죄동기

안중근과 우덕순의 범죄는 지식의 결핍에서 생긴 오해에서 비롯되고 있다. 자존을 중시하고 일본을 배척하는 신문이나 논객의 말을 무조건 따른 결과 한국의 은인인 이토 공을 원수로 보게 되었다. 다시 말하면 이를 앙갚음하려는 복수심이 동기였다. 안과 우는 우국지사로 자인하고 있으나 뜻만 클 뿐 실속이 없다. 스스로 영웅을 자처하며 나폴레옹에 비유하거나 이토 공과 동등하다고 주장한다. 그런 주제에 사람을 강탈하고 여인숙 요금을 떼어먹는 일을 밥먹듯이 한다. 외국에서 방랑생활을 하면서 이천만 한국인을 대표한다고 큰소리 치다니 자기 분수를 몰라도 너무 모른다.

일본의 한국에 대한 국시(國是)는 독립의 공인(公認)과 옹호이다. 이토 공작은 통감으로 부임하여 국시에 부합한 정책을 폈다. 이토 공은 일본 개국사상 가장 뛰어난 인물로 쓴맛 단맛을 모두 경험하여 오늘의 일본을 있게 한 사람이다. 공작이 한국에서 오해를 없애기 위해 행한 연설은 많다. 그 일례를 들어보자.

그는 1908년 6월 19일 한국의 원로와 요직에 있는 사람들을 모아놓고 협력을 구했다. 이토 공은 그 자리에서 '나는 한국의 멸망을 바라는 자가 아니다. 폭도의 참뜻과 참정은 많은 동정을 사게 된다. 하지만 나라의 멸망을 분개하는 데 그쳐 지금껏 한국을 구하는 길을 모른다. 폭도가 뜻을 이룬다면 오히려 한국의 멸망을 가져온다. 한국을 생각하고 한국을 위해 노력하는 점에서는 나의 뜻이나 그들의 의지도 틀린 것이 없다. 다만 그 수단이 다를 뿐이다'고 말했다. 피고인들이 쟈타에 대한 무식으로 이토 공작이 일본의 국시에 반하여 동양평화를 어지럽히는 자라고 하는 말은 실로 일고의 가치도 없다.

범행결의

"안중근은 이토 공에게 개인적인 원한이 없고 생명을 죽이는 일은 차마 할 수 없지만 동양평화와 한국독립을 위해 어쩔 수 없이 목숨을 빼앗았다고 한다. 이 결의는 블라디보스토크에서 출발하기 전에 가다듬었다고 확인할 수 있다. 3년 전부터 계획했다고 말하나 처자를 정대호에게 부탁하여 하얼빈으로 불러오도록 하기는 9월 초이다.

20세기 초 제국주의 격동기의 블라디보스톡 시내 전경.

1909년 초 두만강 국경 모습. 안중근을 비롯한 의병들은 이곳을 드나들며 항일투쟁을 벌였다.

이토 공의 만주여행은 10월 19일자 일본어신문 《만주일일(滿州日日)》과 《요동신보(遼東新報)》가 보도했다. 러시아어로 발행하는 《하얼빈 웨스트니크》는 10월 20일자에 이를 처음으로 실었다. 안중근은 10월 19일 블라디보스토크에 도착하여 20일 《대동공보사(大東共報社)》에서 이토의 방만(訪滿) 소식을 알았다고 한다. 블라디보스토크에 들어간 경로는 권모술수(權謀術數)에 능한 안(安)이기 때문에 단정하기가 어렵다. 그러나 피고인의 죄책(罪責)과는 관계가 없어 깊이 추궁하지 않는다. 안과 우덕순의 살인사건 공모는 명백하다. 이들의 자술서와 이강(李剛)[주11] 앞으로 보낸 편지, 두 사람이 지은 노래, 탄환 배분 등의 사실로 미루어 많은 말이 필요없다. 유동하와 조도선의 공모에 대해서는 일단 설명해 두어야겠다.

두 사람의 성격으로 보면 공모는 다소 희박해 보이고 또 두 사람을 데리고 나간 평계가 '통역'이었던 것은 사실이다. 그러나 안과 우가 일을 결행하는 데는 조수를 필요로 하는 사정이 있었다. 10월 24일 시점에서는 공작의 도착시간이 분명하지 않았다. 이를 확인할 필요가 있는 데다 하얼빈역에서 결행이 어려울 경우 제2범행장소가 필요했다. 이를 알아보기 위해 하얼빈과 열차가 서로 비키는 채가구(蔡家溝)역 사이에서 통신연락을 하게 된 것이다. 10월 24일 채가구와 하얼빈

주11   1909년 당시 블라디보스토크에서 발행되던 《대동공보사(大東共報社)》의 편집주임. 《대동공보사》는 러시아에서 인쇄된 최초의 조선어 신문이었던 《해조신문(海朝新聞)》의 뒤를 이어 발행되었다. 《해조신문》은 1908년 12월에 창간되었으나 1909년 3월에 일어난 미국인 스티븐스의 저격사건을 크게 보도하여 창간 5개월 만에 폐간됨.

에서 주고받은 교신은 암호전보로 사전에 약속을 하지 않고는 알아볼 수가 없다. 10월 24일 아침 유(劉)는 안(安)에게 중국 돈 4원(元)을 받아 그 돈으로 타전했다. 가방을 주고 편지 두 통을 맡긴 점에 비춰보면 24일 채가구역에 도착하기 전 공모했다고 할 수 있다.

조도선과의 공모는 우덕순의 진술처럼 안(安)이 채가구로 왔다가 하얼빈으로 돌아가는 차안에서 진의를 말한 점으로 보아 분명하다. 안은 10월 25일 조와 우 두 사람을 채가구에 남겨두고 하얼빈으로 돌아갔다. 조도선이 갖고 있던 피스톨은 안이 준 것이라고 우덕순은 듣고 있다. 원래 소심한 조가 피스톨을 휴대했다는 점은 어울리지 않는다. 또 조의 진술을 들어보면 안중근은 채가구에서 온 전보를 받아 본 뒤, 일본의 대관을 쏠 계획이란 말을 했다고 한다. 10월 26일 새벽 조가 일어나 용변을 보고 다음으로 우도 밖으로 나오려고 했다. 그 뒤는 두 사람 모두 잠을 이루지 못하고 조는 피스톨에 탄알 다섯 발을 장전했다. 이런 사실들로 미루어보면 처음부터 끝까지 속아서 이용당했다고 보기는 어렵다. 또 체포 뒤에 조는 러시아 관헌에게 '도망치게 해달라. 은혜는 평생 잊지 않겠다'고 말했다. 이 점으로도 공모를 단정하기는 어렵지 않다. 이 공모시기는 '하얼빈에서 채가구로 가는 길부터 안이 다시 하얼빈으로 돌아가기까지 사이'라고 단정할 수 있다.

유동하와 조도선 같은 사람을 음모에 가담시켰다고 생각하기는 도저히 어렵다는 견해도 있다. 하지만 '만일 일이 잘못된다면 안중근과 우덕순이 책임지고 누를 끼치지 않도록 하겠다'며 배일(排日) 사상을 고무시켜 유혹하면 부화뇌동하여 손발이 될 수도 있다. 안과 우는 '혹시 탄로가 나도 다른 사람 일은 절대로 말하지 않는다'고 굳게 약속하고 있다. 안이 유와 조의 일을 말하지 않은 점도 그 누를 끼치지 않겠다는 약속을 지키기 위함이다. 우는 의지가 약해 타인의 일을 누설하기에 이르렀지만……"

미조부치는 이어 양형에 대한 의견을 밝힌 뒤 형량을 구형했다. "안중근은 사형, 우덕순과 조도선은 징역 2년, 유동하는 징역 1년 6월에 처해야 한다"고.

2월 12일에 열린 제5회 공판에서는 변호인의 최종변론이 있었다. 안승경 변호사와 안중근의 두 동생은 이 날도 함께 방청했다. 가마다 마사나오 관선변호인은 이 날 공판에서 다음과 같이 변론했다.

"본 건은 세계의 이목이 집중되고 있는 중대사건이므로 세계에 모범이 되도록 신중하게 행하여 주기 바란다. 먼저 재판관할권에 대해 말하겠다. 본 건의 발생지는 청나라 영토이고 피고는 한국인이다. 한청조약과 일한보호조약이 있다 하더라도 한국의 외교권이 소멸된 것은 아니다. 단지 일본이 대행하고 있을 뿐이므로 한국 신민(臣民)을 재판하는데 일본형법을 적용할 수 없고 한국형법을 적용해야만 한다. 다음 사실론(事實論)으로서 안중근과 우덕순에 대해서는 그 자백과 증거가 분명하므로 별다른 이견은 없으나 조도선과 유동하에 대한 검찰관의 주장에는 찬성할 수가 없다. 유는 전혀 정치사상이 없고 법정에서 '빨리 집으로 가고 싶다'고 한 발언만 들어도 중대사건에 가담할 수 없는 인물이라는 사실을 금방 알 수 있다. 조는 이토 공 살해 이틀 전 그의 아내를 부르

안중근이 사형 확정 뒤 면회하러 온 정근·공근 두 형제와 홍석구(프랑스인 신부)를 여순감옥에서 만나고 있다.

는 전보를 친 사실에서도 주범 안중근과 내통
하거나 유와 함께 가담했다는 논리는 성립될
수 없다."

재판관은 소노키 통역에게 이 변론을 피
고인 등에게 통역하도록 했다. 공판은 이 날
오후 1시 30분에 재개, 미즈노 기치타로 일
본인 관선변호사가 형량에 대한 변론을 계
속했다.

"피고인 안중근은 지식이 부족하여 국가에
충성을 다하는 방법을 오해하고 있다. 실로 동
정이 가는 점이다. 한국의 현상은 존왕양이론

여순감옥에서 수감 생활을 할 때의 안중근 모습

이 판을 치던 유신 전의 일본과 흡사하여 한국
배일당(排日黨) 주장은 일본의 지사(志士)와 같다. 아무튼 안이 이토 공
을 살해했음은 일한보호조약을 오해했기 때문이다. 일본 유신 이래의
암살은 사쿠라다(櫻田) 문밖의 변,▣주12 오쓰(大津)사건,▣주13 호시 도
루(星亨)사건▣주14 등이 있는데, 이들의 피고인과 비교할 때 안중근에
게는 동정할 점이 있다. 이러한 중죄인을 가볍게 처벌하면 비슷한 사건
이 속출하리라 검찰관은 말하지만 이는 받아들일 수 없는 망론(妄論)
이다. 목숨을 걸고 죄를 범한 자에 중형을 가하더라도 아무 억제력이
없다. 아마 지하의 이토 공도 피고인이 중형을 받는다면 틀림없이 불쾌
하게 생각할 것이다. 이토 공도 청소년 시절 시나가와(品川)의 영국대

▣ 주12　　1860년 3월 3일 막부의 탄압정책에 불만을 품은 미도(水戶)지방의 낭인 열 여
　　　　　덟 명이 대로(大老) 이이 나오스케(井伊直弼)를 사쿠라다 문 앞에서 암살한 사건.
▣ 주13　　니콜라이 2세 러시아 황태자가 1891년 5월 11일 일본을 방문했을 때 경비
　　　　　경찰이 칼로 니콜라이를 찌른 사건.
▣ 주14　　자유당 영수이자 중의원 의장을 지낸 호시 도루가 1901년 자객에 암살된
　　　　　사건. 그는 독단전횡이 많아 암살당했다.

안중근 · 우덕순 · 조도선 · 유용하 등이 여순 관동도독부 지방법원 법정에서 방청객
(대부분 일본인)들이 지켜보는 가운데 재판을 받고 있다.

사관에 불을 지르고 존왕양이를 주창하는 등 안과 유사한 행위가 많았
다. 본 건의 재판에 세계 여러 나라가 주목하고 있으며 혹시 지나친 형
벌을 가할 때에는 '일본이 이토 공을 아까워한 나머지 범인을 증오하는
감정으로 극형에 처했다'는 비난을 면할 수 없다. 따라서 안중근에 대
해서는 법정형에서 가장 가벼운 징역 3년을 선택할 수가 있다."

변호사의 변론은 이것으로 끝이 나고 피고인들의 최후진술이 이
어졌다. 유동하와 조도선은 "이 사건에는 관계가 없어 혐의를 받는
자체가 유감이다"고 말하고 우덕순은 "안과의 공모는 사실이므로
별로 이론은 없다. 다만 나는 한국 독립을 바랄 뿐이다"고 진술했
다. 안중근은 한 시간에 걸쳐 그의 소신을 다시 한번 강조했다.

"이토 히로부미는 보호조약을 체결한 뒤 한국통감이 되어 한국인을
학대하고 황제를 폐위시켰다. 나는 동양평화와 한국독립을 위해 이번
일을 일으켰다. 따라서 검찰관과 변호사의 말처럼 이토의 정책을 오해

하여 계획한 일은 아니다. 무엇보다 개인적 원한에서 나온 행위가 아니기에 나를 형사피고인으로 재판하지 말고 국제공법, 만국공법에 따라여러 나라 사람이 입회한 가운데 심판해야만 한다. 최후로 말해 두지만나는 한국의 독립을 기원하는 것 말고는 바라는 것이 전혀 없다."

이들의 최후진술을 끝으로 마침내 선고공판이 2월 14일로 잡혔다. 공판을 시작한 지 꼭 1주일 만이다. 마나베 주조 재판관은 먼저형량을 선고하고 주문을 읽어 내려갔다. 형량은 '안중근 사형, 우덕순 징역 3년, 조도선과 유동하는 각각 징역 1년 6월이었다. 당시《대한매일신보(大韓每日申報)》는 2월 15일자 지면에 판결 주문을 보도한 데 이어 20일자에 판결공판 모습을 실었다. 이에 따르면 안중근은 사형을 선고받고도 얼굴색 하나 변함이 없이 "이런 판결 결과는 재판 전부터 미리 결정나 있었다"고 말하며 미소를 지었다고 한

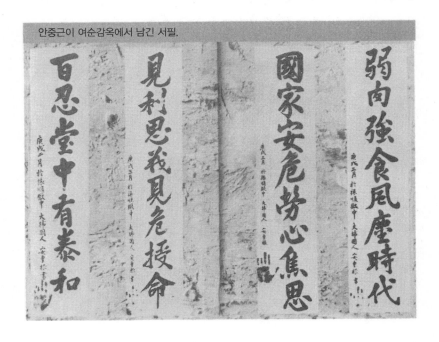

안중근이 여순감옥에서 남긴 서필.

다. 이 날 선고공판은 러시아 법학박사 야브친스키 부부, 러시아인 변호사 미하이로프, 러시아 영사관원, 안승경 변호사, 안중근의 두 동생과 사촌형 등이 지켜보았다. 안중근은 2심에 가서도 결과는 뻔하리라고 판단하고 항소를 포기, 2월 19일 결국 사형이 확정되었다. 안중근은 그 뒤 여순감옥에서 《동양평화론(東洋平和論)》을 쓰다가 다 마무리짓지 못한 채 1910년 3월 26일 오전 8시 55분 형장의 이슬이 되었다. 사건이 일어난 지 꼭 5개월 만이었다. 기록에 따르면 그 날은 아침부터 이슬비가 내리고 있었다고 한다.

재판절차를 모두 마친 일제는 병합작업을 강행, 그 뒤로 5개월이 지난 8월 22일 마침내 그들이 바라고 바라던 이른바 '일한병합조약'을 조인했다. 그리고 8월 29일 '한국 황제폐하는 한국 전부에 관한 일체의 통치권을 완전히, 그리고 영구히 일본 황제폐하에게 양여(讓與)한다'는 내용의 조약을 공포하고 마침내 한국을 식민지로 삼키고 말았다. 이와 함께 독립운동도 요원의 불길처럼 더욱 거세게 전국으로 퍼져 나갔다.

2. 이토가 만든 위기들

조선은 일본이 지킨다 - 청일전쟁

걸림돌을 제거하라 - 명성황후 시해사건

지는 게 이기는 것이다 - 러일전쟁

조선은 일본이 지킨다
청일전쟁

수상 이토 히로부미의 꿈이 담긴 청일전쟁(1894~1895)은 한 마디로 일본이 조선을 식민지로 지배하기 위한 전초전이 었다고 할 수 있다. 20년 전 못다 이룬 정한론▮주1의 '한풀이'로 해석하는 학자도 더러 있다. 이는 "일청전쟁은 다름 아닌 이토 히로부미의 조선정벌이었다"는 가쓰 가이슈▮주2의 말에서도 분명하게 확인할 수 있다. 청일전쟁 당시 무쓰 무네미쓰(陸奧宗光) 외무상 밑에서 차관으로 일했던 하야시 다다스(林董)는 이 같은 가쓰 가이슈의 말을 그의 회고록에 남기고 있다. 이 한마디만큼 이토의 청일전쟁 속셈을 극명하게 드러낸 표현도 없을 듯하다. 이 말을 곰

▮ 주1　征韓論 : 1873년 사이고 다카모리(西鄕隆盛), 고토 쇼지로(後藤象二郞), 이타가키 다이스케(板垣退助) 등이 조선의 배일(排日) 쇄국정책에 항의. 이를 토벌하자는 주장. 이와쿠라 도모미(岩倉具視), 기도 다카요시(木戶孝允), 오쿠보 도시미치(大久保利通) 등 내치(內治) 우선파의 반대에 부딪혀 주창자들은 참의(參議)직을 그만두고 낙향.

▮ 주2　勝海舟 : 1823~1899. 막부말 막부군 총사령관으로 싸워보지도 않고 유신군에 군권을 내어준 인물. 그 공로로 유신 뒤 해군대보(海軍大輔). 참의 겸 해군경(海軍卿). 백작 추밀원 고문 등 역임.

곰이 되새겨보면 긴 설명 없이도 우리는 이토가 왜 무엇을 위해 청나라와 싸움을 했는가를 금방 알아낼 수 있다.

죽을 때까지 수상, 추밀원 의장 등으로 권세를 누려온 이토는 당시 각료들 사이에 '겁쟁이'로 통했다. 이는 그가 앞과 뒤를 너무 신중하게 재어 일처리가 그만큼 느림을 빗댄 조롱이었다. 물론 전쟁은 혼자 하는 일이 아니지만 그런 그가 무슨 배짱으로 전쟁이라는 모험을 택해야만 했을까. 사가(史家)들의 말을 빌리면, 거기에는 무엇보다 일본 국민의 정치관심을 나라 밖으로 돌려 국내 정치불안을 해소하고 흩어진 민심을 정부 쪽으로 이끌어 보자는 데 가장 큰 뜻이 담겨 있었다고 한다.

1890년대 당시 일본사회는 말 그대로 대혼란이었다. 정부의 부국강병정책으로 사회는 발전했다고 하나 전에 없었던 공황으로 국민여론은 정부에 등을 돌린 지 오래였고, 정계는 정계대로 권력 독점을 성토하는 민권운동이 격랑을 이루었다. 혁명에 성공한 유신 주체세력은 국민의 요구를 받아들여 1889년 2월 헌법을 제정하고 의회를 개설하는 등 유화(宥和)조치를 취했으나 이 역시 큰 효력을 거두지는 못했다. 그도 그럴 것이 처음부터 유신을 주도한 조슈(長州), 사쓰마(薩摩), 도사(土佐), 히젠(肥前) 등 이른바 '서남웅번(西南雄藩)' 출신들이 대물림하여 권력을 독점하고 있었기 때문이다.

정치위기 극복을 명분으로 1892년 8월 8일 출범한 이토 히로부미의 제2차 '올스타' 내각 또한 사정은 조금도 나아진 게 없었다. 그때 임명된 대신(大臣)들의 면면을 보면 모두 열 명 가운데 조슈와 사쓰마 출신이 각각 세 명이고, 도사 출신 두 명, 기타 두 명으로 여전히 이들 지역 출신들이 휩쓸었다. 인물도 모두 유신 원훈이거나 이들을 따랐던 후예들이었다. '올스타' 내각이라고 이름

붙여진 이유도 바로 이런 데서 비롯되고 있다.

이 같은 서남웅번의 권력집중현상은 유신후 40여 년이나 계속되었다. 따라서 국민들의 불만은 커질 수밖에 없었다. 게다가 1890년부터 열리기 시작한 의회는 정부탄핵 기능을 제외하면 정부예산이나 법률안을 통과시키는 거수기에 지나지 않았다. 다시 말하면 국민이 선출한 의원들 가운데 각료를 뽑아 정치를 책임지도록 하는 완전한 의원내각제가 아니라 각료를 왕이 임명하는 절름발이 의회제도였다. 심지어 의회를 대표하는 의장도 의원들 스스로 뽑을 수 없고 왕이 임명하게 되어 있었다. 그래서 정부와 의회 사이의 다툼은 끊일 새가 없었다. 그러다 보니 의원이 임기를 채우는 예는 보기 드물었다. 의회가 각료해임을 가결하거나 예산안을 부결하면 해산되기 일쑤였다.

1894년 3월 1일에 실시된 총선거는 벌써 세 번째였다. 하지만 개표결과는 반정부세력이 여전히 과반수를 차지했다. 이들 반정부 의원들은 '외교문제만은 정쟁(政爭)으로 삼지 말아달라'는 이토의 간곡한 당부에도 개원한 지 석 달도 안 된 그 해 5월 31일 또다시 내각에 대한 불신임안을 가결시켰다. 그리고 6월 1일 의장 구스모토 마사다카(楠本正隆)가 이를 메이지왕에게 보고했다. 이에 이토 수상은 6월 2일 각료회의를 열고 대책협의에 나섰다. 다시 한번 의회를 해산시켜야 하는지 아니면 유화정책으로 이들을 포섭할 지가 토론의 주제였다. 그러나 회의가 막 시작되어 이토가 회의의 취지를 알리는 순간 뜻하지 않은 낭보가 날아들었다. 아니 그들에게는 그동안 기대하고 고대하던 뉴스였음에 틀림없다.

회의에 약간 늦은 무쓰 무네미쓰 외무상이 '조선정부가 동학당을 진압하기 위해 청나라에 출병을 요청했다'는 내용의 전문을 들고 들어온 것이다. 전문은 한성 주재 스기무라 다카시(杉村濬) 임시대리공사가 보내왔다. 무쓰의 보고를 들은 회의 참석자들은 모두 '마침내 기회는 왔다'는 표정이었다. 이토 수상에게는 꼬인 정국을 풀 수 있는 절호의 기회였다. 이토 내각은 이에 앞서 그해 5월 전라도 고부지방에서 대규모 농민봉기가 일어나자 이를 계기로 청나라와 한판 대결을 벌일 계획으로 군비를 확충하면서 비밀리에 작전을 세워왔다. 만일 청나라가 농민봉기에 개입하면 일본도 즉각 병력을 출동시킨다는 계획이었다.

이토는 아리스가와노미야 다루히토(有栖川宮熾仁) 참모총장과 가와가미 소로쿠(川上操六) 참모차장을 즉시 불러오도록 이토 미요지(伊東巳代治) 서기관 장관에게 지시했다. 무쓰 외무상은 이들의 참석을 기다리는 사이 "청국이 출병한 이상 우리나라도 출병할 수밖에 없다. 이를 그대로 놓아두면 조선을 둘러싼 일·청 양국의 세력균형이 깨지게 된다"고 거듭 파병을 주장했다. 곧이어 달려온 가와카미 차장은 "육군은 1개 사단 정도라면 언제라도 출병할 수 있게 준비하고 있다"고 밝혔다. 그는 5월 20일 이미 조선에 정찰원(偵察員)을 보내 육군 연습용이라고 속이고 일본 우편선 회사에서 배를 빌릴 준비도 해놓고 있었다. 때마침 일본여론도 정부 편이었다.

일본신문들은 조선의 동학 농민봉기를 대대적으로 보도하며 즉각적인 대책을 촉구하고 나섰다. 그 가운데서도 후쿠자와 유키치(福澤諭吉 : 정일성 지음,《후쿠자와 유키치 — 탈아론을 어떻게 펼쳤는가》참조)는 그가 창간한《지지신보(時事新報)》사설을 통해 연일 파병을 주장하며 '파병만이 국내 정치의 혼란을 막을 수 있는 유일한 길'이라고 외쳐댔다. 이토는 이 날 각료회의에서 파병을 결정하고 의회도 해산키로 의결했다. 그리고 3일 뒤인 6월 5일 대

1894년 6월 12일 제물포에 상륙하고 있는 일본군. 청나라가 동학란 진압을 이유로 아산만에 군대를 파견하자 곧 전쟁에 들어갔다.

본영(大本營)▊주3을 설치하고 6월 8일 히로시마의 제5사단에도 혼성여단을 편성토록 지시, 전시체제에 들어갔다.

그러나 사이고 쓰구미치(西鄕從道) 해군상은 육군과는 달리 청나라와 전쟁을 하리라고는 생각지도 못했다. 해군장비를 많이 보강했다고는 하지만 아직 함대전력이 청나라에 비해 뒤졌기 때문이다. 청나라는 '정원(定遠)', '진원(鎭遠)'이라는 두 거함(巨艦)을 보유하고 있는 데다 북양(北洋)함대를 명장(名將)으로 소문난 정여창(丁汝昌)이 이끌고 있었다. 독일에서 건조된 이 두 함정은 배수량(排水量)이 7,400톤으로 12인치(30cm)포 4문을 주포(主砲)로 갖추었다. 포탑(砲塔)은 14인치 강철판으로, 그리고 뱃전도 모두 철판으로 둘러싸 문자 그대로 불침함(不沈艦)이었다.

이와 견주어 일본은 '마쓰시마(松島)', '하시다치(橋立)', '이쓰

▊ 주3   전시 또는 사변 때 설치되는 군의 최고 통수부. 왕이 직접 군을 통솔하게 되어 있다.

이홍장이 병력수송을 위해 영국에서 빌린 코싱호가 1894년 7월 25일 아산만에서 일본군함 나니와(浪速)의 공격을 받고 침몰하고 있다.

쿠시마(嚴島)'라는 일본 삼경▨주4에서 이름을 따온 3척의 함선이 있었지만 각각 32센티(cm)포 1문씩을 갖추었을 뿐이었다. 게다가 함체(艦體)와 견주어 대포가 너무 커서 포구(砲口)를 오른쪽으로 돌리면 선체도 오른쪽으로 따라 돌아가는 실상이었다. 그리고 한 발을 쏘면 그 반동으로 뱃머리가 크게 흔들려 두 발째에는 방향을 바꾸지 않으면 안 되었다. 또 포구를 좌우로 돌리는 시간이 꽤 걸려 조준하는 시간을 합치면 1시간 동안 세 발 정도밖에 쏠 수가 없었다. 그래서 해군은 이를 보완하기 위해 영국에 주문하여 고속함정 '요시노(吉野)'를 건조해 두고 있었다. 속력은 23노트로 빨랐지만 화력은 15센티(cm)포 4문이었다. 말하자면 포탄의 크기가 청나라 두 거함의 반밖에 안 되는 꼴이었다. 동원 가능한 병력도 청나라 육군은 100만 명 이상으로 추정되었으나 일본군은 10분의 1에 지나지 않았다. 이처럼 해군장비와 동원가능 병력만 비교하면

▨ 주4   三景 : 경치가 아름답기로 이름난 3대 명소.

청일전쟁 당시 만리창(萬里倉)에 설치된 일본 혼성여단 사령부

일본군이 청일전쟁 시작 전 1894년 7월 20일 용산에 설치한 병참사령부. 만리창의 혼성여단 사령부도 이곳으로 옮겼다.

일본은 승산이 없었다.

그런데도 일본이 전쟁을 각오하고 나선 까닭은 육군의 실력을 믿었기 때문이다. 이때 육군은 가쓰라 다로(桂太郎)와 가와카미(川上)가 조직을 둘로 나누어 가쓰라는 군정(軍政)을, 그리고 가와카미는 작전을 담당했다. 이들은 둘 다 1884년 다른 열두 명의 연대장급 장교들과 함께 유럽 시찰 여행을 다녀와 선진열강의 전술을 익히 알고 있었다. 그 가운데서도 가와카미는 작전의 귀재라는 평을 들었다. 비록 참모총장은 아리스가와노미야였지만 실질적인 작전 지휘는 모두 가와카미가 했다. 그는 이미 청나라와 전투를 예상하고 1893년 청나라와 조선을 직접 돌아보며 군부동향을 파악해 두고 있었다. 그때 청나라의 군비상황이 허술하다고 판단, 청·일 사이에 전쟁이 일어나더라도 승리할 수 있음을 확신했다고 회상록에 적고 있다.

중국의 동원가능 병력은 확실히 일본의 열 배에 달했지만 그들이 사용하는 총기는 가와카미가 막부 말기 막부군과 싸울 때 쓰던 스나이더(Snider)소총이 대부분이었다. 독일인 모제르(Mauser)가 발명한 신식 모제르총을 가진 병사도 있었지만 매우 적었다. 반면 일본육군은 당시 성능이 좋기로 세계에 이름난 연발식(連發式) 무라다(村田)총으로 무장하고 있었다. 이는 청일전쟁 당시 소장이었던 무라다 쓰네요시(村田經芳)가 쉰두 살 되던 해인 1890년에 완성한 무기이다.

그는 명사수이자 총기 다루기가 유일한 취미였다. 그래서 출세도 늦어졌다. 그보다 열 살 아래인 가와카미가 중장 계급장을 달고 참모차장으로 일하는 데 견주면 얼마나 늦은지를 실감할 수 있다. 총기조사를 위해 1875년 2월 프랑스와 러시아를 견학한 그는 귀국하면서 자그마치 3천여 자루의 외국제 소총을 가지고 왔다.

무라다는 이들을 하나하나 분해하여 구조를 끝까지 확인하고 사용법을 익혔다. 그는 이런 기초적인 일이야말로 새로운 총을 만들어 내는 지름길이라고 생각했다. 무라다는 개량에 개량을 거듭한 끝에 1882년 마침내 자기만의 '무라다총'을 만들어 내는 데 성공했다.

일본군이 청일전쟁 중 의주에 설치한 제1군 병참사령부. 조선정부 관리들과 함께 찍었다.

그는 그해 열린 육군 주체 사격대회에 이 총을 들고 나가 만점으로 1등을 차지했다. 그는 대회가 끝나고 계속된 연회에서도 공중에 던져 올린 동전, 바둑알, 매실 등을 백발백중시켜 관중을 놀라게 했

조선군 군무대신 일행이 1895년 3월 19일 금주성(金州城)의 일본군 제2사령부를 방문, 함께 사진을 찍었다.

다. 일본 육군은 결국 무라다총을 제식총(制式銃)으로 정식 채택했다. 그는 그로부터 8년 뒤 이를 거의 이상적인 연발식으로 완성했다. 가와카미는 이 같은 무라다총으로 모두 무장하면 충분히 이기고도 남으리라 확신했다. 또 가와카미가 수집한 정보로는 청나라의 동원가능 병력이 112만 명에 이르지만 이는 광동(廣東), 사천(四川), 광서(廣西), 호북(湖北), 복건(福建)성 등을 포함한 것이고 조선반도에는 10만 명 정도만 출동이 가능하리라 내다보았다.

일본육군은 이 같은 내각의 결정과 자체 판단에 따라 즉각 출동작전에 들어갔다. 먼저 6월 10일 육전대(陸戰隊) 병사 420명을 휴가차 도쿄에 있다가 귀임하는 오도리 게이스케(大鳥圭介) 주조선공사와 함께 한성으로 급파했다. 이어 인천항에는 상비함대(常備艦隊) 깃발 아래 마쓰시마(松島), 지요다(千代田), 야에야마(八重山) 등 6척의 군함이 집결하고 혼성여단 병력 2천 명이 상륙했다. 이와 견주어 청국군은 원세개(袁世凱) 요청으로 2,400명의 병력이 충남 아산에 집결하고 있었다.

이토 히로부미는 막상 청나라와 전쟁을 결정했으나 걱정이 한두가지가 아니었다. 그 가운데서도 청나라에 많은 이해관계가 얽힌 서구열강이 어떻게 나올지가 가장 궁금했다. 그러나 이는 이미 엎질러진 물이었다. 모든 일을 속전속결로 처리할 수밖에 방법은 없었다. 이토는 6월 14일 열린 각료회의에서 "○일·청 양국은 공동으로 동학 비도(匪徒)를 토벌한다. ○평정 후 조선 내정개혁을 위해 일·청 양국 위원회를 설치한다. ○내정개혁 방안으로 재정을 조사하고 부패관료를 도태시키며, 경비대를 상설하고 공채를 모집한다"는 내용을 주요 골자로 하는 대(對)조선정책을 발표했다. 후쿠자와 유키치의 주장을 전폭적으로 받아들여 마련된 이 '조선 내정개혁안'은 조선을 지배하기 위한 첫 조치이다. 각료회의는 이에 불퇴전의 결의를 덧붙여 이토 원안을 통과시켰다. 이는 청나라가 이와 같은 공동대안에 불응할 때 군사력을 동원, 일방적으로 조선을 지배하겠다는 뜻이기도 하다.

이에 따라 무쓰 외무상은 6월 16일 주일 청국공사를 불러 동학군 합동진압과 조선내정의 공동개혁을 제안했다. 그러나 일본이 예상한 대로 21일 이홍장(李鴻章)에게서 전면거부 회답이 날아들었다. 일본정부는 이에 22일 각료회의를 열고 단독으로 조선 내정을 개혁하겠다는 방침을 확정했다. 이에 따라 인천에 있던 혼성여단 병력을 한양으로 옮기도록 하고 히로시마에 대기하고 있던 제2수송부대에도 출동명령을 내렸다. 그러자 청나라도 6월 25일 병력 400명을 증원했다. 이로써 조선에 출병한 청나라 군사는 모두 2,800명에 이르렀다. 반면 일본군은 6월 28일 제2차 출동병력을 포함, 모두 5천 명을 넘었다. 오도리 일본공사는 이처럼 우세한 병력을 무기로 6월 26일 경복궁에 들어가 조선의 내정개혁을 일방적으로 통보했다.

내용은 "ㅇ정부조직개혁과 인재등용 ㅇ재정정리와 자원개발 ㅇ사법제도 개정과 공정한 재판 ㅇ민란진압과 치안유지를 위한 군비확충 ㅇ교육제도 확립" 등을 골자로 하였다. 오도리 공사는 이를 위한 조사위원회가 필요하다며 위원을 조속히 임명해 주도록 조선측에 명령하듯이 요구했다. 조선이 이를 선뜻 들어줄 리가 없었다. 이는 물론 전쟁을 위한 일본의 명분 쌓기의 하나였다. 오도리는 7월 19일 조선정부에 또다시 4개항의 요구를 제시하고 22일까지 회답을 달라고 윽박질렀다. 곧 조선정부는 일본이 서울과 부산 사이에 전신을 가설할 수 있도록 조치하고, 일본군을 위한 병영을 건설해야 하며, 아산에 주둔하고 있는 청나라 군대를 철수시키는 동시에, 청나라와 조선 사이의 조약을 파기토록 하라는 내용이었다.

이에 조선이 회답기한을 넘기자 일본은 7월 23일 새벽 오카모토 류노스케[주5]를 시켜 대원군을 꾀어내도록 한 다음 서울 용산에 주둔하고 있던 일본군 2개 대대를 동원, 황궁을 침범했다. 이때 황궁경비를 하고 있던 조선병사들은 완강히 저항했으나 힘이 모자라 곧 제압되고 말았다. 반일파는 모두 도주하고 대원군은 황궁으로 들어가 실권을 장악했다. 일본군이 무력으로 친일정권을 세우기 위해 꾸민 일종의 쿠데타였던 셈이다.

일본은 곧 군국기무처(軍國機務處)를 신설토록 하여 모든 국정을 간섭하기 시작했다. 일본의 강압으로 만들어진 이 군국기무처는 대원군의 전횡을 무력화하기 위한 기관이었다. 이는 물론 대원군을 잠시 쿠데타에만 이용하고 버릴 계산에서 나온 발상이다. 정원은 모두 열일곱 명으로 공사관 서기관 스기무라 다카시(杉村濬)가 주도권을 쥐고 사람을 뽑아 구성원은 모두 친일파였다.

당시 조선의 정치를 좌지우지하던 원세개(袁世凱)도 이처럼 형세가 날로 불리해지자 본국에 원군을 요청하지 않을 수 없었다. 이에 따라 청국정부는 아산의 병력을 늘리기 위해 영국선박 코싱(Kowshing)호를 빌려 7월 24일 1,100명의 병력을 수송하기에 이르렀다. 이때 인천 앞바다에 진을 치고 있던 일본군함들은 일제히 사격을 가해 코싱호를 침몰시키고 말았다. 국제적 문제로 비화되었음은 말할 것도 없다. 이때부터 청일 양국은 사실상 교전에 들어간 셈이다. 일본군은 이어 선전포고도 없이 7월 29일 새벽 아산을 급습, 청나라 군사를 단숨에 몰아내고 기지를 점령해버렸다.

[주5]　岡本柳之助 : 1852~1912, 강화도조약 때 구로다기 요다카(黑田淸隆) 전권대사를 따라 조선에 왔다가 김옥균과 친해짐. 명성황후 시해사건에 관련되어 투옥됐다가 증거 불충분이라는 이유로 석방됨.

그런 다음 8월 1일에야 청나라에게 전쟁을 선포했다. '조선은 독립국인데도 청국은 조선을 속국으로 취급하여 내정을 간섭하고 많은 병사를 조선에 파견, 일본의 권익을 손상시키며 동양평화를 위협해가면서까지 그 야욕을 채우려고 한 이상 싸움을 선언할 수밖에 없다'는 내용이 일본이 발표한 선전포고였다.

청나라도 물론 선전포고문을 발표했다. 이에 따르면 '왜인(倭人)은 아무 이유 없이 군대를 한성에 파견하여…… 그 세력을 배경으로 100만 조선인을 위협하고 국왕을 협박, 정부조직을 바꾸려하고 있다. 왜인이 하고 있는 일은 실로 순리로는 논할 수가 없다'고 일본의 잘못을 지적하고 있다. 그러나 청나라는 여전히 서태후(西太后)의 독재 아래 있었다. 그녀가 보기에는 일본은 근대화를 추진하고 있는 제국(帝國)이 아니라 〈위지 왜인전(魏志倭人傳)〉시대의 오랑캐로밖에 비쳐지지 않았다. 결국 이와 같은 뒤떨어진 감각과 일본군에 대한 과소평가가 나중에 패전의 한 원인으로 작용했다.

청나라의 패인은 물론 서태후의 사치와 고위층의 부패에 있었다. 서태후는 무더운 북경의 여름을 시원하게 보내기 위해 호수라고 해도 좋을 만한 드넓은 연못을 만들고 별장을 지었다. 여기에 들어간 비용은 자그마치 3천만 냥이나 되었다. 이를 당시 일본돈으로 환산하면 4,500만 엔에 이를 정도였다고 한다. 이는 북양함대에 전함 세 척을 증강할 수 있는 엄청난 액수이다. 그러나 이 일을 서태후에게 직언한 사람은 한 사람도 없었다. 만약 그녀가 화를 내면 어떻게 될지 아무도 모르기 때문이다. 일본과 긴장관계도 정확한 정보를 전달한 사람이 없었다.

이토 히로부미는 개전(開戰)과 함께 전쟁이 날로 격렬해지자 9월 15일 대본영을 히로시마(廣島)로 옮기고 장기전에 대비했다.

대본영만이 아니라 정부 각 기관과 제국의회도 옮겨와 히로시마
는 문자 그대로 도쿄에 대신한 임시수도였다. 메이지왕도 이토의
진언에 따라 이 날 히로시마 대본영에 도착했다. 그리고 다음해 4
월까지 이곳에 머무르며 전황을 보고 받고 지시하기도 했다. 여비
서는 단 한 명도 없이 시종이 모두 왕을 도왔다. 메이지왕은 또
제5사단 사령부의 목조 2층의 방 한 칸을 집무실 겸 침실로 사용
했다. 약 열 평 정도의 넓이였다고 한다. 그런 사이 전황은 일본에
점점 유리하게 돌아갔다.

일본군은 9월 16일 새벽 평양 부근 전투에서 대승을 거두었다.
일본군은 이 전투에서 180명이 전사하고 500여 명이 다쳤다. 이에
견주어 청나라 병사는 2천 명이 죽고 많은 부상자를 내어 모두 퇴
각했다. 해전(海戰)에서도 일본 연합함대는 17일 황해에서 청나라
함대를 대파(大破)했다. 일본은 삼경함을 주력으로 모두 11척이,
청국은 불침함 정원·진원 등 12척이 마주쳤다. 2시간 동안의 전
투에서 청나라는 경원(經遠 2,900톤) 등 4척을 잃고 여순으로 퇴각
했다. 일본은 기함(旗艦) 마쓰시마가 다소 부서졌으나 작전에는
지장이 없을 정도였다.

일본신문은 이런 승전보를 하루도 거르지 않고 크게 보도했다.
정부에 등을 돌리던 국민들도 모두 손뼉을 쳤다. 반대와 탄핵을
거듭하던 의회도 정부 편을 들어 정부가 제출한 전쟁에 따른 군비
특별예산을 삭감 없이 원안대로 통과시켰다. 그런 점에서 청일전
쟁은 일본 지배세력의 의도대로 대성공이었다.

한편 청국에 이권을 갖고 있던 열강은 일본군이 예상보다 강한
데 대해 놀라운 눈으로 지켜보았다. 만약 청국이 일본에 패하고
그 때문에 반(反)황제세력이 강해져 내란이 일어나면 그들은 손해
를 입을 수밖에 없었기 때문이다. 마침내 열강이 중재를 자청하고

나섰다.

영국은 10월 8일 양측에 의견을 제시하고 화전(和戰)을 권했으나 일본의 반대로 그만 손을 놓았다. 이어 11월 6일부터 미국이 중재에 나서기 시작했다. 강화조건을 놓고 여러 날 밀고 당긴 끝에 이토는 1895년 3월 20일 시모노세키의 순반로(春帆樓)에서 청나라의 이홍장과 대좌하게 되었다. 그러나 회담이 세번째 열리던 3월 24일, 이홍장이 오후 4시 반쯤 회담을 마치고 회담장을 나서는 순간 권총으로 저격을 당해 회담은 당분간 중단될 수밖에 없었다. 범인은 군마현(群馬縣) 출신의 스물여섯 살 난 청년이었다.

청일전쟁 당시의 일본 외상 무쓰 무네미쓰(陸奧宗光). 이토와 함께 순반로에서 청나라 이홍장을 상대로 외교 담판을 벌여서 큰 성과를 거두었다.

기록에 따르면 이토는 무쓰와 함께 곧 이홍장의 숙소로 병문안을 갔다고 한다. 생명에는 지장이 없는 듯하여 둘은 일단 안심할 수 있었다. 이토는 돌아오는 길에 무쓰에게 '일본이 공명정대하다는 사실을 안팎에 알리기 위해 무조건 휴전을 한다면 어떨까'하고 물었다. 무쓰는 이에 "대본영이 어떻게 반응할지 모른다'고 대답했다. 이토는 히로시마에 전보를 쳤다. 답은 "현 상태로 휴전은 군 전략에 불리하므로 다시 생각하기 바란다"는 내용이었다.

이토에게는 이미 시작한 전쟁을 이제 어떻게 끝내느냐가 가장 큰 고민거리였다. 전쟁을 하고 있으니 당연한 일이었지만 이토를 괴롭히는 난제들은 꼬리에 꼬리를 물었다. 그 가운데서도 가장 큰 골칫거리는 3월 초부터 고개를 든 대본영의 '대륙진출론'이었다. 육군은 파죽지세로 여순을 공략하고 해군은 위해위(威海衛)를 어뢰로 공격, 청국 북양함대에 큰 타격을 가하여 결국 명성을 날리던 정여창을 자살에 이르게 했다.

1870년 직예총독으로 임명되어 25년 동안 청나라 정치를 요리한 이홍장. 이토의 외교 담판 상대였다.

장병들은 크나큰 대륙을 사자에 비유하면 겨우 발톱 하나 정도만 뽑은 꼴이었지만 승전의 기쁨에 어쩔 줄을 몰라했다. 그래서 일선 군지휘부는 이 기회에 대본영을 여순으로 옮겨 청나라를 효율적으로 공략하자고 나섰다. '히로시마는 너무 멀어 작전지휘나 전선과 연락하는 데 지장이 많고 텐노가 대본영을 외지로 옮기면 전군의 사기가 오르게 된다'는 것이 주장의 요지였다.

이토가 보기에는 이처럼 위험한 발상도 없었다. 대본영을 대륙으로 옮기면 열국(列國)의 간섭이 불을 보듯 뻔하기 때문이다. 서구열강은 그렇지 않아도 일본이 조선의 독립보호와 일본의 권익방어라는 당초 목적을 충분히 이루었는데도 강화회담에 나오지 않는 데 대해 의심을 품기 시작했다. 더구나 일본육군은 천진에서 북경을 공략하는 제2기 작전을 준비하고 있었다. 이에 따라 1895년 3월 16일 북경을 공략하기 위한 '정청대총독부(征淸大總督府)'를 여순에 설치하기로 하고 3월 20일 선발대를 4척의 군함에 태워 보냈다. 이홍장이 강화조약을 위해 시모노세키에 도착한 바로 그 날이었다.

이토는 강화조약을 서두를 수밖에 없었다. 일본은 마침내 4월 1일 요구조건을 내놓았다. 첫째, 청국이 조선의 독립을 인정하고, 둘째, 봉천성(奉天省) 남부를 포함한 요동반도와 팽호(澎湖)열도를 비롯한 대만을 할양(割讓)하며, 셋째, 은 3억 냥을 배상하고, 넷째, 유럽열강과 마찬가지로 일본을 최혜국 대우를 하고 북경 등 7개 지구를 개방하며 중경(重慶)까지 항해권을 줄 것, 다섯째, 이 조건의 이행을 담보로 봉천과 위해위(威海衛)를 계속 점유토록 한다는 내용을 골자로 하고 있다.

이홍장은 이를 받자마자 자기의 의견을 첨부하여 북경으로 타전했다. 무쓰는 그 전문을 몰래 훔쳐보고 이홍장이 지나친 일본의 요구를 영국·프랑스·독일·러시아·미국 등 5개국에 알려주기를 바라고 있음을 알았다. 일본의 요구가 과대함은 이토나 무쓰도 잘 알고 있었다. 청나라에 이권을 대고 있는 관계로 일본의 진출을 경계하는 열강이 불쾌감을 가질 거라는 사실쯤도 예측하고 있었다. 그러나 이토는 협상에서 유리한 고지를 차지하기 위해 이 같은 무리한 조건을 내세운 것이다.

청나라는 약속대로 4월 9일 정식문서로 제안에 대한 회답을 내놓았다. 그 요지는 "ㅇ조선의 독립은 청일 양국이 확인한다. △할양할 땅은 봉천성에 있는 안동현(安東縣), 봉황청(鳳凰廳)과 팽호열도로 한다. ㅇ배상금은 1억 냥 ㅇ구주(歐洲) 제국 수준의 새 통상조약을 체결한다. ㅇ강화조약을 성실히 이행하는 담보로 청국은 일본군의 위해위를 일시 점령을 인정한다. ㅇ장래 분쟁을 피하기 위해 조약의 해석 운용에 문제가 발생할 경우 제3국에 의뢰하여 중재자를 선정하고 그 판단에 맡기도록 한다"는 주장이었다.

일본은 다음날 "1. 조선독립에 대해서는 일본 원안의 문구를 고칠 수 없다. 2. 할양지에 대해서는 대만과 팽호열도는 일본 원안대로 하고 봉천성 남부는 청국 안대로 다소 줄이기로 한다. 3. 배상금은 2억 냥으로 한다. 4. 개방요구 대상을 7개에서 4개(沙市·重慶·蘇州·杭州) 지역으로 축소한다. 5. 중재조항은 필요 없다"고 응답했다.

청일 양국은 이같이 수차례 밀고 당기는 논의를 거쳐 결국 4월 15일 최종회담을 열고 합의안을 이끌어 냈다. 그러나 이상하게도 이홍장은 합의안이 나올 때까지도 배상금을 줄여달라고만 말할 뿐 영토 할양문제에 대해서는 한마디도 입에 올리지 않았다. 그는 곧이어 있을 러시아·프랑스·독일 3국의 간섭으로 일본이 뜻을 이루지 못하리라는 점을 꿰뚫고 있었기 때문이다.

이홍장은 4월 17일 이토와 강화조약을 체결하고 시모노세키를 출발했다. 전쟁이 시작된 지 8개월 20여 일 만이었다. 이토도 다음날 군함 야에야마를 타고 히로시마로 향했다. 이 날 오후 4시쯤 야에야마가 항구에 모습을 드러내자 정박하고 있던 선박들은 깃발을 흔들며 환영했다. 그리고 이토 일행이 뭍으로 오르기 위해 보트로 옮겨 타는 동안 야에야마는 19발의 예포를 쏘아댔다.

이같이 이토가 개선장군처럼 환영을 받은 까닭은 1만 7천여 명 (사망자 1만 3,619명)의 희생치고는 수확이 예상 밖으로 컸기 때문이다. 일본은 협상에서 요동반도▮주6와 대만을 획득하고 전비(2억 47만 5500엔)보다 훨씬 많은 3억 엔의 배상금을 받아냈다. 이로써 일본은 약자가 강자에게 먹히는 짐승의 논리가 판치던 침략주의 국제사회에서 서구열강과 맞먹는 '텐노전제(天皇專制)제국주의' 국가로 확실한 발판을 다지게 되었다. 수상으로 이 전쟁을 진두지휘한 이토 역시 메이지왕에게 가장 영광스러운 훈장인 국화대수장(菊花大綬章)을 받고 열강에게 인정받는 지도자로 발돋움하게 되었다. 반면 우리는 청·일 두 나라에 싸움터를 내주고도 피지배의 나락으로 떨어지는 고난의 길이 기다리고 있었다.

▮ 주6   1895년 5월 8일 강화조약을 맺고 3국간섭으로 중국에 다시 반환.

걸림돌을 제거하라
명성황후 시해사건

명성황후 시해사건(1895년 10월 8일)은 이토 히로부미 정권
이 우리 국권을 무시하고 저지른 엽기적 만행이었다. 국
제 도의상 상식을 뛰어넘어 도저히 용납할 수 없는 테러였다. 아
무리 19세기 말이 약육강식(弱肉强食)의 논리가 판을 치던 제국주
의시대였다 하더라도 남의 나라 황궁에까지 침범해서 잔인하게
왕비를 살해한 사례는 세계 어느 곳에서도 찾아볼 수 없었다. 그
러고도 일본은 사죄는커녕 미우라 고로(三浦梧樓) 당시 주조선공
사가 '스스로 알아서 꾸민 일'이라고 책임을 그에게 떠넘기며 들
끓는 국제여론을 무마하기에 바빴다. 상황은 그로부터 백년이 훨
씬 지난 지금에도 그때보다 달라진 게 별로 없다. 전후(戰後) 일본
은 조작된 기록과 황국사관으로 무장된 역사학자들을 동원, 명성
황후 시해를 여전히 미우라의 소행이라고 강변하고 있다. 그러나
당시의 상황을 조금만 면밀하게 되짚어보면 이토 정권이 총체적
으로 관여했음을 짐작하기란 그리 어렵지 않다.

엄밀히 말하면 사건의 실마리는 이노우에 가오루(井上馨)가 청

일전쟁이 한창이던 1894년 10월 15일 주조선공사로 임명되면서부터 시작되었다고 볼 수 있다. 이노우에가 누구인가. 그는 이토 히로부미, 야마가타 아리토모(山縣有朋)와 함께 조슈번(長州藩)을 대표하는 메이지유신 원훈(元勳)이다. 이토보다 나이는 여섯 살 위였지만 이토와 생사고락을 같이 한 친구이자 경쟁자였다. 막부 몰래 영국유학(1863~1864)을 함께 하고 도쿄 시나가와(品川)의 영국공사관 습격 방화 때(1862년)도 같이 붙어 다녔다. 그래서 그들은 서로 얼굴만 보아도 상대가 무슨 생각을 하고 있는지를 금방 알 수 있을 만큼 서로의 마음을 너무나 잘 알았다. 조선공사로 임명되기 전까지는 이토 내각에서도 가장 힘이 막강한 내무상을 맡고 있었다. 내무상은 모든 정보와 치안을 다루는 경찰청을 산하에 두고 있어서 권력의 핵심이라 해도 틀린 말이 아니었다. 실제로 그는 실질적인 부총재(副總裁)로 통했다. 일찍이 대장대보(大藏大輔, 1871년)[주7]와 외무상(1885~1888)을 역임하고 이토 수상이 다쳤을 때 잠시나마 수상대리(1892~1893)까지 지낸 그가 격으로 따지면 서너 단계나 아래인 조선공사에 기용된 데에는 그만한 이유가 있었다.

그들의 최대목표는 조선을 속국(屬國)처럼 경영하는 일이었다. 청나라와 싸우는 것도 겉으로는 조선독립을 보호하는 것이라고 내세웠지만 실은 식민지화가 본심이었다. '조선경영' 문제에 관한 한 이토의 생각이 곧 이노우에의 속마음이었다. 따라서 조선 조정을 일본의 뜻대로 요리하기 위해서는 더 무게 있는 공사(公使)가 필요했다. 덧붙이자면 오도리 게이스케(大鳥圭介) 공사로는 역량이 부족하다는 판단이었다. 때마침 오도리는 1894년 8월 20일 성

▌ 주7   우리의 재정경제부 장관에 해당.

명성황후 시해의 주범
이노우에 가오루(왼쪽)
와 종범 미우라 고로.

사시킨 '일조잠정합동조관(日朝暫定合同條款)'과 이어 22일 맺은
'대일본대조선 양국맹약(大日本大朝鮮兩國盟約)'을 매끄럽게 처리
하지 못해 이토의 눈밖에 나 있었다. 물론 이토 정권은 두 가지
약정으로 경부(京釜), 경인(京仁) 철도부설권을 획득하고 일본군
의 수송과 식량확보에 편의를 받을 수 있는 권리를 얻었다. 그러
나 사후처리가 미숙해 조선 민중은 물론 대원군의 큰 반발을 샀
다. 그런 가운데 이노우에가 스스로 조선공사가 되겠다고 자청하
고 나선 것이다.

그에 앞서 조선에는 원로급인 야마가타가 일본육군 제1군사령
관으로, 오야마 이와오(大山巖)가 제2군사령관으로 이미 와 있었
다. 조선이 마치 메이지유신 원훈들의 집합소 같았다. 일제(日帝)
는 그때부터 이처럼 모든 인력과 방법을 동원, 조선을 손아귀에
넣기 위해 안간힘을 다했다. 이토는 이 같은 분위기에서 이노우에
라면 이들과 업무협조, 절충을 윗선과 협의 없이도 무난하게 전결
처리할 수 있으리라 판단했다.

이노우에는 10월 25일 인천을 거쳐 한성에 도착, 28일 고종과 대

쇄국정책으로 일관하다 국권을 빼앗긴 대원군.

원군을 알현했다. 그는 이 자리에서 자신은 종전의 공사와 같은 예사 공사가 아니라 조선 정치고문의 입장에서 상담에 응하기 위해 부임했다고 위세를 부렸다. 일본측 기록에 따르면 고종과 면담할 때에는 명성황후가 병풍 뒤에 숨어서 이들이 주고받는 이야기를 몰래 엿듣고 있었다고 한다. 이는 명성황후가 당시 그만큼 정치에 깊숙이 관여하고 있었다는 본보기이기도 하다. 이노우에의 예방을 받은 대원군은 다음 날 일본공사관으로 이노우에를 답방, 긴 시간 이야기를 나누었다.

대원군은 먼저 붓을 들고 한문으로 '한(漢)나라 고제(高帝)는 민심수렴을 위해 우선 법삼장 ▊ 주8 을 약속했다. 귀하도 틀림없이 이 점을 알아야 한다'는 내용의 글을 써서 보여주었다. 이에 이노우에는 '그러한 이천 년 전의 고사(故事)는 현대에는 맞지 않는다'며 응수하고 여러 가지 이야기를 나누었으나 노련한 대원군의 화법에 놀랐다고 한다. 이노우에는 이때 조선정부 고관들에게 협력을 얻기란 그리 쉽지 않다는 느낌을 받았다고 이토에게 보낸 편지에서 밝히고 있다. 그러나 청일전쟁의 전세(戰勢)가 일본에 유리하게 전개되어 이노우에에게 큰 도움이 되었다.

이노우에는 11월 20, 21일 또다시 고종을 알현하고 각 대신들이 함께 한 자리에서 국정개혁의 급선무로 황실과 국정의 분리, 예산제도 도입, 군제 · 조세 · 사법제도 확립, 엄정한 관리등용, 고문관

▊ 주8   法三章 : 중국 한 고제가 '법은 삼 장뿐이며 사람을 죽이는 자는 죽고 사람을 상해하거나 물건을 훔치는 자는 벌을 받는다'고 하여 살(殺) · 상(傷) · 도(盜)만을 죄로 삼던 일.

초빙, 일본에 유학생 파견 등 20개항을 권고하고 대원군에게 정무를 맡긴 칙령을 취소하도록 요구했다. 고종은 이를 모두 받아들이겠다고 약속했다. 그는 이 여세를 몰아 친일파로 갑신정변 때 일본으로 망명했던 개화당의 박영효(朴泳孝)를 내무대신으로 천거하여 임명토록 했다. 박영효를 통해 조선내정을 조종할 심산이었다.

그런 사이 해가 바뀌어 고종은 1895년 1월 7일 종묘에서 '독립선서식'을 열고 내정개혁 14개조를 서약했다. 이른바 '홍범(洪範) 14조'로 불리는 이 서약은 이노우에가 권고한 20개항을 받아들여 작성한 것이다. 이는 물론 일본의 압력을 이기지 못해 만든 개혁 방안이어서 일본의 영향력이 줄어들면 곧 취소될 수밖에 없는 상황이었다. 이노우에의 계획은 박영효가 변심하여 이노우에의 생각과는 달리 내각수반을 박정양(朴定陽)으로 바꾸게 하는 등 쉽게 풀리지는 않았지만 전세가 일본측의 승리로 굳혀질 때까지만 해도 별 탈 없이 그런 대로 넘어갔다. 하지만 정세는 러시아·프랑스·독일이 힘을 합친 이른바 '삼국간섭'으로 일본이 빼앗았던 요동반도를 1895년 5월 8일 다시 청나라에 돌려주면서 급변했다. 일본은 마치 '치타가 잡아 놓은 얼룩말을 먹어보지도 못하고 사자에게 그냥 내어준 꼴'이어서 충격이 더했다.

반면 그동안 일본의 위세에 눌려 움츠리고 있던 명성황후는 일본이 삼국간섭으로 힘없이 물러서자 이에 놀라 러시아공사 웨벨 부인을 만나며 러시아공사를 가까이하기 시작했다. 당시 러시아가 프랑스·독일과 함께 일본에 요동영유를 포기하도록 압력을 넣은 목적은 기록에서 읽을 수 있듯이 조선에도 영향력을 행사하겠다는 의사표시였다. 이노우에는 러시아의 이런 움직임을 시모노세키조약체결 직후부터 이미 감지하고 있었다. 그래서 그는 조선

내정개혁을 계속 추진하는 데 혹시 러시아가 참견하고 나올지 몰라 은근히 걱정이었다. 그렇다고 하던 일을 중단하면 청나라와 전쟁을 했던 명분이 사라지게 되어 여간 곤혹스러운 일이 아니었다. 더구나 러시아공사는 밤에도 자유롭게 황궁을 드나들며 명성황후와 비밀 이야기를 나누고 있다는 정보도 잇달아 들어왔다. 이노우에는 돌아선 명성황후의 마음을 무슨 수를 써서라도 다시 자기편으로 돌리는 것말고는 다른 특별한 방법이 없었다. 그는 먼저 기증금(寄贈金)으로 명성황후를 회유하기로 하고 일본정부에 지원을 요청했다. 이와 함께 상황변화에 따른 대(對)조선정책의 지침을 마련해 주도록 건의했다.

이토 수상은 이에 6월 4일 각료회의를 소집하고 러시아의 남하정책에 대해 논의했다. 이 날 각의(閣議)는 불간섭원칙에 따라 조선문제를 현상대로 유지하기로 결론을 내리고 당분간 정세를 지켜보기로 의견을 모았다. 청나라와 이제 막 전쟁을 끝낸 일본은 러시아와 직접 대결하는 사태만은 우선 피하고 싶었기 때문이다. 기증금 지원도 없는 일로 돌렸다.

이 같은 방침을 통보 받은 이노우에는 조선문제를 이토 수상과 직접 협의하기 위해, 그해 6월 7일 한성을 출발하여 20일 요코하마(橫浜)에 도착했다. 그리고 그는 7월 14일까지 24일 동안 도쿄에 머무르면서 부산하게 움직였다. 이제 명성황후는 돌아올 수 없는 다리를 건넜다고 판단, 명성황후를 제거하기 위한 음모를 꾸미고 있었던 것이다. 《명성황후 시해의 진실을 밝힌다》(지식산업사)를 쓴 최문형(한양대 명예교수)은 그의 책에서 이노우에를 명성황후 시해의 주모자로 못박고 있다. 또 이토 정권이 이를 몰랐을 까닭이 없다고 주장했다.

이에 따르면 이노우에가 24일 동안이나 도쿄에 머물며 정부당국과 대책을 협의한 데다 삼국간섭에 약세를 보이던 일본이 강경자세로 돌아섰으며, 미우라를 그의 후임으로 추천하여 내정(7월 22일)한 일 등이 모두 그 무렵에 이루어졌기 때문이라는 설명이다. 미우라는 기병대 출신으로 계급은 육군중장까지 올랐으나 야마가타 등 육군의 주류와 대립하다 1888년 예편되었다. 그 뒤 궁중고문과 가쿠슈인(學習院)장을 지내기도 했다. 하지만 관계나 정계와는 처음부터 관련이 없는 순수무관으로 당시 일본의 최대 관심사였던 조선문제도 잘 모를 만큼 외교에 대해서는 문외한이었다.

그는 주한공사로 내정되었다는 말을 듣자 자신은 적임자가 아니라며 거듭 사양할 정도였다. 행동도 직선적이고 좀 기이한 사람이었다. 그 역시 이토·야마가타·이노우에로 이어지는 조슈번(長州藩) 출신이었지만 야마가타와는 평생토록 사이가 좋지 않았다. 이들 조슈번 출신들과 조선의 악연은 그 뒤 한일합방까지 이어진다. '조슈번 인물들이 조선을 정벌했다'는 세론(世論)도 그래서 나온 말이다. 이런 상황에서 미우라 같은 '칼잡이'가 할 수 있는 일은 너무도 분명하다. 그는 이토와 이노우에가 한번 쓰고 버린 희생카드였던 셈이다.

이 같은 시나리오에 따라 명성황후와 러시아의 고리를 끊기로 마음먹은 이노우에는 공사 자리에서 물러날 빌미를 찾기 시작했다. 음모를 철저히 위장하기 위해서였다. 그는 먼저 7월 2일 조선에 대한 재정원조와 개혁 요구조건 완화를 골자로 하는 의견서를 내각에 제출했다. 이는 물론 정부의 생각과 너무 달라 받아들여질 수 없는 내용이었다. 때마침 이노우에가 조선내각에 심어둔 박영효가 7월 6일자로 실각했다는 소식이 날아들었다. 겉으로만 보면 이는 조선정부에서 일본세력이 모두 잘려나간 것 같았다.

그러나 《명성황후 시해의 진실을 밝힌다》에 따르면 박영효의 실

각 또한 이노우에가 미리 짜놓은 철저한 위장계략이었다는 지적
이다. 이노우에는 그동안 내정개혁을 내세워 대원군과 명성황후
의 갈등을 이용하고 박영효와 김홍집(金弘集) 같은 친일파 각료
사이도 서로 이간시켜 이용하는 등 고도의 전략을 한껏 구사해 온
게 사실이다. 박영효가 이 같은 이노우에의 이중공작에 반발하자
그를 희생시켰다는 것이다.

박영효는 러시아공사가 밤에도 마음대로 황궁을 드나드는 것을
목격하고 이를 저지하기 위해 6월 하순 궁정회의에서 명성황후의
행동을 거리낌없이 간언했다. 이를 듣고 있던 고종은 이는 명성황
후를 배제하고 정권을 농단하려는 불경이라며 7월 6일 갑자기 그
를 파면시키고, 새로 임명한 김홍집 내각수반에게 잡아들이도록
지시했다. 박영효는 겨우겨우 체포를 피해 일본으로 또다시 망명
하는 신세가 되었다.

이런 소용돌이 속에 도쿄에서 은밀한 계획을 꾸미고 7월 19일
한성으로 돌아온 이노우에는 종전의 고압적인 자세를 바꿔 조선
황실에 대해 최대의 호의를 보였다. 최문형은 그의 책에서 바로
이 점이 수상하다고 적고 있다. 이노우에는 7월 25일 아내와 함께
고종과 황후를 찾아 귀임인사를 했다. 이노우에는 이 자리에서 주
변인사를 물러나게 한 다음 5시간 동안이나 이야기를 늘어놓았다
고 한다. '일본은 앞으로 조선의 독립을 공고히 하고 조선황실의
안전을 도모하는 데 성심성의를 다하겠다. 아울러 다른 왕족이나
신민이 황실에 불온한 행동을 하면 병력을 동원해서라도 보호하
겠다'는 요지였다. 또 이토 정부가 이미 불가방침을 굳힌 기증금
을 조선에 지원하겠다고 거짓약속을 내세워 생색을 내기도 했다.

그는 그 뒤 고종과 두 차례 더 회담을 갖고 부임 초 내놓았던 명
성황후의 정치관여 금지조항 등이 포함된 내정개혁안을 거둬들이

겠다고 약속하고 8월 25일 단행된 김홍집의 친일·친러파 혼성내각을 성립시키기도 했다. 이는 두말할 필요도 없이 황후시해에 앞서 조선황실을 안심시키기 위한 교활한 잔꾀였다. 이노우에는 이토 정부에 대해서도 빨리 임시의회를 열어 기증금 지원방안을 통과시켜 달라고 촉구하는 또 다른 사기극을 벌였다. 그는 이 기증금을 조선에 제공하지 않으면 후임공사가 설자리를 잃게 된다는 사실도 통보해 두었다. 이는 후임 미우라 공사의 거사를 자극하기 위한 또 다른 술책이었다. 이런 문제를 주제로 하여 이토 내각과 이노우에의 교신은 한 달 동안 계속되었다.

이토 수상은 마침내 8월 24일 열린 각의에서 조선정책을 다시 강력하게 펴나가기로 결의하고 임시의회도 열지 않기로 결정했다. 그리고 9월 1일 미우라가 조선에 부임해 왔다. 이노우에의 표면적인 퇴임사유는 지병인 류머티스 악화였다. 그러나 이노우에는 두 사람의 공사가 한 나라에 함께 주재할 수 없다는 외교관례를 무시하고 자그마치 17일 동안이나 서울 남산의 일본공사관에서 미우라와 함께 지냈다. 그처럼 장기체류하며 인계할 특별한 임무도 없었다. 그러고서도 모자랐던지 이노우에는 인천에 가서 4일 동안 더 머물며 서울과 연락을 계속한 뒤 21일에야 시라가와마루(白川丸)를 타고 귀국길에 올랐다. 서울의 시나리오를 최종 확정 짓는 절차였던 것이다.

미우라 공사가 부임하면서 조선정부와 일본 사이는 곧바로 얼어붙기 시작했다. 명성황후를 중심으로 한 궁정은 내각의 부서(副署) 없이 칙령을 발표하는가 하면 농상(農商)대신 김가진(金嘉鎭)을 파면하고 대신 친러파 이범진(李範鎭)을 앉히기도 했다. 당시 조선정부에는 일본 육군중령 구스노세 사치히코(楠瀬幸彦) 고문관을 비롯, 이시쓰카 에이조(石塚英造) 법제국 참사관, 호시 도루(星

후), 오카모토 류노스케(岡本柳之助) 등이 있었지만 정권을 장악한 명성황후 앞에는 얼씬도 못할 정도였다. 더욱이 일본이 밀었던 김홍집·박정양 등은 곧 암살될 거라는 소문이 파다했다. 또 일본이 육성, 훈련한 황실 호위 훈련대도 곧 해산된다는 풍문이 오래 전부터 나돌고 있었다. 명성황후에게는 훈련대가 눈엣가시였다. 황실 주변의 모든 동정이 이를 통해 새나갔다. 따라서 훈련대 해산은 일본의 조선간섭을 못마땅해 하는 명성황후의 항거표시였다.

이노우에와 미우라는 훈련대 해산에 초점을 맞추고 구체적인 세부계획을 짰다. 훈련대 해산에 불만을 품은 훈련대원들이 대원군을 업고 쿠데타를 일으킨 것으로 꾸미면 조선 내부 정권다툼으로 그럴듯해 보이리라는 판단이었다. 이에 따라 이노우에는 국회의원에 출마하기 위해 그를 따라 귀국하려던 오카모도 류노스케를 일단 가지 못하게 했다. 그를 명성황후 시해를 위한 '대원군의 쿠데타' 시나리오에 조연으로 이용하기 위해서였다. 그는 당시 대원군과 친분이 가장 두터운 일본인이었다. 동시에 명성황후측에서는 가장 꺼리는 인물이기도 했다. 이노우에와 미우라는 다음으로 조선에 건너와 할 일 없이 떠돌던 이른바 '로닌(浪人)'이라는 일본 국수주의자들을 끌어 모았다.

당시 서울에는 미우라와 성향이 비슷한 비정치단체 민간인으로 일정한 직업 없이 자국의 대륙침략을 돕기 위해 활동하는 일본 국수주의자들이 진을 치고 있었다. 그 가운데는 엘리트 출신도 많았다. 미우라를 따라 조선에 건너와 황후시해를 기획하고 자문하며 로닌 동원을 책임졌던 시바 시로(柴四郎)는 미국 하버드대학을 마친 뒤 펜실베이니아대학에서 경제학을 전공한 엘리트였다. 그때 《한성신보사》 사장으로 로닌 집결을 주도했던 아다치 겐조(安達謙藏)는 훗날 가토 다카아키(加藤高明) 내각의 체신상, 하마구치(浜

ㅁ) 내각의 내무상을 역임하기도 했다. 일본 수비대가 이들의 테러를 지원했음은 말할 필요도 없다.

기록에 따르면 이처럼 거사 시나리오와 조직을 끝낸 미우라는 10월 10일을 결행일로 잡고, 10월 2일에 역할분담을 끝냈다고 한다. 그러나 이 계획에 차질이 생기고 말았다. 조선정부가 풍문과는 달리 7일 새벽 2시를 기해 황궁경비를 맡고 있던 훈련대를 전격 해산했기 때문이다. 이 날 오전 9시 군부대신 안경수(安駉壽)에게 해산 사실을 통보 받은 미우라는 곧바로 실행에 옮길 수밖에 없었다. 이런 급박한 상황에서 이 날 오후 2시 본국에서 '일본이 요동 보상금 3천만 냥을 청나라에게 받기로 최종 수락하여 3국과의 대립요인을 완전히 제거했다'는 전보가 공사관으로 날아들었다. 이는 '어려운 문제는 모두 해결되었으니 이제 결행해도 좋다'는 간접 허락의 뜻을 담고 있기도 했다.

미우라는 먼저 결행일을 다음날(8일) 새벽으로 고쳐 잡고 훈련대 해산을 알리러 온 훈련대 2대대장 우범선(禹範善)과 수비대 책임자 바야바라(馬屋原務本)에게 병력 동원령을 내리는 한편 인천에서 대기하고 있던 오카모토와 구스노세를 곧바로 서울로 오도록 알렸다. 작전은 그때부터 시작된 셈이다. 명성황후 시해음모의 전말은 《명성황후 시해의 진실을 밝힌다》가 자세히 분석 정리하고 있다. 이를 바탕으로 그 날의 참극(慘劇)을 다시 정리해 본다.

"인천에서 급보를 받고 올라온 오카모토는 7일 밤 12시쯤 용산에 도착하여 미리 뽑아둔 로닌들과 사복차림의 순사들을 이끌고 공덕리(孔德里)의 대원군 저택으로 달려갔다. 대원군은 그때 명성왕후측에 추방되어 이곳에서 연금과 다름없는 생활을 하고 있었다. 이들 로닌과 사복차림 순사들은 대원군 저택을 감시하고 있던 30여 명의 순검들을 모두 창고에 감금하고 그들의 옷을 벗겨 자신들이 입었다. 이는 일본인 동원사

명성황후가 시해된 옥호루.

실을 궁정에 알리지 못하게 하고 조선인들이 명성왕후를 시해했다고 꾸미기 위해서였다. 그러나 이는 대원군의 거동을 느리게 하는 결과를 가져왔다. 이를 수상히 여긴 대원군이 오카모토의 요구에 선뜻 응하지 않았기 때문이다. 오카모토는 그를 집에서 나오게 하는 데만 자그마치 2시간 반이나 걸렸다. 3시 반쯤에야 강제로 가마에 태우고 서소문 쪽으로 출발할 수 있었다. 그러나 대원군은 이들에게 끌려 궁궐로 가면서도 도중에 소변이 마렵다는 핑계로 여러 번 가마를 멈추게 하였다고 한다.

이 바람에 오카모토는 4시 반이 되어서야 훈련대와 약속한 장소에 겨우 닿을 수 있었다. 그러나 여기서도 차질이 빚어졌다. 이곳에서 합류하기로 한 수비대가 시간이 늦어지자 오카모토가 장소를 잘못 안 것으로 여기고 남대문까지 나간 탓이다. 그래서 이들은 새벽 5시 반쯤에야 겨우 광화문에 도착할 수 있었다. 주변은 이미 행인의 모습을 알아볼 수 있을 정도로 날이 밝아 있었다. 그 바람에 왕후시해 현장이 외국공사관원들에게 모두 들통이 나버렸다. 이들의 궁궐입성은 총격전으로 시작되었다. 이 자리에서 궁궐침입을 막던 훈련대 연대장 홍계훈(洪啓勳)이 살해되었다. 그는 임오군란 때 왕후의 생명을 구해준 은인이기도 하다. 이 밖에도 광화문을 지키던 6~8명의 황궁 호위병이 목숨을 잃었다. 이렇게 하여 왕후시해 패거리들은 5시 50분쯤 겨우 광화문을 지날 수 있었다. 그리고 6시 10분쯤 대원군을 근정전(勤政殿) 옆 강령전(康寧殿)에 내려놓았다.

그 뒤 한 패는 경회루(慶會樓)를 돌아 고종이 평상시에 거처하는 건청궁(乾淸宮)으로 난입했다. 이곳은 총소리를 들은 호위병들이 이미 달아나 버려 무방비 상태였다. 이들 일본인 패거리들은 곧바로 왕의 침전인 곤령합(坤寧閤)으로 쳐들어가 왕과 왕태자와 측근들을 붙잡았고 모든 여인들을 황후의 침전인 옥호루(玉壺樓)로 몰아넣었
다. 이들보다 먼저 광화문에 도착한 선발대는 2~4
시경 궁궐의 북서 및 북동쪽에 집결해 있다가 광
화문 앞 총격소리를 신호로 북서쪽 추성문(秋成
門)의 담을 뛰어넘어 합류했다. 이때 궁내부 대
신 이경직(李耕稙)은 한발 앞서 왕후의 침실로
급히 달려가 위험을 알렸으나 왕후와 궁녀들이
옷가지도 제대로 갖추지 못해 왕후의 처소는 말 그
대로 아비규환이었다. 그 순간 일본 패거리들이 들이닥
쳤다. 이경직은 왕후를 보호할 생각으로 엉겁결에 두 팔

명성황후의 시신이 불태
워진 곳.

을 벌려 왕후 앞을 가로막고 나섰다. 그러나 이러한 보호
행위가 일본인 패거리들에게 등뒤의 여인이 바로 왕후임을 알려준 꼴이
되고 말았다. 왕후는 순간 뜰 아래로 달아났지만 결국 붙잡혀 칼에 찔리
고 말았다. 그들은 실수가 없도록 하기 위해 왕후와 용모가 비슷한 궁녀
들까지 살해했다."

이상이 그 날의 줄거리다. 하지만 누가 황후를 직접 시해했는지

명성황후의 장례식 모습.

는 분명하게 알려지지 않고 있다. 다나카(田中賢道)라고 하는 설도 있고 또 다른 장교라고 전해지기도 한다. 그렇지만 나카무라(中村楯雄), 후지카쓰(藤勝顯), 데라자키(寺崎泰吉), 구니도모(國友重文) 등 로닌과 미야모토(宮本) 소위 등 군인이 황후의 침실까지 난입했으니 범인은 이들 가운데 한두 명임이 틀림없다. 더구나 이들은 만취한 상태에서 황후 시신을 능욕하고 불태우는 만행을 서슴지 않아 잔인성을 온 세상에 드러내기도 했다. 더욱 기가 막힌 일은 사후수습을 하는 그들의 자세였다.

그들은 천인공노할 만행을 저질러 놓고도 본국에는 대원군의 쿠데타로 일어난 사건이라고 태연히 보고했다. 이는 이노우에와 미우라의 미리 짜놓은 각본에 따른 위장술책이니 그렇다고 치자. 그들은 대원군과 훈련대의 주모설을 내세우는가 하면, 대원군 주도설, 미우라와 대원군 공모설, 고종 주도설까지 퍼뜨려 사건의 초점을 흐리게 했다. 대원군의 노욕(老慾)을 부정할 수는 없지만 당시 일흔다섯 살의 노령인 그가 며느리를 죽이고 정권을 다시 잡으려 했을까. 상식적으로 납득이 가지 않는 부분이다.

그들은 또 사건현장을 직접 목격한 웨베르(러시아), 앨런(미국), 힐리어(영국) 등 주조선공사들의 추궁에 처음에는 '일본인과는 무관하다'고 강변했다. 그러나 외교관들의 치밀한 증거 제시로 완강하기만 하던 미우라도 결국 더는 버틸 수 없는 처지에 몰리고 말았다. 앨런은 "이 사건의 지휘자는 일본인이고 직접 황후를 시해한 주범도 민간인 옷을 입은 일본인이며 일본공사 관원이 이 사건에 관여했다. 미우라 자신이 관여했다는 증거도 부인할 수 없을 만큼 명백하다"고 국무성에 이 사건의 경위를 보고할 정도였다.

사태가 이처럼 국제문제로 번지자 이토 정부는 사건 열흘 만인

10월 17일 미우라를 비롯한 사건 관련자 48명 전원을 본국으로 소환, 히로시마재판소에 회부했다. 이 또한 관련자 전원을 히로시마 구치소에 구금시켜 진실이 더는 국제적으로 확산되는 것을 막기 위한 은폐공작의 하나였다. 이토 정부가 이들을 사건 발생 석 달 보름 만인 1896년 1월 20일 증거 불충분을 이유로 전원 면소(免訴) 처분한 점이 이를 잘 말해주고 있다.

그들은 이에 그치지 않았다. 관련자료를 모두 폐기, 왜곡하고 심지어는 정부 차원에서 많은 돈을 주고 외국기자를 매수하기도 했다. 당시 내각 서기관장이자 《도쿄니치니치(東京日日)》신문사 사장을 겸하고 있던 이토 미요지(伊東巳代治)는 이토 수상의 재가를 얻어 6천 엔을 내각 기밀비에서 인출, 이를 《뉴욕헤럴드》주일 특파원이던 코커릴에게 주고 일본에게 유리한 기사를 써달라고 부탁했다. 그때 의원 세비(歲費)가 연 800엔 가량이었으므로 그 돈이 얼마나 많은 액수인지는 상상이 가고도 남는다. 이토 미요지는 이토 수상의 비서관으로 그의 분신이나 마찬가지였다.

이 점이 바로 이토 수상이 이 사건에 연루되어 있음을 분명하게 보여주는 대목이다. 이런 점들을 모두 종합해 보면 명성황후 시해 사건은 청일전쟁으로 국내 정치위기를 넘긴 이토 정권이 조선경영 계획에 큰 장애로 떠오른 걸림돌을 제거하기 위해 관민을 총동원하여 마치 미스테리 수사극처럼 꾸미려 한 잔인한 살인극임을 확인할 수 있다.

지는 게 이기는 것이다
러일전쟁

명성황후 시해사건은 안팎으로 엄청난 파문을 몰고왔다. 국내 정치불안은 말할 것도 없고 외교계(外交界)는 주조선 외교사절들이 이토 히로부미 정권을 규탄하는 항의 목소리로 마치 벌집을 쑤셔 놓은 듯했다. 주한 미국공사는 고종을 괴롭히는 군부대신 조희연(趙羲淵)을 즉각 파면토록 일본측에 요구하는가 하면 러시아의 웨베르 공사는 그를 아예 체포 구금해야 한다고 주장하기도 했다.

이토 히로부미는 이처럼 국제 여론이 점차 심각해지자 열강을 달래기 위해 발벗고 나섰다. 그는 우선 파면한 미우라의 후임으로 고무라 주타로(小村壽太郎) 외무성 정무국장을 주조선변리공사(辦理公使)로 기용(10월 17일)하고 사태를 조기 수습하도록 지시했다. 또 명성황후 시해사건을 처음부터 모의, 주도했던 이노우에를 '병 주고 약 주는 격'으로 '왕실문안사(王室問安使)'란 이름을 붙여 서울로 보내(10월 21일), 고무라를 돕도록 했다. 이노우에의 파견목적은 조문이라기보다는 시해 결과 확산되는 각국의 비난을 잠재우기 위한 정세탐색이라고 해야 옳다. 이들 둘은 주조선 외교사절들의 빗발치는 항의에도 외국공사들을 설득하며 한동안 마무리를 잘해 나가는 듯 보였다. 그러나 넉 달 뒤 신변에 위협을 느낀 고종이 러시아 공관으로 피신하는 이른바 아관파천(俄館播遷, 1896년 2월 11일)이 일어났다.

일본에게는 실로 청천벽력이 아닐 수 없었다. 잘못하다가는 청일전쟁을 일으킨 보람도, 명성황후를 제거한 대가도 찾을 길이 없게 되었다. 고무라는 이때 "천자를 빼앗겼으니 만사는 끝장 났다. 웨베르는 하루아침에 서울 외교계의 패권을 차지하게 되었다"고 허망한 심정을 토로했다

러일전쟁 당시의 일본 외상 고무라 주타로. 명성황후 시해 당시 주한공사로 임명되어 사건처리를 맡기도 했다.

고 한다. 아관파천은 이미 잘 알려져 있듯이 러시아공사 웨베르와 스페이르가 서울 정동 러시아 공관에서 2개월을 함께 생활하며 공동으로 꾸민 거사였다. 한 나라에 두 공사를 함께 둘 수 없다는 외교관례를 무시하고 이 같은 음모를 실행하기는 앞에서 설명한 일본의 예와 조금도 다를 것이 없다.

러시아 공관으로 옮긴 고종은 가장 먼저 친일각료들을 역적으로 규정하고 포살령(捕殺令)부터 내렸다. 역사에 기록되어 있듯이 총리대신 김홍집(金弘集)과 농상공부대신 정병하(鄭秉夏)는 순검에게 체포되어 경무청으로 가던 길에 군중들에게 맞아 죽었다. 탁지부대신 어윤중(魚允中) 역시 시골로 달아나다 용인에서 군중들에게 붙잡혀 뭇매를 맞고 숨졌다. 내부대신 유길준(兪吉濬), 법부대신 장박, 군부대신 조희연 등과 이진호, 우범선 등 친위대 간부들은 일본공사관의 보호 아래 일본으로 달아났다.

고종은 이어 새 내각 명단을 인선, 발표했다. 총리서리 겸 내부

고종이 1896년 2월 11일부터 1년 동안 정무를 보았던 당시의 주한 러시아공사관.

에 박정양을 기용하고 궁내부에 이재순, 외부 겸 학부에 이완용, 군부에 이윤용, 탁지부에 윤용구, 경무사에 안경수, 법부에 이범진, 농상공부에 조병직, 학부서리 겸 협판에 윤치호를 각각 등용했다. 이들은 모두 춘생문사건▊주9에 연루되어 미국공사관과 러시아공사관에서 숨어 지내던 인사들로 뒷날 일부는 친일파가 되었지만 당시만 해도 대부분 '친미 반일' 성향이었다. 이는 열강의 의혹을 사지 않으려는 러시아측의 배려였다. 고종은 다음해 2월 20일 덕수궁으로 돌아올 때까지 1년 넘은 기간을 러시아공사관에서 지내며 정무를 보았다. 그러니 나라 형편이 오죽했겠는가.

아관파천 뒤로 조선과 만주를 비롯한 동북아시아는 열강의 각축장으로 변해갔다. 어제의 적이 오늘은 서로 동지가 되어 상대방을 압박하고 동지의 동지가 적이 되어 으르렁거리기 일쑤였다. 그런

▊ 주9　春生門事件 : 이재순·이범진·이완용 등이 1895년 11월 28일 친일정권을 타도하고 고종을 궁궐 밖으로 모셔 나와 새 정권을 세우려던 사건. 웨베르·앨런 등 외교관과 언더우드·애비슨·헐버트 등 선교사들이 지원했다.

가운데서도 세력권을 동북아시아
로 돌리기 시작한 러시아는 일본
이 삼국간섭으로 청나라에 되돌
려준 여순, 대련을 2년여 만(1898
년 3월)에 가로채버렸다. 당연히
일본과 청나라의 반발이 따를 수
밖에 없었다. 여순과 대련을 점령
한 러시아는 일본을 잠재우기 위
해 러일협정(1898년 4월 25일)을

일본군이 아관파천 뒤 러시아공사관으로 대포까지
끌고 와 고종 알현을 강요하고 있다.

맺고 일본에게 조선반도에서 상공업상 우위를 인정해 주고 말았
다. 사학자들 가운데는 이때부터 조선은 사실상 일본의 독점 아래
에 들어가게 되었다고 해석하는 이들이 적지 않다.

　이러한 이전투구가 계속되는 가운데 1900년 6월 21일 청나라 북
경에서 뜻밖의 사건이 일어났다. 구미열강의 침략에 불만을 품은
청군(淸軍)과 의화단(義和團)이 선전포고와 함께 북경주
재 외국공사관을 모두 포위, 외부와 연락을 할 수 없
도록 고립시켜 버린 것이다. 역사에는 '의화단 사
건' 또는 '북청사변(北淸事變)'으로 기록한다. 당시
천진에 주둔한 각 나라 군대는 모두 합해도 이만
명이 채 안 되어 수만에 달하는 청군을 상대로 북
경에 고립된 외교단을 구출하기는 역부족이었다.

　영국 극동함대사령관 시모어가 한때 북경 공격
을 시도했지만 실패하고 지원군이 도착하기를 기
다려야만 했다. 구원군의 신속한 파병이 어려운 열
강은 우선 일본에 지원을 요청했다. 일본정부는 이
에 7월 6일 혼성여단 파병을 결정, 일본군은 북경

시베리아 철도 건설, 대일
3국 간섭 등을 주도했던
비테 러시아 재상(1892.
8~1903. 8). 청나라와 비
밀동맹을 체결하고(1896)
동청철도부설권을 얻었다.

공격을 겨냥한 영국·미국·프랑스·독일·러시아·이탈리아·오스트리아 등 8개국 연합군의 주력으로 참전하게 되었다. 그로부터 9일 뒤인 7월 15일 천진이 함락되었다.

천진성을 공략하는 데는 물론 일본군의 활약이 컸다. 이는 서구 열강에게 일본의 전투 능력을 인정받는 좋은 기회이기도 했다. 각국 연합군 1만 6천여 명은 8월 4일 천진을 출발하여 열흘 만에 북경으로 들어가는 데 성공, 공사관 구역을 마침내 55일 만에 해방시켰다. 청나라 황제의 어머니 서태후(西太后)는 다음날 북경을 탈출하여 화를 면했다. 그리고 연합국은 1901년 9월 7일 청나라와 의화단 의정서를 조인했다. 특히 러시아는 이 기회를 틈타 앞서 설명한 동청철도를 보호한다는 핑계로 만주를 무력 점령하고 여세를 한반도로 몰아와 긴장감은 날로 고조되었다.

이처럼 급변하는 국제정치의 소용돌이 속에서도 한동안 정치 일선에서 물러나 있던 이토 히로부미는 정당정치의 필요성을 절감하고 1900년 9월 '입헌정우회(立憲政友會)'란 정당을 조직, 총재에 취임했다. 그리고 그해 10월 19일 제4차 이토 내각을 출범했으나 정파 사이에 계속된 알력으로 6개월이 못 되어 물러나고(1901년 5월 10일) 말았다. 이로써 그는 7년 6개월 남짓 계속된 보스 정치인 생활을 마감했다. 그의 나이 만 예순이었다. 그는 비록 정치 일선에서는 물러났지만 겐로(元老)로서 영향력은 막강했다.

겐로란 원래 텐노를 보필하는 정치자문역이었다. 물론 헌법에는 규정이 없었다. 메이지유신 공로자들이 1875년(메이지 8년)에 스스로 만든 말 그대로 고문기관이다. 그러면서도 텐노의 권한을 제한하며 그 위에 군림하는 예도 적지 않았다. 권력을 스스로 창출한 텐노가 아니라 이들이 권력을 준 텐노였기 때문이다. 메이지왕은 겐로들 가운데서도 이토를 가장 신임했다. 메이지왕은 좀 복잡

한 문제가 보고되면 먼저 이토에게 물어보도록 했다. 특히 외교문제는 그를 거치지 않고는 통과할 수 없을 정도였다.

총리직에서 물러난 이토는 그해(1901) 9월부터 구미 순방길에 나섰다. 미국 예일대학이 개교 100주년을 맞아 그에게 명예 법학박사 학위를 수여하겠다며 초청한 것이다. 이토는 벌써 다섯 번째 외유였다. 이토는 10월 2일 시애틀에 도착한 뒤 10월 23일 예일대학에서 예정대로 학위를 받았다. 그리고 미국을 떠나 11월 4일 프랑스 파리에 도착했다. 그는 이미 유럽에 신흥 일본의 대표적 정치가로 이름이 나 있었다. 따라서 당시 그는 아무 관직도 없었지만 움직임은 관심의 대상이 될 수밖에 없었다. 그렇지 않아도 그는 내각에서 '러시아를 방문하여 악화되고 있는 양국관계를 개선할 수 있도록 조정하라'는 밀명을 이미 받고 있었다. 말하자면 그는 특사나 다름없었다.

당시 일본내각 총리 가쓰라 다로 또한 조슈번 출신이었다. 외무상은 명성황후 시해 직후 조선변리공사로 왔던 고무라 주타로가 맡고 있었다. 영국주재 일본공사는 하야시 다다스(林董)였다. 이들은 때마침 영일(英日)동맹을 추진하고 있었다. 비밀접촉을 시작한 영국은 일본이 자기들과 동맹을 추진하면서 동시에 러시아와도 비밀협약을 맺을까 봐 하야시에게 우려를 표명했다. 영일동맹에 전력을 다하던 하야시는 이토의 움직임이 영일협상에 지장을 줄지 모른다는 생각에 11월 14일 파리로 달려가 이토에게 러시아와 교섭을 중단하기 바라는 영국의 뜻을 전달했다. 그러나 이토는 이미 러일협상을 위해 러시아측에 일정을 통보해 놓고 있었다.

이토는 '공러병' 환자라는 소리를 들어가면서 러시아와 협상을 추진했다. 대한제국을 손안에 넣기 위해서 언젠가는 러시아와 충돌을 피할 수 없다고 판단했기 때문이다. 처음에 그는 한국문제를 어디까지나 러시아와 협상을 통해 해결하려 했다. 삼국간섭으로 관계가 소원해진 러시아를 방문하려는 의도도 바로 거기에 있었다.

이토는 러시아가 한국에 대한 일본권익과 자유행동을 인정한다면 만주에서 러시아 우선권을 인정할 생각이었다. 그래서 1901년 12월 4일에 열린 람스돌프 러시아 외상과 나눈 회담도 주 의제는 한국문제였다. 《시덴 이토 히로부미》가 밝힌 이토-람스돌프 대화록에 따르면 이토는 이 자리에서 "조선을 어떻게 하느냐는 일본의 사활이 걸린 큰 문제다. 일본 국민들은 러시아가 언젠가는 조선을 병탄하려 하지 않을까 의구심을 품고 있다"며 먼저 람스돌프의 의중을 물었다고 한다. 람스돌프는 이에 "양국 정부 사이에 충분한 의견절충을 거쳐 뜻을 합한 뒤 조선정부에 권고하면 이를 받아들이지 않을 리가 없다. 두 나라가 세밀한 협정을 만들어 양국의 의견차이를 조정한다면 조선이 독립국의 의무를 다할 수 있으리라 생각한다"며 한국문제에 양보할 수 없음을 분명히 했다. 그러자 이토는 "그것은 오히려 양국간의 충돌을 초래할 우려가 있다. 조선이 독립을 유지하고 못 하고는 일본의 사활이 걸린 문제이므로 러시아에 맡길 수 없다. 조선을 위한 원조는 어느 쪽이든 한 나라로 족하다"며 한국에 대한 일본의 의지를 더욱 확실하게 털어놓았다.

람스돌프는 이를 받아 "러시아는 조선을 지배할 야욕은 없으며 그 영토를 군사적으로 사용하는 일도 반대한다. 지금의 러일협정은 서로 대등한 입장이므로 일본이 천 명을 출병하면 러시아도 천 명을 동원할 수 있다. 조선의 독립을 일본에 일임할 수는 없다"고 뜻을 굽히지 않았다. 이와 같은 대화 끝에 람스돌프 외상은 사견임을 전제, "조선의 남쪽 1개 지역을 러시아에 맡기고 다른 지역은 일본에 일임하면 어떻겠느냐"는 안을 이토에게 제시했다. 그러나 이토는 찬성할 수 없다고 즉각 반대했다. 이토는 일본의 생각을 문서로 만들어 달라는 람스돌프의 요구대로 5개항을 제시했으나 러시아가 받아들이지 않아 결국 서로의 입장 차이만 확인한 채 회담은 끝났다. 이토가 람스돌프에게 내놓은 한국에 관한 일본의 복안(腹案)은 다음과 같다.

1. 한국 독립을 상호 보증한다.
2. 한국 영토를 양쪽이 군사적으로 사용하지 않는다는 사실을 서로 보증한다.
3. 대한해협의 자유왕래를 저해하는 군사적 설비를 일절 하지 않는다.
4. 정치와 상공업 문제는 일본이 한국에서 자유행동을 취할 권리가 있고 군사적 원조를 포함한 지원이나 조언은 일본이 전권을 갖고 있다는 점을 러시아가 인정해야 한다.
5. 이 협상에 따라 종전의 협정은 소멸시킨다.

람스돌프와 협상에 실패한 이토는 12월 6일 페테르부르크를 떠나 베를린에 도착하여 가쓰라 수상 앞으로 두 통의 전보를 보냈다. 한 통은 러시아와 나눈 회담 결과 내용이고, 다른 한 통은 자신의 의견이었다. 이토는 일본이 한국을 차지하려면 한국과 국경을 맞대고 있는 러시아와 담판을 짓는 일이 무엇보다 중요하며, 영국과 동맹관계를 맺는다면 러시아와 협상을 하는 것은 불가능하다고 내각에 보고했다. 다시 말하면 그가 보기에는 영국보다는 러시아와 협상하는 것이 더 유리하다는 판단이었다. 물론 어느 쪽을 선택하느냐는 내각에 달려 있었다.

이토는 러시아와의 협상 실패를 깨끗이 잊고 유럽 각지를 돌며 한가한 시간을 보낸 뒤 12월 24일 브뤼셀에서 배를 타고 런던으로 갔다. 영국은 여야를 막론하고 그를 일본을 대표하는 정치가로 극

진히 대우, 대대적으로 환영했다. 이토는 그곳에서 연말을 보낸 뒤 이듬해인 1902년 1월 3일과 6일 랭스다운 영국외상과 만나 영일동맹을 비롯한 국제문제에 대해 이야기를 나누었다.

랭스다운은 이 자리에서 "만주의 이권을 차지하기 위한 영국과 러시아의 대립으로 일본이 전쟁에 말려드는 위험보다도 조선을 둘러싼 일본과 러시아의 충돌에 따라 영국이 전화(戰火)에 휩싸일 위험이 더 높다"며 일본측에 동맹의 이익이 많음을 강조했다. 랭스다운의 이 말은 곧 '그럼에도 왜 러시아와 손을 잡으려 하느냐'는 추궁의 뜻이 담겨 있었다. 이토는 그런 사실을 솔직히 인정하고 "러시아와의 협상은 조선에 대한 일본권익을 위해 개인적인 생각에서 추진했으나 미해결 상태의 장래 문제로 남게 되었다"고 고백했다. 이토는 이어 "더 솔직히 말하면 귀국(貴國)은 지금보다도 더욱 동양에 힘을 쓰지 않으면 대영제국의 위엄을 유지하기 어렵다. 러시아가 진출하여 날이 갈수록 동양에 위엄을 높이고 있다. 지난 1860년 러시아가 일본 쓰시마(對馬島)에 병력을 상륙시켰을 때 귀국은 24시간 이내 병력철수를 러시아에 요구하여 실행시키지 않았는가. 1885년 거문도를 점령한 일도 있으니 이러한 지난날의 위엄을 유지하기 위해서는 더욱 활발한 행동을 취할 필요가 있다"며 영국의 동양침략을 적극 권유했다.

랭스다운은 이에 "동양에 대한 관심은 대단히 중요한 일이지만 지금은 남아(南阿)전쟁 때문에 움직일 수 없다. 다른 나라와 충돌은 꼭 피하고 싶다"고 응답했다. 이토는 랭스다운과 두 번째 만남에서 "앞으로 만주문제를 전쟁에 호소할 경우가 발생하면 제대로 견제할 수 없게 될지도 모른다. 이러한 상황이 되면 어떻게 대처하는 쪽이 바람직한 일인지 다시 한번 귀관(貴官)의 뜻을 듣고 싶다"고 물었다.

이 말은 비록 외교적 수사(修辭)로 포장되어 있지만 중대한 발언임에 틀림없다. 곧 이 말을 되새겨 보면 '러시아의 진출을 일본이 참는 데도 한도가 있다. 때에 따라서는 전쟁이 될지도 모른다. 그럴 때 영국은 어떻게 할 것인가'를 묻고 있는 것이다. 이런 점을 감안해 보면 이토는 겐로로서 이미 람스돌프 러시아 외상과 나눈 회담에서 한국문제는 전쟁으로만 해결할 수밖에 다른 방법이 없다고 판단하고 내각이 추진하고 있는 영일동맹 회담을 도왔다고 해석할 수 있다.

이토는 이처럼 특사 아닌 특사 자격으로 구미여행을 마치고 1902년 1월 23일 이탈리아 나폴리에서 승선, 2월 25일 도쿄로 돌아왔다. 해외여행을 떠난 지 5개월여 만이었다. 그가 배를 타고 항해할 때 영일동맹(1월 31일)이 체결되었다. 이토는 이 외교공작에 직접 참여하지는 않았지만, 결국 그가 해결해 준거나 다름없는 결과를 가져온 셈이다. 영일동맹은 결과적으로 일본에게 한반도에서의 정치적 우위를 인정해 주고 나아가 러시아와 대결하는 것에도 자신감을 심어준 커다란 선물이었다.

영일동맹은 러시아에게는 충격이 아닐 수 없었다. 따라서 러시아의 대응 또한 만만치 않았다. 러시아는 3월 16일 프랑스와 공동선언문을 발표했다. 영일동맹에 명문화된 영토보전, 문호개방 원칙에는 이의가 없으나 혹시 청나라와 관계된 러시아·프랑스 양국의 권익이 침해당한다면 그것을 지키기 위해 필요한 수단을 취한다는 내용이었다. 하지만 이 공동선언은 별로 효과를 발휘할 수 없었다. 러·일 사이에 전쟁이 일어나 프랑스가 참전하면 영일동맹에 따라 영국이 자동적으로 개입하게 되어 있었기 때문이다. 게다가 러시아는 영국과 국경이 멀지만 프랑스는 도버해협으로 이웃하고 있어 전쟁의 불똥이 튈 가능성이 더욱 높았다.

프랑스는 일본만을 상대한다면 참전할 수 있지만 당시 상황에서 영국은 힘으로 맞서기에는 버거운 상대였다. 또 프랑스는 청나라에 이권이 있었으나 한국과 만주에는 없었으므로 일본과 분쟁을 일으킬 일이 없었다. 러시아는 이런 사실을 잘 알고 있었다. 엎친데 덮친 격으로 러시아는 열강에게 만주 주둔 러시아 병력을 빨리 철수토록 압력을 받고 있었다. 그래서 러시아는 4월 8일 청나라와 '만주환부협약(滿州還付協約)'을 맺었다. 협약은 3단계로 나누어 6개월마다 성경성(盛京省), 길림성(吉林省), 흑룡강성(黑龍江省)에서 병력을 철수하는 대신 청나라는 철도를 보호하고 재만(在滿) 러시아인과 그들의 사업을 보호한다는 내용이었다.

협약은 병력철수 뒤에도 청나라 병력의 증감을 러시아에 통보하고 다른 나라의 병력을 주둔시키지 말아야 하며, 새 철도건설은 러시아의 양해를 얻어야 한다는 조건이었다. 러시아는 결국 비합법적으로 청나라 영토를 점령했지만 합법적으로 1년 반은 주둔할 수 있게 되었고 철도부설권을 한손에 넣게 되었다. 이는 '철도를 놓아 그 권리를 가지면 군사력을 사용하지 않더라도 그 주변지역을 지배할 수 있다'는 비테 러시아 재무상의 구상이었다.

러시아는 이에 따라 제1차 병력철수는 협약대로 충실히 이행했지만 제2차 계획은 지키지 않았다. 철병(撤兵)은커녕 봉천(奉天)과 우장(牛莊) 지구에서는 거꾸로 병력을 증강했다. 러시아는 이에 앞서 4월 18일 청나라에 새롭게 7개 항목을 요구했다. 요구사항은 '반환된 토지는 다른 나라에 양도, 대여해서는 안 되고 러시아에 예고 없이 외국에 만주지역의 문호를 개방해서도 안 된다. 영사주재도 허용을 금하고 외국인을 고용할 때는 만주와 몽골에는 러시아인만 허용해야 한다'는 내용이 요점이었다. 러시아가 이처럼 새로운 조건을 내세운 데는 그만한 이유가 있었다.

러시아가 병력을 완전히 철수하면 일본이 곧 청나라와 통상조약을 개정하여 청국 내하(內河) 운항권을 요구하고 장사(長沙), 성도(成都) 등과 함께 봉천과 압록강 하구의 대동구(大東溝) 등을 개방하도록 압력을 넣을 것이 뻔했기 때문이다. 때마침 미국도 일본과 손발을 맞춰 하얼빈과 대고산(大孤山)의 자유개방을 요구했다. 이러한 상황에서 러시아가 2차 철병을 미루자 당시 신문들은 협약을 이행하지 않으려는 러시아의 속셈을 싣기 시작했다. 일본내각은 이에 대한 대응방안을 찾기 위해 먼저 겐로 정객들의 의견을 모으는 일이 절실했다. 그래서 당시 가쓰라 수상과 고무라 외상은 1903년 4월 21일 간사이(關西)에서 메이지왕을 수행하던 야마가타와 이토를 찾아 야마가타 별장에서 회담을 갖고 다음과 같은 4개 항에 합의했다.

1. 러시아가 병력을 철수하지 않을 때는 우리가 앞장서 러시아에 항의한다.
2. 만주문제를 계기로 러시아와 교섭을 시작하여 한국문제를 해결한다.
3. 한국에 대해서는 러시아에 일본의 우선권을 인정받도록 한다.
4. 만주에 대해서는 일본이 러시아의 우선권을 인정하고 이를 계기로 한국문제를 근본적으로 해결한다.

이 합의가 바로 '만한(滿韓) 교환론'이었다. 덧붙이면 러시아에게 만주의 이권을 인정하는 대신 일본은 조선의 이권을 독차지하여 각각 속국으로 지배하자는 논리이다. 이는 물론 이토의 구상을 기본으로 한다. 이토는 람스돌프 러시아 외상과 나눈 회담 결과 쉬운 일은 아니지만 잘만 하면 실현이 가능하리라 믿었다.

그러나 이러한 이토의 예상은 여지없이 빗나갔다. 제2차 철병을 무시한 러시아는 1903년 5월 압록강 삼림채벌권을 행사하겠다며 봉황성(鳳凰城)에까지 병력을 파견했다. 그리고 압록강 하구의 용암포(龍岩浦)에 토지를 매입하여 대규모 공사를 시작했다. 이에 놀란 일본은 대한제국 정부에 항의했다. 하지만 이는 1896년 고종이 러시아공사관에 피신해 있을 때 이미 이루어진 일로 일본뿐 아니라 러시아측도 아는 사람이 드물었다. 가쓰라 수상과 고무라 외상은 이때 이미 러시아와 전쟁은 피할 수 없는 일로 결심했다고 한다.

　가쓰라는 군인 출신이었다. 청일전쟁 때는 사단장으로서 최전선에 선 경험이 있었다. 그러한 경험이 군부에 영향력을 미칠 수밖에 없었다. 참모본부는 6월 8일 오야마 이와오(大山巖) 참모총장과 다무라 이요조(田村怡與造) 차장이 출석한 가운데 간부회의를 열었다. 말할 필요도 없이 대 러시아전쟁이 의제였다. 그들의 절반 이상은 주전론자였다. 이 날 출석자는 가쓰라·고무라·대라우치·야마모토 등 정부 각료와 이토·야마가타·오야마·마쓰가타·이노우에 등 겐로들이었다. 이들은 이 날 회의에서 다음과 같은 네 가지 방침을 확인했다.

1. 러시아가 만주 특히 요동에서 병력을 철수하지 않고 있는 기회를 이용하여 수 년째 미해결 상태로 남아 있는 한국문제를 해결한다.
2. 그 사이 한국영토는 한 치라도 러시아에 넘겨주어서는 안 된다.
3. 만주에 대해서는 러시아에 다소 양보한다.
4. 판단은 도쿄에서 한다.

　이와 같이 합의한 일본정부는 군비를 확충하고 병력을 증강하는 등 러시아와 한판 싸움을 위한 준비를 비밀리에 해 나갔다. 아울러 대한제국의 지배권을 일본에 양보하도록 러시아측에 계속 요구했다. 결과는 물론 단호한 거절이었다. 가쓰라 내각은 이에 1904년 1월 12일 메이지왕이 자리한 어전회의(御前會議)를 열고 러시아와 전쟁을 결정했다.

그들은 개전(開戰)에 앞서 시베리아 철도는 단선이므로 병력을 쉽사리 수송할 수 없는 점과 유대인을 총알받이로 앞세우리라는 국민성까지 모두 연구, 참고자료로 삼았다. 실제로 러시아가 주로 유대인을 전쟁의 최전선에 세운 일은 당시 전쟁에 참전한 유대인계 병사들의 일기에서 확인되었다고 한다. 일본은 1904년 2월 8일 여순과 인천 앞바다에서 기습공격으로 포문(砲門)을 열고 10일 러시아에 선전포고를 했다. 이는 막번(幕藩) 체제가 무너진 지 37년 만이며, 그 뒤 37년 만에 또다시 미일(美日) 전쟁이 일어났으니 이 또한 역사의 우연 치고는 공교로운 일이다.

전쟁 결과는 참으로 비참했다. 일본군은 첫날 여순전투에서 모두 4,387명이 사망했다. 도쿄 대본영의 참모들은 전신계(電信係)의 수신 오류로 단위가 한 단계 많아진 줄 잘못 알 정도였다. 러시아군은 여순의 남산(南山)에 요새를 만들어 대항했다. 일본군은 처음 여기에 포격을 가한 뒤 병사를 투입했으나 요새는 전혀 끄떡없고 달려드는 일본 병사들만 비 오듯이 쏟아지는 기관총탄에 힘없이 쓰러졌다. 원래 미국의 남북전쟁 말기에 사용하던 원형을 개량하여 만든 이 기관총은 상당히 정교하여 러시아는 물론 영국·독일·프랑스가 모두 갖고 있는 필수무기였다.

일본 참모진은 러시아 병사들이 이러한 기관총으로 무장한 사실을 알았으나 그 위력에 대해서는 과소평가하고 있었다. 일본군의 무기는 개전전 다무라소총 30만 자루, 화포 1천 문이었다. 문제는 화포의 탄환제조 능력이었다. 참모들 계산으로는 한 달에 50발 정도는 만들 수 있으리라 판단했다. 남산의 전투는 오전 5시에 시작하여 오후 7시 일본군의 점령으로 끝이 났다. 이는 일본군이 이겼다기보다 러시아군이 일본군에게 충분한 타격을 준 뒤 작전대로 물러났다고 볼 수밖에 없었다. 화포(200문)는 하루 동안 1문마다 평균 173발을 쏘았고 보병은 합계 220만 발의 탄알을 소비할 정도였다. 이는 청일전쟁의 1년 분에 해당하는 양이었다.

그런 어려움에도 일본군은 2월부터 6월까지는 연전연승을 거두었다. 여순을 공격한 제3군은 처음 약 5만 천 명의 병력이었다. 화포도 170문을 동원했다. 그러나 8월 19일 공격에서 1만 5800여 명의 사상자를 냈다. 결국 여순이 함락될 때까지 제3군의 사상자는 5만 9400여 명에 달했다. 이는 러일전쟁 총 희생자의 3분의 1을 넘는 숫자였다. 사용한 화포는 224문으로 19만 발의 탄환을 소비했다.

이듬해 3, 4월 봉천의 결전에서는 일본군 25만 명, 러시아군 37만 명이 대결했다. 화포는 일본 992문(35만 발), 러시아 1,219문(54만 발)이었다. 사상자는 일본군 7만 명, 러시아군 9만 명이었으며 2만 2천 명이 포로로 붙잡혔다. 일본이 이기기는 했지만 실탄 부족으로 돌과 기와조각을 던지며 싸운 부대도 있었다. 동해해전도 일본의 승리였지만 일본은 전력이 한계에 이르러 이 정도에서 강화에 나서는 편이 최선이었다. 그때까지 들어간 전비(戰費)만도 20억 엔에 가까웠다.

그러나 일본은 스스로 먼저 강화조약을 맺자고 나서기 싫어 미국의 루즈벨트 대통령을 끌어들였다. 이토가 그의 내각에서 농무상(農務相)과 법상(法相)을 지낸 가네코 겐타로(金子堅太郞)에게 루즈벨트 대통령을 움직이게 한 것이다. 가네코는 하버드대 로스쿨(2년제) 출신으로 미국에 친구가 많았다. 그는 학부와 수업 연한은 달랐지만 시어도어 루즈벨트와 같은 해(1876년)에 입학했다. 재학하는 동안에는 만난 적이 없었으나 가네코가 1889년 의회조사를 위해 도미했을 때 미국 친구의 소개로 당시 행정개혁위원장이었던 루즈벨트를 알게 되어 서로 사신(私信)과 크리스마스 카드를 주고받는 친숙한 사이가 되었다.

일본의 의뢰를 받은 루즈벨트는 곧 중재에 나서 1905년 8월부터 미국 동부 포츠머스에서 회담을 시작할 수 있게 했다. 일본측 대표는 고무라 주타로였고 상대편 러시아 대표는 비테였다. 고무라는 수행원들과 함께 7월 8일 신바시(新橋)역을 출발했다. 이토는 플랫폼까지 나와 떠나는 이들을 환송했다. 이토는 이 자리에서 고무라에게 "오늘의 환송은 성대하지만 곧 돌아오는 날에는 이와 반대의 광경을 볼지도 모른다. 그때 누구 한 사람도 마중을 나온 사람이 없을지라도 나만은 반드시 나올 테니 대임을 잘 수행해 주기 바란다"고 당부했다.

일본정부 수뇌부는 고무라 파견에 앞서 강화조건 13개 항목을 결정했다. "○한국에서 일본의 우선권 승인 ○러시아군의 만주 주둔군 철병 ○만주를 청나라에 반환하고 요동반도의 조차권과 철도, 그 밖의 권리를 일본으로 돌릴 것" 등이 우선적으로 해결할 문제였다. 이어 사정이 허락하면 "○군비배상 ○중립항으로 도주한 러시아 함정의 인도 ○사할린 할양 ○연해주의 어업권 부여 등을 요구하고 ○극동 아시아 해군력 제한 ○블라디보스토크의 비무장화와 상업항구로 개방" 등을 전권(全權)의 자유재량으로 다룰 계획이었다. 그러나 러시아의 완강한 거부로 군비배상 등은 성과를 거두지 못하고 "○일본의 한국에 대한 우선권 ○관동주(關東州) 조차 ○남만주철도 양도 ○사할린 남반(南半) 할양 ○연해주 어업권" 등을 보장받는 선에서 회담은 9월 5일 타결되었다.

이 날 일본 히비야공원에서는 대러동지회 주최로 강화반대 국민대회가 열리고 있었다. 일본이 이처럼 전쟁피해보다 얻은 것이 적어도 강화조약을 서두를 수밖에 없었던 까닭은 러시아가 회담결

럴에 대비, 전쟁재개를 위해 만주지역에 50만 명의 병력을 집결시켜 놓고 있었기 때문이다. 장기전에 들어가면 일본측에 유리할 게 별로 없다는 판단에서 나온 결정이었다. 하지만 일본 수뇌부는 러일전쟁 승리로 마침내 한국지배의 초석을 다지는 당초 목표를 이루어 축제 분위기였다.

3. 식민통치의 교두보 한국통감

조선은 당할 수밖에 없었다

고종 길들이기

한민족은 무능하다

남기지 말고 다 빼앗아라

조선은 당할 수밖에 없었다

러일전쟁을 결산한 포츠머스조약은 실리적으로 보아 패전국 러시아의 승리나 다름없었다. 전쟁피해 규모와 견주면 승전국 일본이 얻은 전리품(戰利品)이 그리 많지 않았기 때문이다. 일본은 1년 반 남짓 계속된 이 전쟁에서 사망자 8만 명을 포함하여 자그마치 21만 8429명의 인명피해를 입었다. 전쟁터에서 부상한 사람도 22만 1136명에 이르렀으며, 전비(戰費)도 20억 엔 가까이 들어갔다. 그래서 도쿄에서는 조약이 체결되던 날(9월 5일) 굴욕외교에 반대하는 폭동이 일어났다.

이 난동으로 도쿄 시내 파출소의 70퍼센트인 364개가 불타고, 항상 정부편에 서서 논진(論陳)을 펼친 도쿠토미 소호(德富蘇峰)의 《고쿠민신문(國民新聞)》과 요시카와 아키마사(芳川顯正) 내무상의 관저 등이 크게 부서졌다. 오사카에서는 시민대회가 열려 오야마 만주군 총사령관에게 "굴욕적인 협약을 파기하고 귀군(貴軍)은 전투를 계속하여 적국을 분쇄하기 바란다"는 결의문이 채택되기도 했다. 하지만 정작 강화교섭을 담당한 외무성이나 고무라 외상의 관저에는 돌멩이 정도만 날아들었을 뿐 큰 피해는 없었다. 이 소

동으로 경시총감 아다치(安達綱之)가 면직되고 요시카와 내무상도
사임했다.

이같이 일본 국민의 불만이 고조된 가운데 협상에 나섰던 고무
라 외상은 10월 6일 요코하마(橫浜)항으로 귀국했다. 그가 돌아오
던 날 불만세력이 폭탄을 던지리라는 소문이 퍼져 요코하마항은
경비가 삼엄했다. 가족의 마중도 금지되어 큰아들(당시 도쿄대
생)만 부두에 나왔다. 정부 고위급 관료로 요코하마까지 마중을
나온 인사는 이토 히로부미 한 사람뿐이었다.

이토의 예언은 적중했다. 그리고 그는 고무라가 러시아와 협상
을 위해 미국을 떠날 때 '사태가 아무리 나빠도 마중을 나가겠다'
던 약속을 지켰다. 고무라는 이토와 함께 기차를 타고 신바시역에
서 내렸다. 역 플랫폼에는 가쓰라 수상과 야마모토 해군상 등이
나와 그를 반갑게 맞이했다. 비록 회담 결과에 대한 일본 국민의
불만은 컸지만 고무라 입장에서 보면 한국에 대한 일본의 우선권
보장과 만주에서 러시아군 철수 등을 당초 계획대로 관철시켰으

서울 남산에 있었던 한국통감부 건물.

므로 소기의 목적은 이룬 셈이었다.

고무라는 특히 러시아와 회담에서 어떤 일이 있더라도 한국에 대한 우선권만은 양보할 생각이 없었다고 한다. '귀국하면서 이미 포츠머스조약 제2조에 규정된 한국에 대한 우선권을 어떻게 실행할 것인지 구체적인 복안을 갖고 있었다'는 《고무라외교사(小村外交史, 일본 외무성 편)》만 보아도 그가 '한국지배'에 얼마나 집착하고 있었던가를 짐작할 수 있다. 고무라는 귀국한 뒤 하야시 곤스케(林權助) 주조선공사의 의견을 듣고 그의 생각대로 한국을 보호국으로 만들어 통감을 두기로 작정했다고 이 책은 기록하고 있다. 하야시 역시 둘째 가라면 서러워할 정도로 한국의 일본 식민지화 계획에 앞장선 인물이다. 일본학계에서 그가 가쓰라·고무라와 함께 '조선 식민지화 유공자 삼인방'으로 일컬어지는 이유도 그 때문이다.

고무라 구상은 10월 27일 열린 각료회의에서 만장일치로 채택되었다. 그 내용을 전문 번역하면 아래와 같다.

ㅇ보호조약을 체결하여 한국의 외교권을 손 안에 넣는다.
ㅇ조약이 성립되면 영국·미국·독일·프랑스에도 이를 알리고 성명을 발표하여 열국(列國)의 상공업상 이익을 침해하지 않는다는 점을 약속한다.
ㅇ실행 시기는 11월 초순으로 한다.
ㅇ조약체결의 전권은 하야시 공사에게 맡긴다.
ㅇ특히 칙사를 파견하여 한국 황제에게 친서를 보낸다.
ㅇ하세가와 요시미치 군사령관에게 하야시 공사를 돕도록 하여 성공을 기한다.
ㅇ이를 위해 병력을 될 수 있는 대로 빨리 현지에 파견한다.
ㅇ한국정부의 동의를 얻을 가망이 없을 때는 일방적으로 외교보호를 통고하고 각국에는 그렇게 할 수밖에 없는 이유를 설명하며 그들의 이익에 손상을 끼치지 않는다는 뜻을 선언한다.

이 같은 고무라 방안은 물론 하루아침에 그가 짜낸 비책은 아니다. 이미 여러 사람들이 주장한 내용에서 아이디어를 얻어 입맛에 맞게 재구성한 것이다. 특히 후쿠자와 유키치(福澤諭吉)는 임오군란(1882) 당시부터 주조선공사를 조선국무감독관(朝鮮國務監督官)으로 겸임 발령하여 조선의 모든 정무를 감독하도록 해야 한다고 기회가 있을 때마다 주장해왔다. 이 제안이 참고가 되었음은 말할 것도 없다. 고무라는 이 계획을 예정대로 추진하는 일도 문제로 느꼈지만 누구를 특사로 보내느냐도 쉬운 일이 아니었다.

고무라의 마음속으로는 이토를 제일 후보로 꼽고 있었다. 하야시도, 가쓰라도 이론(異論)은 없었다고 기록은 전한다. 러일전쟁 발발 직후 강제로 맺은 제1차 한일협약(한일의정서) 때 특사로 활약했던 예만 보아도 이토의 파견은 자연스러운 선택으로 여겨졌다. 고무라와 하야시는 각료회의를 하루 앞두고 오이소(大磯)의 이토 집으로 찾아가 특사를 맡아주도록 간청했다. 한직인 추밀원 의장을 맡고 있던 그는 예순네 살의 나이였지만 이를 마다하지 않고 흔쾌히 받아들였다. 이토는 이를 승낙하면서 "이런 일은 나밖에 할 사람이 없다"고 자부했다고 한다. 말을 바꾸면 그는 대한제국을 식민지화하기 위한 '악역의 대부'였던 셈이다.

한국을 일본의 보호국으로 만들려면 먼저 한국정부의 합의가 필수조건이었다. 고무라와 비테가 조약에 서명하면서 그렇게 합의하고 의사록에 명기(明記)했기 때문이다. 따라서 특사는 어떠한 수단을 써서라도 합의를 이끌어내지 않으면 안 되었다. 당시 상황으로 보아 하야시 공사가 이를 감당해 내기 어렵다는 것은 누가 보아도 분명했다. 비록 일본이 한국을 군사적으로 완전 장악하고 있었다고 하지만 열강들의 눈이 집중되고 있어 무력을 써서 막무가내로 따르게 할 수는 없는 판이었다. 더구나 자기 나라가 다른 나라의

제국주의 격랑을 제대로 대처하지 못하고
결국 망국의 최후를 맞이한 비운의 고종.

지배를 받게 된다는 데 쉽게 동의할 민족이 어디 있겠는가.

가쓰라 정권은 결국 교섭에 임하는 인물의 비중이 중요하다고 판단하고 이토를 선택한 것이다. 이토의 본래 임무는 친서전달이었으나 이는 명분일 뿐 실은 강제로라도 한국 수뇌부의 동의를 얻어내는 일이었다. 결론부터 말하면 안중근의 지적처럼 이토는 한국을 지배하기 위한 악역의 최선봉에 서서 훗날 하얼빈에서 총탄세례를 받고 목숨을 잃게 될 것을 준비하고 있었던 셈이다. 대부분 일본사가들은 이토가 당초에는 한국을 속국으로 만들 생각이 없었다고 주장한다.

하지만 그의 행적을 조금만 주의 깊게 추적해 보면 이는 모두 황국사관의 관점에서 그를 미화한 것에 지나지 않는다.

《메이지 텐노기(明治天皇紀)》를 비롯한 《이토 히로부미전(伊藤博文傳)》, 《하야시 곤스케 회고록》 등은 '을사5조약'에 대해 자세하게 기록한다. 이들 일본 기록에 따르면 이토는 1905년 11월 9일 서울에 들어와 10일 고종을 알현하고 메이지왕의 친서를 전달했다고 한다. 그러나 이토의 전기에는 무슨 이유인지 날짜가 하루씩 늦게 기록되어 있다. 친서는 '대 일본국 황제, 존경하는 마음으로 친애하는 대 한국 황제폐하에 말씀 올린다'고 그럴 듯하게 시작하고 있다. 그러나 깊이 들어가면 일본이 한국을 보호국으로 만들겠다는 이유를 밝히는 일종의 협박장이었다. 첫날 대화는 짧은 시간에 끝났다. 15일에 있었던 두 번째 회견은 오후 3시에 시작하여 7

시까지 4시간 동안이나 계속하였다. 고종은 이때 이토가 의도한 목적이 무엇인지를 잘 알고 있어서 먼저 입을 열고 그때까지 일본이 취해 온 강압적 처사에 대해 불만을 털어놓았다고 한다.

"말은 금융·재정(財政)의 재건(再建)이라고 앞세우면서 일본 제일은행이 모두를 독차지하고 국고수입마저 장악해 버렸다. 따라서 국내 금융은 원활하게 돌아가지 못하고 국민은 고통을 받고 있다. 우편과 전신도 일본이 독점하여 우리는 수수방관하고 있을 수밖에 없는 처지이다. 또 국방문제도 일본군이 지원하고 있으니 염려말라고 말하면서 현실적으로는 한국병사를 감축시키고 있다. 이 때문에 지방의 비적(匪賊)조차도 진압할 수 없다. 철도와 전신을 보호한다는 명목으로 군령을 내려놓고 이를 조금만 건드려도 즉시 총살하고 있다. 국민의 원성이 높은 것은 너무도 당연하다. 게다가 일본은 대한제국의 외교권까지 빼앗으려 하고 있는 모양이나 이러한 일들이 우리들에게 일본의 진의를 의심케 한다. 진심으로 입장을 바꾸어 생각해 주기 바란다."

이상이 고종의 이날 발언요지이다. 당시 우리 처지를 읽을 수 있는 대목이기도 하다. 이토는 고종의 말이 끝나자 이대로 가면 본론으로 들어갈 수 없다는 것을 예상했는지 통역을 통해 본색을 드러내기 시작했다. 그는 "동양평화와 양국의 결속을 공고히 하기 위해 텐노가 외신(外臣 : 이토)을 보냈다"고 전제하고 "귀국의 대외관계, 이른바 외교를 귀국 정부의 위임을 맡아 우리 정부가 스스로 대신해 주려고 한다"며 외교권을 빼앗으러 왔음을 뻔뻔스럽게 설명했다(《이토 히로부미전》).

이토는 이어 "다만 내정에 관해서는 종전처럼 한국정부가 책임을 가지므로 지금까지와 변화가 없으니 뭐랄까 세계의 대세를 살펴 곧 동의해 주기 바란다"고 덧붙였다. 고종은 이 부분에서 이토가 설명한 '위임'이란 말의 해석을 들고 나왔다. 고종은 "대외관계 위임 건의라면 이를 절대적으로 거부할 일은 아니지만 바라는 것은 일본이 그 실속을 갖되 한국에 형식적인 명목을 남겨주기 바란다"고 말했다. 결국 힘이 없어 외교내용은 일본에 맡기지만 형식상으로는 어디까지나 한국이 외교를 하는 듯이 보여주기 바란다는 뜻이었다. 물론 이는 일본의 기록이므로 어디까지가 진실인지는 알 수 없으나 당시의 분위기만은 짐작할 수 있다.

이토는 이에 '형식'이란 무엇을 의미하는지 되물었다. 그러자 고종은 사신왕래 등을 예로 들었다고 한다. 대사, 공사 등을 외국에 보내고 받아들이는 일도 형식의 하나라는 설명이었다. 그렇게 하면 독립국의 형식을 갖추게 된다. 다시 말하면 일본이 어떤 나라와 외교를 하든 외국에 공관을 두고 외국사절을 받아들이면, 국가체면은 유지하면서 국민들에게도 변명이 될 수 있기 때문이다. 고종의 마음을 꿰뚫은 이토는 외교는 형식과 내용의 구별이 가능한 일이 아니라며 고종의 제안을 거절했다. 그리고는 미리 가져온 조약 초안을 내놓았다.

이를 읽은 고종은 금방 얼굴색이 변했다. 마음속에서 끓어오르는 분노를 참지 못하는 눈치였다(《하야시 곤스케 회고록》). 그러나 고종은 태연하게 이토의 수고에 대해 위로의 말로 예의를 갖춘 뒤 헝가리와 오스트리아의 관계를 예로 들어 일본측의 부당함을 낱낱이 지적했다. 이토는 이를 받아 "외교대행은 폐하와 귀국을 위해 생각한 일이지 폐하를 속이고 일본의 이익만을 꾀하려는 의도는 아니다. 헝가리에는 황제가 없어 오스트리아가 주재하고 있다. 일·한 관계에 비교하는 일은 옳지 않다. 일본은 귀국의 위임을 받아 외교를 맡을 뿐이며 그 밖의 국정은 종전 대로이다. 그 이해(利害)를 잘 헤아려 주기 바란다"고 다시 한번 변명했다.

이를 조용히 듣던 고종은 "아무튼 형식의 일말을 남겨 주기 바란다. 이 절실한 희망을 귀관이 일본정부와 절충하면 바꿀 수 없는 일도 아니지 않은가. 경(卿)의 아낌없는 노력을 바란다"고 끈질기게 설득했다. 이토는 "이 안은 일본정부가 여러모로 생각하여 포츠머스조약에도 포함시킨 내용이므로 이제 변경의 여지가 없다"고 잘라 말하고, "이 안의 수용여부는 폐하의 결심에 달린 문제이므로 결정은 폐하의 자유이지만 혹시 거부하면 더 지독한 결과를 부를지도 모른다는 사실을 각오해야만 할 것"이라고 협박했다.

이토가 이처럼 강경하게 나오자 고종은 사태를 조금 쉽게 보았던 점을 깨닫고 "이는 중대한 문제이므로 여기에서 결정하기는 어렵다. 대신들의 자문을 듣고 일반 백성들의 기분도 고려할 필요가 있다"며 결정을 다음으로 미루었다. 고종의 자세에 당황한 이토는 "나도 즉결(卽決)을 요구하는 것은 아니다. 대신들에게 자문을 받는 일은 좋지만 일반 백성을 핑계 삼는 말은 납득할 수 없다. 귀국은 헌법에 따른 국정이 아니라 모두를 폐하가 친히 결정하는 군주전제국가가 아닌가. 민의(民意)라고 말하지만 실은 백성을 선동하여 일본의 제안에 반대토록 꾀하려는 계산이 깔려 있다고 생각한다. 현재 그러한 움직임이 있음을 일본군은 탐지하고 있다"며 다시 한번 윽박질렀다.

이 말에 고종은 "민의를 묻는 일은 그런 의미가 아니라 우리나라에는 중추원(中樞院)이라는 기관이 있어서 중대 안건에 대해서는 그 의견을 구하게 되어 있다. 이를 의미한다"며 오해가 없기를 바란다고 해명했다. 이토는 이처럼 갖은 감언이설과 공갈로 1차 고종의 사기를 꺾은 뒤 "이 일은 화급을 다투고 있다. 여러 번 말씀드린 것과 같이 본안 결정을 더는 미룰 수는 없다. 폐하는 곧 외상을 불러 하야시 공사가 제출한 안을 기초로 협의 결정토록 칙명을 내려주기 바란다. 내일이 되어서도 하야시 공사에게 외무당국이 '아직 폐하에게 아무 지침을 받지 못했다'는 말을 하는 일이 없도록 약속해 주기 바란다"고 못을 박았다. 고종은 이에 어쩔 수 없이 그렇게 하겠다고 대답했고 이토는 그 결과를 기다리겠다며 은근히 위세를 과시했다.

그 사이 하야시 공사는 박재순(朴齋純) 외부대신에게 초안을 건 네준 다음 이를 통과시키기 위한 비밀공작에 나섰다. 그 결과 17일 아침부터 하야시 공사 방에 각부 대신들이 모두 모였다. 점심 때까지 여러 가지 의견을 주고받았으나 쉽사리 결론이 나지 않았다. 오후에 고종이 임석(臨席)한 자리에서 결정하기로 의견이 모 아졌다. 어전회의는 오후 3시부터 시작했다. 어전회의가 열리는 동안 하세가와 요시미치(長谷川好道) 주조선 군사령관이 지휘하는 일본군은 덕수궁 주변을 완전 포위하여 공포 분위기를 만들고 서 울시내 곳곳에서 무력시위 행진을 벌였다. 일본의 압력이 아무리 강하더라도 자국의 외교독립권이 박탈되는 조약에 찬성할 대신이 어디 있겠는가. 대신 전원의 반대는 너무도 당연한 도리였다. 그 러나 이게 웬일인가. 그 당연한 일이 여지없이 깨져 버렸다.

하야시 공사는 그의 회상록 《나의 70년을 말한다》에 "이는 대신 들에게 손을 쓴 결과다"라고 적고 있다. 이런 기록으로 미루어 그들 은 돈을 주고 대신들을 매수했음이 분명하다. 하야시는 "궁중 내부 에 협력자를 만들고 회의 진행상황과 반대파에 대한 비밀정보 등을 보고받았다"고 밝히고 있다. 말하자면 적은 내부에 있었던 셈이다. 회의는 밤이 되어도 결론을 내리지 못했다. 이렇게 되자 고종은 "이 토에게 궁내대신을 보내 결정을 2, 3일 늦추어 달라고 하면 어떻겠 느냐"고 대신들에게 물었다. 그러나 그러한 정보가 곧 하야시에게 새나갔다. 하야시는 이를 이토에게 곧바로 보고했다. 이토는 하세 가와 군사령관과 사토 마쓰다로(佐藤松太郎) 헌병분대장 등 수십 명의 헌병대원들을 대동하고 궁궐로 들어가 고종을 만난 다음 각 대신들을 별실로 불러 모았다. 하세가와를 데리고 간 이유는 제대로 말을 듣지 않으면 군사력으로 누르겠다는 의사표시였다.

이토는 우선 참정대신 한규설(韓圭卨)에게 "각 대신들의 의견을 수상으로부터 듣고 싶다. 혹시 동의할 수 없다는 대신이 있으면 그 이유를 말해달라"고 협박했다. 한규설의 지명에 따라 박제순(朴齊純) 외무대신이 먼저 의견을 말했다. 그는 "결코 동의할 수 없다. 본 대신은 이 외교담판의 중심에 있지 않은가"고 되물은 뒤 "타협은 있을 수 없는 일이지만 명령이 있으면 어찌할 도리가 없다"며 애매하게 토를 달았다. 이토는 "그 명령이란 어떤 의미인가. 폐하의 명령이 있으면 이에 따른다는 의미인가"고 다그쳤다. 약발이 먹혔음인지 박은 입을 다문 채 말을 하지 않았다. 이토는 "그렇다면 귀 대신은 이 협약에 반대한다고 볼 수 없다. 폐하의 명령이 있으면 동의하겠다는 뜻이므로 찬성으로 간주하겠다"고 일방적으로 해석했다.

다음 차례는 탁지부 대신 민영기(閔泳綺)였다. 그는 절대로 동의할 수 없다고 당당히 맞섰다. 이어 법부대신 이하영(李夏榮)은 "지난해 체결한 의정서와 한일협약(1차)이 있지 않은가. 외교상 중요한 사항은 이미 일본이 마음대로 하고 있다. 따라서 신협약은 필요하지 않다. 다만 일본이 이처럼 신협약을 제기토록 한 데는 이 쪽에도 책임이 있으니 누구도 원망하지 않는다"며 체념하듯 말했다.

일제는 이하영 법부대신의 지적처럼 러일전쟁이 일어나자마자 러시아를 견제하기 위해 군사적 압력을 가하여 1904년 2월 23일 한일의정서를 강제체결한 데 이어 그해 8월 또다시 한일협약(제1차)을 맺었다. 한국외상 임시서리 이지용(李址鎔)과 하야시 공사가 조인한 '한일의정서'는 전문 6개조로 "한국이 제3국에게 침략을 받거나 내란이 있을 때는 일본이 신속히 임시조치를 취하고 서로 승인을 거치지 않고는 제3국과 의정서 정신에 위배된 협약을 맺을 수 없다"는 내용 등을 담고 있다. 일제는 이때도 이토 히로부미를 특사로 파견, 메이지왕의 친서를 전달하고 한국 수뇌부를 협박토록 하는 악역을 맡겼다. 당시도 명분은 물론 친선도모였다. 이토는 1904년 3월 20일 고종을 만난 자리에서 다음과 같이 일본의 발전상을 자랑하며 거드름을 피웠다.

"국가의 존립을 도모하려면 고유의 풍속과 습관 등을 과감히 버리고 고칠 필요가 있다. 일본은 과거 30여 년 동안 이러한 생각으로 자립을 추진한 결과 오늘의 일본을 만들었다. 청한(淸韓) 양국이 일본과 같은 주의(主義)를 취하여 서로 협력하고 구미문명에 눈을 돌려 자강의 길을 찾는다면 동양인들과 함께 생존할 수 있다. 반면 이 주의를 거부하고 철저한 배외(排外)주의를 국시로 한다면 멸망은 불을 보듯 훤하다. 물론 러시아처럼 구미문명을 내세우면서 속으로 침략을 꿈꾸며 무력확장을 꾀하는 나라도 있다. 이런 나라는 철저히 대항하여 쫓아내야 한다. 구미 다른 나라들도 과거 침략의 역사를 갖고 있다. 하지만 최근에는 교통기관의 발달 등으로 서로 왕래하며 부강(富强)의 열매를 함께 맺고 자립을 나누고 있다. 그럼에도 침략만을 꾀하는 나라가 있는 이상 이에 저항하는 일은 너무나도 당연하다. 문명의 적, 즉 야만의 배제가 현대의 대세이다."

이는 물론 논리가 맞지 않는 궤변이자 일본이 러시아와 전쟁에 이르게 된 배경을 설명한 변명이기도 하다. 이토는 고종의 입장은 아랑곳하지 않고 이처럼 앞뒤가 뒤틀린 말을 일방적으로 토해 냈다. 그는 이어 "황제 폐하가 이를 이해하고 동양평화를 유지하는 데 협력해 주신다면 일본은 더 많은 도움으로 한국의 산하가 영구히 침해받지 않도록 일본 자체의 존망처럼 생각하고 하나가 되어 대처토록 하겠다"고 다짐하고 "우리 양국은 서로 안위존망(安危存

心)을 함께 하여 난관을 헤쳐나가 쓸데없이 서로 의심을 갖는 일이 없도록 하는 데 최선을 다하자"고 말을 맺었다. 여기서 이토가 말한 '운명공동체론'은 일본이 멋대로 내세운 하나의 강압론으로 을사보호조약 체결 때까지 사용한 회유와 협박의 집대성이었다.

하야시 공사는 이 의정서를 체결하면서 이지용에게 1만 엔을 건넸다고 보고서에 적고 있다. 그는 또 1월 16일 일본 내무성으로 보낸 〈한국정부요인 조종의 건〉이라는 보고서에서 "중신(重臣)인 이근택(李根澤)에게 협박을 가했다"고 밝히고 있다. 당시 서울은 일본군에게 완전히 포위되어 있어서 대신들도 꼼짝할 수 없는 분위기였다. 일본은 이어 5월 31일 원로회의와 각료회의를 잇따라 열고 "일본은 한국에 대해 정치 군사상 보호, 실권(實權)을 접수하여 경제적 이권을 도모해야만 한다"는 '제국(帝國)의 대한(對韓) 방침'을 결정했다. 이에 따라 8월 3개조의 한일협약을 맺고 한국정부 재정고문에 대장성 주계(主計)국장 메가타 다네타로(目賀田種太郎)를, 외교고문에 미국인으로 주일공사관 고문이었던 스티븐스를 각각 임명했다. 명목은 고문이었지만 실질적으로는 대신들과 같은 권한이 있었다.

그 해 10월 서울에 부임한 메가타는 참정대신 신기선(申箕善), 탁지부 대신 민영기와 협정을 교환하고 한국정부의 재정에 관한 모든 사무를 메가타의 동의 없이는 시행할 수 없도록 자율권을 막아 버렸다. 또 12월에 체결된 스티븐스와 맺은 협정도 그의 동의를 받아 외교문제를 다루도록 규정하고 있다. 그가 한국정부의 고문으로 한국에서 월급을 받으면서 일본을 일방적으로 편들다가 장인환 의사 등에게 암살된 사실은 앞서 설명한 대로이다. 한국은 이때부터 이미 주권국가로서 지위를 이미 상실하고 말았다. 고무라가 포츠머스에서 비테에게 한국문제에 대해 자신 있게 발언할 수 있었던 경위도 이 같은 1차 한일협약에 배경이 있었다.

아무튼 이토는 이하영의 발언을 찬성으로 분류했다. 학부대신 이완용은 얼마나 큰 대가를 챙겼던지 주변의 눈치도 보지 않고 당당하게 찬성론을 폈다. 이어 군부대신 이근택과 내부대신 이지용도 이에 순순히 따랐다. 농상공부대신 권중현(權重顯)은 처음에는 "이렇게 되면 명실공히 독립을 잃고 옛날 청나라의 속국이었던 시대보다 더욱 혹독한 처지에 놓이게 된다"며 반대했으나 마지막에 이르러 일부 내용수정을 조건으로 동의했다. 끝으로 한규설의 차례였다. 고종의 뜻을 충실히 따르는 그는 반대론의 우두머리로 전날 일본과 나눈 회담에서도 태도를 명확히 했다. 양국 힘의 차이를 인정할 도리밖에 없는 일이지만 기어코 독립국의 형식을 남기려고 애썼다. 하지만 이토는 "일본 제안에 절대로 동의할 수 없다는 대신은 귀관과 민대신 둘뿐이다. 그렇다면 다수결로 결정할밖에 다른 방법이 없지 않은가. 동의(同意) 다수에 따라 황제에게 재가를 청하고 조인을 실행하는 일이 참정대신으로서의 역할이다. 그럼에도 귀관은 본 안을 거부하고 나아가 일본과 단교하려 한다. 나도 목숨을 바쳐 이 일에 임하는 이상 우롱당하면 참고 있지 않을 것이다"며 그런 뜻을 무참히 꺾어 버렸다.

한규설은 이에 "이 안을 부결시켜 일본과 절교하려는 생각은 절대 아니다. 우리나라의 독립이 일본의 힘에 의지하고 있고 일본을 젖혀두고 보전의 길이 없다는 사실도 인정하지만 이 협약에 관한 한 어떻게 생각해도 반대의사를 바꿀 수는 없다. 필부(匹夫)의 뜻을 꺾을 수는 없다. 그것이 폐하의 성지(聖旨)에 반하고 다른 대신과의 불일치를 가져왔다면 물러나 죄를 기다리는 것이 군신의 도리이다"며 자리를 박차고 나갔다.

그는 이미 의기소침해 있는 고종에게 직소(直訴)하여 그 뜻이 받아들여지지 않으면 사표를 던질 각오였다. 참정대신이 공석으로 되어 버리면 다수결에 따른 결정도 불가능하다고 생각한 최후의 저항이었다. 한규설은 보란 듯이 방을 빠져 나가 고종이 있는 곳으로 달려갔다. 어떻게 해서라도 결정을 저지하려는 기백이 넘쳐 흘렀다(하야시의 증언). 그런데 흥분한 나머지 그만 황후의 처소로 잘못 들어갔다. 그는 궁녀들의 비명소리에 자신의 잘못을 알아차리고 다급하게 그 방을 빠져 나왔지만 더는 고종의 처소로 갈 기력을 잃고 비실비실 회의실 앞으로 돌아와 실신해 버렸다고 한다.

이렇듯 수상 없이 진행된 회의에서 협약안은 일본의 뜻대로 통과되었다. 오후 8시가 지나 궁내대신 이재극(李載克)이 와서 조인을 2~3일 늦추어 달라고 부탁했으나 이토는 거절했다. 대신들은 최후로 조약문에 "일본국 정부는 대한제국 황실의 안녕과 존엄을 유지할 것을 보증한다"는 조문을 추가해 주기를 희망했다. 이토는 그 자리에서 이를 승낙하고 스스로 붓을 들어 보충했다. 이 내용이 바로 제5조이다. 또 "한국이 부강하게 되어 독립할 수 있는 실력을 갖출 때는 이 협약을 철회한다"는 자구를 넣어주기 바라는 고종의 최후 희망이 전달되었다. 이토는 이 뜻 역시 기꺼이 받아들여 전문에 추가하도록 했다. 이는 일본이 한국의 자립을 인정하지 않으면 아무리 부강하게 되어도 영구히 실현할 수 없는 사문(死文)에 불과하기 때문이다.

이렇게 하여 본문 5개조로 된 '을사보호조약'은 18일 새벽 1시 박제순과 하야시의 서명으로 이토가 서울에 와 협박을 시작한 지 1주일 만에 강제로 체결되고 말았다. 이토는 그때 고종의 허락도 없이 외부(外部)에서 옥새를 강탈하여 멋대로 조약문에 찍게 했다. 이에 따라 영국·미국·독일·프랑스·이탈리아·러시아·청나라 등의 주한 외국공관은 11월부터 1906년 3월 사이 모두 폐쇄

되어 영사관으로 대체되었다.

일본은 이어 12월 15일자로 11개국에 설치되어 있던 한국 재외 공관과 총영사관 영사관을 모두 철수시키고 외교권을 완전히 빼앗아버렸다. 한국의 외부도 어쩔 수 없이 의정부(議政府) 외사국으로 격하되고 말았다. 그리고 이 조약 제3조에 따라 일제는 주한 일본공사관을 폐쇄(1906년 1월 31일)하고 2월 1일자로 경성에 통감부를 설치하였다. 통감부는 황제 직속으로 일본정부를 대표하는 인물이 맡도록 되어 있었다. 결국 일제는 한국에 통감부를 설치하기 위해 이러한 소동을 꾸민 셈이다.

을사보호조약이 체결되었다는 소식이 전해지자 전국은 항일(抗日)과 반일(反日)의 소용돌이에 휩싸였다. 18일부터 왕궁 앞에는 조약 파기를 외치는 군중이 몰려들었고, 신협약에 찬성한 다섯 대신을 규탄하고 저주하는 목소리가 전국을 뒤덮었다. 이미 알고 있듯이 이완용·박제순·이지용·이근택·권중현 등은 지금도 '을사5적'으로 국민의 지탄을 받고 있다. 이와 함께 나라를 지키지 못한 책임을 통감하고 스스로 목숨을 끊은 지사들이 속출했다. 전 참정이자 시종무관장(侍從武官長)이던 민영환(閔泳煥)이 자결한 데 이어 정계의 원로 조병세(趙秉世), 주영공사 이한응(李漢應), 학부주사 이상철(李相哲), 전 찬정 홍만식(洪万植) 등이 차례로 자결하였다. 고종은 민영환에게 일등 예장(禮葬)을 명하여 제문(祭文)을 하사하고 유족에게 조의금을 전달했다. 또 조병세에게는 대훈위와 '충정(忠正)'이란 이름을, 홍만식에게 종일품 품계와 '충정(忠貞)'이란 이름을 각각 내려 보냈다. 이는 고종의 일본을 향한 간접항의였다.

고종 길들이기

갖은 협박과 공갈로 보호조약을 강제 체결한 이토 히로부미는 11월 29일 고종에게 "통감으로 다시 오겠다"는 말을 남기고 급히 귀국했다. 한국의 국정을 요리하기 위한 통감부와 이사청(理事廳)의 직제를 새로 만들기 위해서였다. 청일전쟁에 이어 러일전쟁 승리로 더욱 자신감을 얻은 일본 수뇌부는 이제 대륙침략을 꿈꾸었다. 그러려면 한국을 교두보로 다지는 일이 무엇보다 급한 문제였다.

통감부 설치 준비는 일사천리로 진행되었다. 직제 제정작업에 들어간 지 한 달 만에 관제(官制)가 공포되고 다음날인 12월 21일 이토가 초대 한국통감에 임명되었다. 이토에게는 사이고 다카모리(西鄕隆盛)파의 정한론(征韓論)에 반대했던 30년 전을 돌이켜보면 감개무량한 일이 아닐 수 없었다. 사이고의 정한론을 반대하던 그가 조선정복을 이루었으니 말이다. 물론 이토가 그때 조선정벌을 반대했던 까닭은 절대로 조선을 동정해서가 아니었다. 전투병력과 장비도 제대로 못 갖춘 형편에 조선정벌에 나섰다가는 일본의 독립 자체가 위협받을지 모른다는 판단 때문이었다. 이토가 문명이 앞선 서구를 돌아보지 않았더라면 호전적인 성미로 미루어 그 또한 정한파(征韓派)를 거들었을지도 모를 일이다.

이토는 대단히 계산적인 성격이었다고 한다. 승산이 없으면 좀처럼 말을 꺼내지 않았다. 이는 곧 강자에게는 약하고 약자에게는 강하다는 뜻이다. 그는 가끔 바둑을 두었지만 항상 자기보다도 실력이 부족한 하수(下手)들만 상대했다. 이토는 하수가 어려움에 빠지는 모습을 보고 '이제 어떻게 하지'라고 재촉하며 좋아했다고 전해진다. 반면 그는 구미 선진 문명국을 대단히 두려워했다. 앞서 말했듯이 특히 러시아에 대한 그의 공포심은 거의 병적이었다고 한다. 그가 본심과 달리 한국의 조기(早期) 식민지화를 머뭇거린 이유도 서구 열강들의 영향력을 민감하게 계산한 데 있었다. 이런 사실들로 볼 때 그가 심성이 여린 고종을 비롯한 한국 대신들을 어떻게 대했을지는 짐작이 가고도 남는다.

이토는 이듬해(1906) 3월 2일 마치 개선장군이라도 되는 듯 수많은 수행원을 이끌고 서울로 부임해 왔다. 그가 가진 권한도 하늘을 찌를 듯했다. 그에게는 한국 주둔 일본군을 직접 움직일 수 있는 지휘권도 있었다. 당시 일본 제국헌법은 군(軍)은 텐노(天皇) 직속으로 다른 문민에게는 지휘를 받을 수 없도록 규정하였다. 실질적인 군 통수 책임자인 참모총장 또한 텐노의 칙명을 받는 형식이었다. 이러한 상황에서 이토에게 군지휘권을 준 조치는 군부의 반감을 사기에 충분했다. 그러나 이토는 이 조건을 받아들이지 않으면 통감 수락을 거부하겠다고 단호하게 맞섰다. 그의 부임이 다소 늦어진 까닭도 바로 이 때문이었다. 이에 군부의 최고원로인 야마가타와 가쓰라 수상은 '통감은 한국 국민의 원한을 한 몸에 받는 자리이다. 한국 조정과 정계를 압도하려면 거물인 이토를 임명하는 수밖에 대안이 없다'며 군부의 반감을 진정시키고 그의 요구를 받아들였다.

 이러한 진통 끝에 이토는 한국 국정을 수행하는 데 거칠 것이
없는 막강한 권력을 쥔 통감으로 부임하게 된 것이다. 이를 두고
일부 일본의 학자들은 '부녀자 추행 등 군 기강을 바로 하여 통치
에 지장이 없도록 하기 위한 이토의 군 견제구상'이라고 미화하고
있다. 하지만 그보다는 군을 효율적으로 동원하여 나날이 심해지
는 한국의 항일운동을 진압하는 데 주목적이 있었음은 너무도 분
명하다. 그해 2월 그가 일본에 있는 사이 충남 홍주(洪州)에서 민
종식(閔宗植)이 의병을 일으켰다는 보고를 받자 군대를 동원하여
이를 진압토록 지시한 일만 보아도 의도를 잘 알 수 있다.

 통감에 임명된 지 두 달 보름 남짓 만에 서울에 부임한 이토는 3
월 13일 참정대신 박제순(朴齊純)과 학부대신 이완용(李完用) 등
각료들을 관사로 불러 제1회 '한국 시정(施政) 개선에 관한 협의
회'를 열었다. 말은 협의회라고 했지만 실은 이토가 시정방침을
일방적으로 지시하는 강연장이었다. 주제도 보호조약에 규정된
외교문제를 넘어 국정 전반을 거론하고 나섰다. 보호조약 체결 전
다소 유연하던 이토의 자세도 몹시 고압적으로 바뀌었다. 이토는
보호조약 체결 직후 기자들에게 피력했던 소신을 각료들에게 다
시 한번 장황하게 되풀이하며 시정 개선에 협조를 당부했다《伊藤
博文傳》)

 "조선을 독립국으로 승인해야만 한다고 최초로 말한 사람은 바로 본
인이다. 그리고 한국의 독립을 처음으로 승인한 국가도 일본이다. 한국
인 가운데 몇 명은 스스로 독립을 주장하고 또 어떤 사람은 독립을 승인
해야 한다고 말하고 있다. 한국인은 3, 4천 년 이래 고유의 독립을 확보
하고 있는 듯이 말하지만 나는 이를 인정할 수 없다. 일본은 될 수 있는
대로 한국이 독립하기를 바라왔다. 그렇지만 한국은 끝내 독립할 능력

이 없었다. 때문에 일본은 일·청, 일·러의 2대 전쟁을 시작하였다. 그 결과 일본은 마침내 한국을 보호국으로 만들었다. 이는 일본의 자위상 (自衛上) 어쩔 수 없는 조치이다.

세계 대세를 보라. 어떠한 강대국이라 하더라도 그 한 나라만으로는 세계평화를 유지할 수 없다. 평화가 있다 해도 아주 국부적(局部的)일 뿐이다. 동맹의 필요성이 바로 여기에 있다. 혹시라도 일의대수(一衣帶 水)인 한국에 다른 나라의 손이 닿도록 내버려두면 일본의 독립을 침해 받을 우려가 있다. 일본은 결코 한국이 일본에 등을 돌리는 일을 허용할 수 없다. 하지만 일본은 비문명·비인도적인 행위로 한국을 멸망시키기 를 바라지 않는다. 한국의 진보(進步)는 일본이 크게 기대하는 바이다. 한국은 국력을 발전시키기 위해 마음대로 행동하더라도 단 한가지 조건 은 '한국은 항상 일본과 제휴해야만 한다'는 사실을 염두에 두어야 할 일이다. 욱일(旭日)의 깃발과 팔괘(八卦)의 깃발이 나란히 서게 되면 일 본은 대만족이다. 일본은 어떠한 어려움이 있더라도 한국을 멸망시키지 않을 것이다.

본인은 실로 일·한 친목을 두텁게 하는 데 최선의 노력을 다하려 한 다. 그러나 일·청, 일·러 전쟁 때 한국은 무엇을 했는가. 음모(陰謀) 외에 한 일이 무엇인가. 우리는 전쟁 때는 이를 그냥 보아 넘겼다. 일본 은 한국의 이러한 음모를 없애기 위해 한국 외교권을 넘겨받았다고 할 수 있다. 일본은 한국을 합병할 필요도, 생각도 없다. 합병은 매우 위험 하기 때문이다. 한국은 자치를 필요로 한다. 하지만 일본의 지도 감독 없 이는 건전한 자치를 이룩하기 어렵다. 일본은 당연히 한국에 대해 아량 을 베풀어야 한다고 생각하고 있다. 한국도 병력을 양성해야 하며 재정 도, 행정도 한국 자신을 위해 필요하다. 일본은 어디까지나 한국을 부축 해 주어야 한다.

본인은 오늘날까지 이러한 주의를 유지해 왔고 앞으로도 변함이 없을 것이다. 한국이 아무리 부강하게 되더라도 일본을 향해 대포를 쏘기에 이르는 데는 요원하다. 한국 유생(儒生)들의 시대에 뒤떨어진 생각은 정 말 예상 밖이다. 의병을 일으켰다가 일본병에 잡혀 대마도에 끌려와 단 식사한 최익현(崔益鉉)은 한국 제일의 유생인데도 현실과 너무 동떨어진 일지(日誌)를 보면 실로 웃음이 나와 배꼽을 잡지 않을 수 없다. 세계는 본인을 제왕 같은 통감이라고 평하고 있지만 현명하지 못한 사람들을 상대로 정치를 하려니 실로 암담하기 짝이 없다."

오늘에 이르러 그의 말을 되새겨 보면 얼마나 허무맹랑한 이야기인가를 곧 알 수 있다. 이토는 그의 말처럼 '보호'라는 미명 아래 한국을 경영하면 저절로 속국이 되리라 믿고 있었다. 처음부터 강경한 방침으로 '합병'을 하다가는 많은 마찰과 불필요한 희생이 따르리라 판단하고 이처럼 점진적 제휴방침에 따라 식민지화의 기반을 다져 나갔던 것이다.

그해(1906년) 2월 1일자로 설치된 한국통감부는 크게 총무부·농상공부·경무부·소속관청 등으로 되어 있었다. 초대 총무장관에는 쓰루하라 사다키치(鶴原定吉)가, 상공부 총장에는 기우치 주시로(木內重四郎)가, 경무총감에는 오카 키시치로(岡喜七郎)가 각각 기용됐다. 통감부 설치 이전의 일본인 고문 가운데 일본정부의 추천에 따라 고용된 사람은 통감부 보좌관 또는 교관 등으로 모두 통감부 직원이 되었다. 일본은 이처럼 통감부를 통해 한국의 내정을 완전 장악하고 지배했다. 그 위세가 마치 한국을 집어삼키기 위한 사전 도상(圖上)연습 같았다.

앞에서 설명한 것처럼 통감의 지위와 권한은 실로 막강했다. 통감은 텐노 직속으로 한국 안에서는 텐노권(天皇權)을 대행했다. 이는 통감정치의 비중을 일본 정책수행의 최상위에 두고 있음을 뜻하면서 한국 국정수행을 사실상 일본통치의 하나로 간주한 셈이다. 이는 곧 한국 국권의 실질적 탈취를 의미하는 것이기도 하다. 통감은 외교사무의 권한은 말할 나위도 없고 한국의 안녕과 질서유지라는 이름 아래 한국 국정 전반을 손안에 넣고 멋대로 휘둘렀다. 나중에는 한국 대신들의 인사권까지 빼앗아 어느 대신도 그 앞에서는 꼼짝 못 하는 고양이 앞의 쥐 꼴이었다.

이렇게 되자 전국 곳곳에서 의병이 불길처럼 일어났다. 일본군은 항일운동이 있을 때마다 군병력을 동원하여 진압에 나섰으나 좀처럼 실효를 거두지는 못했다. 이토는 이러한 항일운동의 근원이 궁중에 있는 것으로 판단했다. 이토는 그의 사위에게 보낸 편지(7월 1일)에서도 "음모의 화근은 궁중에 있음이 틀림없으나 아직 증거를 잡지 못하고 있다"고 고민을 털어놓고 있다.

이토는 7월 2일 고종을 찾아가 다짜고짜로 따졌다. '폐하는 일본이 파견한 통감인 나의 임무를 승인하지 않고 있다고 들었는데 무슨 이유인지 명확히 말해 달라'는 요지였다. 고종은 서간(書簡) 등에 정식으로는 '이토 통감'이라고 적어야 할 곳에 단지 '후작(侯爵)'이라고 쓴 일은 있지만 이는 최근부터 그렇게 불러왔기 때문이지 통감을 승인하지 않을 생각에서 그렇게 한 일은 아니라고 대답했다. 이토는 지난해 체결한 5개조의 조약 가운데 문명의 모범이 되도록 궁중을 개혁하겠다는 조항을 들고 나왔다. 그는 아직도 무녀와 점쟁이가 궁중을 드나들고 있는데 이는 문명국 궁중에서는 찾아볼 수 없는 사례라고 트집을 잡았다. 고종은 이에 대꾸하지 않았다. 그래서 이 날 대화는 상당히 길어졌다.

이토 : 무녀와 점쟁이들의 궁중출입은 본관이 간섭할 일이 아니라고 생각하고 그동안 입을 다물었으나 이대로 방치해 두면 어떠한 불행한 일이 뜻밖에 일어날지 모르기 때문에 직무상 이제 묵과할 수 없다. 다음은 궁중을 출입하는 유생 김승민(金升旼)의 문제인데, 일본 헌병이 조사한 바 그가 가진 문서 가운데 '성상(聖上)이 말씀하시기를 섬나라 오랑캐 적신(敵臣) 이토, 하세가와(長谷川)……'라는 글귀가 있다. 그래서 그에게 '정말 폐하가 이토통감과 하세가와 사령관을 오랑캐 신하라고 말했는가'고 다그치자 이를 인정했다. 이 자는 폐하의 신임을 얻어 궁중에

출입하고 있는 모양인데 이런 일은 그냥 덮어둘 수 없다.

　고종 : 김승민의 출입은 사실이지만 그 자리에는 여러 신하들이 함께 있었으므로 그들에게 이야기를 들으면 적신(敵臣)이라고 말한 적이 없음이 판명될 것이다.

　이토 : 그 일은 물론 우리 쪽에서도 조사하겠지만 본관은 재판관이 아니므로 증거조사와 같은 일은 필요 없다고 생각한다. 그보다 제실(帝室)의 안녕과 존엄에 책임을 졌으니 단속방안을 세우는 일이 당장 급한 일이다. 더 방치해 두면 직무태만이다.

이토는 고종의 의사와 관계없이 단속을 강행하겠다는 뜻을 분명히했다. 그는 고종이 의병들에게 자금을 대주며 항일운동을 부추기고 있다는 것으로 확신하고 외부인사들의 궁중출입을 차단하여 항일운동을 막아보려던 생각이었다.

　고종 : 우선 정당한 조사법을 만들어 실행하고 싶다. 그래도 효과가 없으면 마루야마(丸山重俊) 고문에게 맡기면 되지 않겠는가?

　이토 : 지금까지의 경과를 보면 폐하가 한국 관헌을 어떻게 독려해도 전혀 효과가 없었다. 그래서 우리 쪽이 실시하려 하니 속히 동의해 달라.

　고종 : 그렇다면 할 수 없는 노릇이다.

이토는 이처럼 뜻밖에 고종이 약하게 나오자 고종의 정치관여 문제까지 거론하기 시작했다. 그는 앞서 설명처럼 약한 자는 더욱 강하게 눌렀다.

　이토 : 폐하가 무언가 조건을 붙여 정치에 간섭하는 일은 바람직하지 않다. 정부 당국자에게 일임하는 편이 좋을 줄 알고 있다. 작은 일을 평계로 비밀음모를 꾸미는 일은 결코 현명한 군주가 할 일이 아니다.

　고종 : 그 말은 옳지 않다. 요즘은 감히 정치라는 말도 꺼내지 못한다. 왜냐하면 우리 대신 관리들은 뭔가 성공할 때는 자신의 공으로 돌리고

실패할 때는 폐하의 탓으로 돌려 그 책임을 뒤집어쓴 일이 한두 번이 아니기 때문이다.

이 날 고종과 이야기를 나누고 통감부로 돌아간 이토는 계획대로 궁금령(宮禁令)을 제정하고 마루야마를 초소 책임자로 임명, 궁중 출입자를 엄격하게 조사토록 지시했다. 그러나 효과는 별로 없었다. 친한파 외국인과 궁중의 연락을 맡고 있던 독일인 손탁과 영국인 베델 등은 법망을 뚫고 마음대로 드나들었다.

그 사이 이토는 11월 21일 통감부를 떠나 일시 일본으로 건너갔다. 일본 제실(帝室)제도 총재로서 임무를 수행하기 위해서였다. 그러나 그동안 우려하던 일이 벌어졌다. 1907년 1월 6일자 《대한매일신보(大韓每日申報)》에 이토에게는 충격적인 기사가 보도된 것이다. 기사는 보호조약 체결 뒤 고종이 러시아·독일·미국·프랑스 등 나라의 황제와 대통령 앞으로 보낸 친서 내용이었다.

"뜻하지 않게 시국이 일변하더니 강한 이웃의 침략과 핍박이 날이 갈수록 심해져 마침내 우리 외교권을 빼앗고 자주정치를 해치기에 이르렀다. 짐(朕)과 모든 신민(臣民)은 분하고 억울하여 하늘을 쳐다보고 소리치며 땅을 보고 눈물을 흘리지 않은 사람이 없다. 바라건대 사이좋게 지낸 정분과 약자를 돕는 의리를 끝까지 생각하고 널리 여러 우방과 의논하여 법을 만들어 우리 독립의 국세(國勢)를 유지할 수 있도록 해 주기를 짐과 전국 신민은 두 손 모아 빈다."

이 신문은 잘 알려져 있듯이 영국인 토머스 베델이 발행하는 《코리아 데일리 뉴스》의 자매지였다. 일본은 동맹국 영국에 대한 체면도 있어서 심하게 단속을 하지 않았다고 한다. 이 기사는 곧바로 파문을 몰고 왔다. 한국정부는 성명을 발표하여 위조된 것임을 밝히고 관보에도 그러한 내용을 게재했다. 그러나 베델은 "한국정부는 입장이 곤란하여 그렇게 말하고 있을 뿐 친서는 결코 위조가 아니다"라고 반박하고 그 증거로 옥새가 날인된 원본사진을 지면에 공개했다.

고종은 이토가 3월 20일 돌아오자 "그 보도는 사실무근"이라고 해명했다. 이토도 "폐하가 그렇게 말씀하시니 더는 추궁할 필요는 없다고 생각한다"고 말했다. 한국정부 각료는 원래부터 친일파 일색이었으나 이 사건을 계기로 서로 대립하기 시작했다. 같은 친일파라 하더라도 그 안에는 짙고 옅음이 있었다. 어쩔 수 없이 일본과 타협할 수밖에 없다고 생각하는 사람이 있는가 하면 적극적으로 일본에 붙어 자신의 세력을 넓히려는 자가 있었다. 참정대신 박제순은 이들을 서로 융화시키기는 어렵다고 판단하고 5월 22일 사표를 제출했다.

이토는 후임에 학부대신 이완용을 기용하고 정부조직도 내각제로 바꾸었다. 이에 따라 참정대신이라는 최고 각료 명칭도 총리대신이라 불렀다. 그렇다고 한일관계가 좋아진 것은 물론 아니다. 이토는 친서사건에 대해 매우 조심스럽게 배후조사를 계속했다. 그 결과 호머 헐버트라는 미국인이 이를 고종으로부터 넘겨받아 루즈벨트에게 전달했음이 밝혀졌다. 루즈벨트는 친서가 보호조약 체결 이전에 쓰여진 데다 한국이 널리 알려 주기를 희망하고 있어서 비밀로 취급할 필요가 없다고 판단하고 공개했다는 것이다. 그래서 이토는 더는 문제삼지 않았다.

하지만 고종의 끈질긴 저항은 그 뒤로도 계속되었다. 그해 6월 15일 네덜란드 헤이그에서 열린 만국평화회의에 밀사를 파견한 것이다. 밀사는 모두가 다 아는 것처럼 전 의정부(議政府) 참찬 이상설(李相卨), 전 평리원 검사 이준(李儁), 전 러시아공사관 참사관 이위종(李瑋鍾) 등 3명이었다. 이들은 만국평화회의에 참석하여 일본의 강압을 폭로하고 한국독립을 호소할 계획이었다.

일행은 헐버트와 고종의 조카인 조남승(趙南昇)의 소개로 전권 위임장을 받고 블라디보스토크에서 헐버트와 합류하여 먼저 페테르부르크로 가서 황제 니콜라이에게 고종친서를 전달했다. 친서는 "짐은 요즘 더욱 어려움에 처해 사방으로 이를 호소하게 되었다. 번거롭게도 폐하에게도 이를 고하지 않을 수 없다. 우리나라의 진흥 여부는 오로지 폐하의 배려에 달려 있다"고 도움을 호소하고 있다. 그러나 일본에 패배한 러시아는 국내 정정 불안이 겹쳐 국제사회에서 위신이 크게 떨어진 데다 니콜라이 자신도 한국을 위해 도움을 줄 힘이 전혀 없었다. 때마침 만국평화회의의 의장은 러시아 대표 네프류도프가 맡고 있었다. 한국에 도움을 주리라 기대했던 그 또한 "한국은 외교권을 일본에 위임했기 때문에 황제의 전권 위임장을 갖고 있더라도 회의에 참석할 수 없다"며 매정하게 거부했다. 세 밀사는 하는수없이 영국·미국·프랑스 대표를 찾아가 호소했으나 그들 또한 상대해 주지 않았다. 남은 수단은 언론에 호소하는 길밖에 없었다.

외무성에서 전보를 받고 사실을 알게 된 이토는 고종을 찾아가 "그러한 음험한 수단으로 일본의 보호권을 거부하기보다 차라리 일본에 대해 당당하게 선전포고를 하라"고 화풀이를 했다. 고종은 모르는 일이라고 시치미를 뗐다. 이토는 이완용을 불러 "이번 밀사사건은 보호조약의 명백한 위반일 뿐만 아니라 일본에 대한 적대행위이다. 황제 폐하가 스스로 조약을 파기하고 보호국인 일본을 배반했으므로 일본은 한국에 전쟁을 선언할 이유가 있다. 당신은 수상으로서 이 뜻을 정식으로 황제 폐하에게 말씀 올려주기 바란다"고 단호하게 말했다.

이완용은 "그 말은 반드시 전달하겠지만 폐하의 행위는 결국 내각에 책임이 있으므로 사직해야 마땅하다"고 대답했다. 이토는 "군주의 행위에 내각이 책임지는 일은 다른 나라라면 당연하지만 지금의 한국에는 해당되지 않는다. 폐하가 내각과 관계없는 사람을 부려 단독행동을 하지 않았는가. 내각이 총사직한다고 해서 문제가 해결될 일은 아니다. 오히려 처리방안에 전념해야 옳다"며 총사직을 만류했다. 이토에게는 이완용이 여기서 그만둔다면 고종과의 사이에 완충역(緩衝役)이 없어지니 곤란한 일이었다.

이완용에게 이토의 이야기를 들은 고종은 모르는 일이라고 말했다. 이에 대해 이토는 "이번만은 그런 거짓말로 해결될 수 있는 일이 아니다. 헤이그에 파견된 세 명은 폐하의 위임장을 각국 대표에게 보여주었다. 자초지종을 모른다는 변명은 이제 통하지 않는다"며 사이온지 긴모치(西園寺公望) 일본수상에게 전보로 일본정부가 취해야 할 수단을 검토해 달라고 요구했다.

이토가 요구한 수단이란 일본이 한국의 내정권리를 넘겨받는 조약을 의미하였다. 이 사실을 안 이완용은 7월 6일 모든 각료를 불러모아 고종이 자리한 가운데 회의를 열었다. 이때 농상공대신 송병준(宋秉畯)은 "이번 사건의 책임은 폐하에게 있다. 그런 이상 도쿄로 가서 사죄를 하든가, 하세가와 사령관을 대한문 앞으로 맞아들여 머리를 조아리는 면박(面縛)의 예를 갖추어야 한다. 그 일이 견딜 수 없는 일이라면 결연히 일어나 일본과 싸울 수밖에 없다. 하지만 패하면 국가의 존망이 어떻게 되는가는 말할 필요도 없다"며 고종을 힐난했다. 더는 군주와 신하의 관계가 아니었다. 고종은 너무나도 기가 막혀 "짐이 좀더 빨리 경과 같은 신하를 중용했더라면 황실사직이 오늘과 같은 처지에는 이르지 않았을 것"이라고 비꼬며 자리를 박차고 일어났다(《明治外交秘話》).

한편 일본정부는 7월 10일 원로들을 포함한 각료회의를 열고 보호권을 더욱 확대하기로 방침을 결정했다. 이는 일본이 한국에 대한 압박을 더욱 강화하겠다는 의미였다. 실제로 이 확대는 7월 24일 제3차 한일협약(전문7조)의 형식으로 조인되었다. 이에 따라 한국정부는 시정 개선에 관해 통감의 지시를 받아야 함은 말할 필요도 없고 법령제정과 행정처분, 심지어 고위관리 임명 등도 모두 통감의 승인을 받아야만 했다. 외국인을 고용할 때도 통감의 동의를 받도록 했다. 말을 바꾸면 통감이 한국통치 주권을 마음대로 행사할 수 있는 법적 근거가 마련된 것이다. 물론 이 협약과는 관계없이 그 이전에도 통감의 전횡은 그 수준을 넘고 있었다. 엄밀히 말하면 이는 모두 불법이었다. 우리가 힘이 있었더라면 감히 상상도 못할 일이었다.

결국 헤이그사건은 처음 의도와 달리 한국을 집어삼키고 싶어하던 일본 주체세력에게 좋은 핑계를 가져다 준 꼴이었다. 이에 따라 9월부터 통감부 조직도 크게 바뀌었다. 부통감제가 신설되고 감사부와 지방부를 두어 지배체제를 더욱 확대 강화했다.

일본은 보호권 강화의 첫 조치로 고종을 자리에서 물러나게 하기로 결정하고 비밀공작에 나섰다. 일본정부에게 여러 가지 수단과 방법을 동원하여 저항하는 고종은 눈엣가시였다. 일본정부는 이를 위해 하야시 외상을 서울로 보냈다. 이 일이 알려지자 이완용은 7월 16일 각의를 열고 선수를 쳤다. 이완용은 이 자리에서 "신하로서 군주에게 양위를 요구하기는 견딜 수 없는 일이지만 이렇게 된 이상 군주의 한 몸보다 사직(社稷)을 중시할 수밖에 방법은 없다"고 말을 꺼냈다. 이에 반대하는 사람은 하나도 없었다. 아니 반대할 대신은 이미 배제되었다는 것이 더 옳은 표현이다. 이완용은 그 날 밤 고종에게 대신들의 뜻을 전했다. 고종은 "퇴위 문제는 신하들이 입에 담을 일이 아니다"고 화를 내며 이완용을 물러가도록 했다.

이완용은 다음날 각 대신들과 함께 궐 안으로 들어가 고종에게 재차 양위를 간청했다. 고종은 그 날 저녁 이토를 불러 정말로 자리에서 물러나지 않으면 안 되는가 하고 물었다고 한다. 그러나 이토는 제실 내부문제이므로 외신(外臣)이 물러나라 마라 할 수 없다고 대답했다고 기록은 전한다.

그런 가운데 다음날인 18일 하야시가 서울에 도착했다. 그는 알려진 대로 장래 화근을 없애기 위해 고종을 물러나게 하고 왕위를 세자에게 물려주도록 하라는 일본정부의 밀명을 받고 있었다. 다만 세계의 눈이 있으므로 한국정부가 이를 스스로 결정한 것처럼 하고 일본은 절대로 겉으로 드러내지 말라는 엄명이 따랐다.

그러나《시덴 이토 히로부미》는 고종 퇴위문제는 당초 일본정부의 의견이 일치되지 않았다고 쓰고 있다. 데라우치(寺內正毅) 육군상은 이를 기어코 실현하려고 했으나 야마가타를 비롯한 대다수는 반대했다고 한다. 고종 퇴위는 그가 끝까지 협약에 반대할 경우 사용할 무기로 만일 퇴위도, 협약도 거부할 경우 합병을 강행할 방침이었다는 것이다. 고종은 최후로 민영소(閔泳韶), 이윤용(李允用), 신기선(申箕善) 등 원로 10여 명을 불러 자문을 구했다.

이렇게 되자 일본이 고종의 양위를 강요하고 있다는 소문이 퍼져 덕수궁 대한문 앞에는 2천여 명의 군중이 몰려들었다. 이들은 문 앞에 주저앉아 구호를 외치며 일본정부와 이완용 등을 규탄했다. 무장경찰과 군인들은 이들을 총칼로 무자비하게 해산시켰다. 그때 신문들은 "충천에는 상현달이 떠올라 창백한 달빛이 비감(悲感)을 더하고 광장에는 우레 같은 박수와 성난 구호가 메아리쳐 처참하기 그지없었다"고 보도했다.

고종의 자문에 응한 원로들 또한 대신들처럼 하야할 수밖에 없다는 의견이었다. 견디다 못한 고종은 19일 새벽 2시 왕세자 이척(李坧)에게 왕위를 물려주겠다고 발표했다. 그리고 한 시간 뒤 양위서(讓位書)에 서명했다. 일본 무장병력에 강제해산된 군중들은 날이 밝아 이 소식이 전해지자 또다시 모여들었다. 일본 군경들은 무력으로 이를 저지했으나 성난 군중들은 이완용 등 대신들의 집으로 몰려가 불을 질렀다. 이완용은 일본인 밀집지역으로 도피하고 다른 대신들도 일본군의 보호를 받았다.

순종 즉위식은 오전 8시에 열렸다. 이어 오후 2시부터는 각계 인사의 접견을 시작하였다. 이처럼 순종 즉위식을 재빨리 한 것은 각 대신들이 비밀리에 손을 써 두었기 때문이다. 미요시 도루는 "이는 이완용 등 각 대신들이 그때 이미 일본의 완전한 앞잡이가 되어 있었음을 말해 주는 증거다"라고 그의 책에 쓰고 있다. 이토는 이 공로로 8월 잠시 귀국하여 9월 공작(公爵)의 작위를 받았다. 이로써 그는 백작(1884)과 후작(1895)을 거쳐 가장 등위가 높은 귀족대열에 올랐다.

한민족은 무능하다

이토 히로부미가 우리 민족에게 가한 죄악은 실로 헤아릴
수 없을 만큼 많다. 그 가운데서도 질이 나쁜 죄목을 고
른다면 '민족성 왜곡'을 단연 으뜸으로 꼽을 것이다. 이토는 모두
가 알고 있듯이 한민족 지도층을 금품으로 매수하거나 스파이를
양성하여 서로를 분열시켜 민족을 파멸로 이끌었다. 일제의 압제
에서 벗어난 지 반세기가 넘도록 민족분열과 친일문제 등을 청산
하지 못하고 있는 것도 따져보면 이토의 한민족 분열공작에서 원
인을 찾을 수 있다. 물론 당시 일제에만 책임이 있고 우리 민족에
게는 전혀 문제가 없었다는 말은 절대 아니다. 그 악랄한 수법의
영향이 아직도 계속 이어지고 있다는 뜻이다.

이토의 대한관(對韓觀)은 실로 한심하기 짝이 없었다. 그는 우선
한국인은 능력이 없다고 보았다. 자기개발이나 교육을 통해 자신
을 발전시킬 노력조차 하지 않는 게으른 야만인으로 여겼다. 이토
가 그때 한국을 어떻게 인식하고 있었는가는 《일한외교자료집성
(日韓外交資料集成)》에 잘 나와 있다. 이 자료집은 '한국 시정(施
政) 개선에 관한 협의회'의 회의내용을 한데 묶은 것이다. 협의회

는 1906년 3월 13일 시작하여 1909년 12월 28일까지 모두 97차례 열렸다. 이토는 이 가운데 77회까지 주재했다. 그는 협의회 때마다 한국에 대한 그의 생각을 한국의 대신들에게 귀가 아프도록 강조했다. 그 내용을 간추려 보면 다음과 같다.

"한국의 군사 및 경찰제도는 한마디로 혼란과 무능 그것이다. 경찰관은 자신에게 위험이 따르면 곧 도망가버려 인민이 안심하고 경찰에 보호를 맡길 수 없다. 병사들은 군인이 될 능력이 없는 데다 훈련도 아주 게을리하여 무능하다. 병졸 가운데는 심지어 유사시 국가를 지키는 데 필수적인 탄약과 도검(刀劍)을 전당 잡히는 사람까지 있다. 또 교육이 불완전하고 규율이 엄정치 못하여 국가의 간성(干城)으로 신뢰감을 전혀 주지 못한다. 병사들 가운데는 생계를 이어가기 위해 잠시 군문(軍門)에 들어온 사람이 대다수이다. 따라서 봉급을 받고 있을 때는 군인이지만 일단 일자리를 떠나면 게으르기 때문에 마땅한 직업을 가질 수 없어 폭도(의병)가 되는 사람이 적지 않다.

한국에는 재판제도가 없다. 그래서 한국인이 원고가 되는 소송사건은 있지만 외국인이 한국에서 기소되는 일은 없다. 이는 거의 다 외교담판으로 정부와 교섭하여 처리하는 것이 보통이다. 또 어떤 감옥에서는 죄인들에게 음식을 주지 않아 굶겨 죽이는 일이 있고 심지어 남자와 여자를 함께 수감하는 예도 있다. 한국은 전혀 국법이 없는 상태이며 법관의 신용이 없으므로 법을 만들기는 쉽지만 실행하기는 어려운 나라다. 한국인은 아직도 법률이 왜 필요한지, 재판소는 왜 설치되어야 하는지를 전혀 모르고 있기 때문이다. 지방관은 재판권이 있지만 신용이 없어 일진회(一進會) 또는 종교인은 재판에 복종하지 않는다. 지방행정에는 관찰사와 각부 대신 군수 향장(鄕長) 사이의 업무가 명확히 구분되지 않고 있다. 중앙과 지방 재정의 구별이 없고 국가재산과 황실재산의 한계가 분명하지 않다. 한국의 토지행정은 문란하기 짝이 없고 토지에 관한 법률도 미비하다. 한국인은 가끔 주인 몰래 토지 소유권을 위조하여 일본인에게 저당 잡히거나 매매하는 예가 있어 실제 소유자는 소유권이 넘어간지도 모른다. 오늘의 한국은 마치 일본의 봉건제가 해체되던 시대상황과 같다.

한국의 공업은 아주 미숙하여 한국인에게 공사설계를 맡길 수 없으며 한국인 자력으로 한국 공업화는 성공할 수 없다. 한국의 재래선박은 구조가 불완전하여 조그마한 풍파에도 조난 당하기 십상이다. 그래서 인명과 재산피해도 많다. 한국인은 다른 사람의 출판물을 도용하고 발명을 훔치며 상표위조도 거리낌없는 내색이다. 지방관리 가운데는 농민을 수탈하거나 부정을 저지르는 자가 많다. 한국의 교육을 문명국에 비교하면 제도가 없는 거나 다름없다. 한국인은 교육을 받지 못했기 때문에 세금을 조금만 올려도 괜히 빼앗기는 느낌을 갖는다. 한국 청년들은 학교만 나오면 모두 높은 지위를 얻기를 원하고 있다. 이대로라면 도저히 실업(實業) 혁신을 기대할 수 없다. 한국인에게는 문물제도와 기술을 쇄신 개혁하려는 의지가 없다. 한국인은 자립을 진지하게 고려하지 않고 다른 사람의 것을 빼앗아 그럭저럭 살아가려는 심리가 있다. 현재 한국의 민심을 움직일 수 있는 두뇌는 지방의 유생(儒生)들인데 이들은 마음을 고쳐먹을 생각이 전혀 없다. 한국에 인물이 있었다면 오늘과 같은 상태에 이르지는 않았을 것이다. 특히 한국인은 행정능력이 없다."

이토의 말을 곰곰이 되새겨 보면 부끄러운 점이 한두 가지가 아니다. 전적으로 공감이 가는 부분도 적지 않다. 그러나 그의 말은 모두 민족성을 왜곡하기 위한 음모에서 출발한다는 점에서 문제가 심각하다. 그는 한국인에게는 자치능력이 없다고 깎아내려 일본의 한국통치를 합리화하려 했다. 통감 초기에는 그러한 술책을 교묘히 각색하여 선정(善政)을 약속하고 있다. 그가 부임 초 "한국을 세계의 문명국으로 만들기 위해 왔다"고 말한 데서도 이를 확인할 수 있다.

이토는 자신은 암흑 속에 있는 한국을 광명으로 이끌 수 있는 자신감이 있으므로 자기를 잘만 따라준다면 한국을 구제할 수 있다고 장담했다. 따라서 "일본이 한국을 병합하여 거액의 경비를 소비해 가며 통치하는 어리석은 일은 없을 것"이라고 말하기도 했다. 하지만 점차 시간이 흐르면서 항일운동이 거세지자 본색을 드러냈다. 그는 "한국에서 반란이 일어난다면 다시 일본군대를 맞이하는 불행한 일이 다가와 결국 한국은 멸망하게 될 것"이라는 협박을 서슴지 않았다.

이토의 한국 지배전략을 요약하면 우선 〈신문지법〉, 〈보안법〉등 각종 법령을 정비하여 탄압 근거를 마련하고 각 대신들을 협박하거나 매수하여 마음대로 부릴 수 있게 하는 데 역점을 두었다. 아울러 '일진회'를 매수하여 스파이로 활용하고 경찰과 헌병대 보조원을 밀정(密偵)으로 만들어 한국인 서로를 감시하게 했다. 그 가운데서도 일진회는 이토의 특별행동대였다고 할 수 있다.

일진회는 1904년 8월 20일 송병준(宋秉畯)이 만들었다. 그는 원래부터 친일파로 일본에 망명하여 10여 년 동안 살면서 홋카이도에 처음으로 인삼을 심고, 야마구치(山口) 하기(萩)에서는 누에를 치며 학교를 세우기도 했다고 한다. 일본에서 노다 헤이지로(野田平次郎)라는 이름을 갖고 일본인으로 행세한 그는 러일전쟁이 일어나자 일본군 제12사단 병참감(兵站監)이던 오타니(大谷喜久藏) 육군소장의 통역관(기밀담당)으로 따라왔다가 눌러앉아 이 단체를 조직했다. 일본의 발전에 감명을 받고 일본인과 함께 나아간다는 뜻으로 단체이름도 일진회라고 지었다는 것이다.

주한일본공사관(駐韓日本公使館) 기록에 따르면 창립 당시 조직원은 회장 윤시병(尹始炳)을 비롯해 부회장 유학주(兪鶴柱), 평의원의장 송병준, 평의원 윤길병(尹吉炳), 홍순(洪淳), 원세기(元世基), 송종헌(宋鍾憲), 홍긍섭(洪肯燮), 박원수(朴源洙), 윤갑병(尹甲炳), 염중모(廉仲模), 양재익(梁在翼), 한석진(韓錫振), 서상윤(徐相崙), 정태용(鄭泰容) 등 모두 50명으로 되어 있다. 일진회는 또 지방의 비정(非政) 등을 살피는 시찰원과 서울시내 회원을 맡는 순시원, 내각의 정치활동과 시정개선 방안 등을 조사하는 조사원을 두었다.

일진회는 그 뒤 '진보회(進步會)'를 매수 통합하면서 지방조직에 이르기까지 조직원 수가 급격히 늘어났다. 천도교 손병희(孫秉熙)의 제자였던 이용구(李容九)는 변절하여 일진회 십삼부총회장(십삼도지방총회장)을 맡았다.

일진회를 지원하는 주변단체도 급증했다. 정치 사회단체로는 '한일동지회(韓日同志會)'를 비롯하여 19개나 되었고, 여성단체도 '한일부인회(韓日婦人會)' 등 4개에 이르렀다. 구성원은 대부분 일진회 회원이 겸하고 있거나 친일인사들이 차지하고 있었다. 겉으로 내세우는 취지도 한일 양국의 친선도모를 빼면 내세울 만한 특색이 없었다. 일진회는《국민신보사(國民新報社)》라는 기관지를 내고 친일찬양에 온 힘을 기울였다. 초대사장은 이용구가, 다음으로 송병준이 이어받았으나 그가 1907년 5월 22일 이완용 내각의 농상공부대신으로 취임하자 한석진에게 물려주었다. 이러한 일진회 뒤에는 일본 국수주의자들이 고문이란 이름으로 버티고 있었다. 사세 구마데쓰(佐瀬雄鐵), 고무치 도모쓰네(神鞭知常), 우치다 료헤이(內田良平), 모치즈키 료타로(望月龍太郎) 등이 그들이다. 이들은 막후에서 보호와 침략의 흉계를 꾸몄으며 일진회는 그 지시를 따르기에 바빴다.

일진회는 일본군의 군사기밀비로 운영했다. 창립 때부터 회원들에게 회비를 받지 않았다. 이토는 일진회가 친일 색채를 분명하게 드러내자 5만 엔을 몰래 도와주며 조직을 키우도록 독려했다. 1907년 1월부터 6월까지는 아예 통감부 기밀비에서 매월 2천 엔씩 보조토록 조치했다. 또 5월 15일에는 일본 육군성(陸軍省)이 10만 엔을 지원했다. 그도 모자랐던지 이토는 그해 8월 자그마치 26만 엔의 거금을 일진회에 주었다.

일진회는 러일전쟁에서 일본이 승기(勝機)를 잡자 1905년 6월 10일부터 10월 20일까지 연인원 11만4,500명을 동원하여 일본군 북진수송대의 군수품 운반을 도왔다. 러시아군의 동정을 정탐하여 보고하는 일은 기본이었다. 사상자도 49명이나 되었다. 그러고도 일본군에게 받은 돈은 고작 6만3,530원으로 무보수나 다름없었다. 이에 앞서 1904년 10월부터 1905년 9월까지 경의선 철도부설 공사에 모두 14만9,114명을 투입했다. 이 공사에서도 받은 임금은 한 사람 앞 18전 꼴인 2만6,410원에 지나지 않았다. 그뿐만이 아니었다. 일진회는 러일전쟁이 일본의 승리로 끝나고 한국이 곧 일본의 보호국이 된다는 소문이 나돌자 1905년 11월 6일 "한국은 일본의 지도 보호를 받기 위해 내치(內治) 및 외교권을 일본에 맡겨야 한다"는 내용의 선언서를 발표했다. 이 선언서는 일본인 고문 사세(佐瀨)가 기초했으며 선언에 이르기까지는 그의 압력이 컸음은 말할 것도 없다.

일진회 회원들은 보호조약이 체결된 뒤 부일(附日)행위의 대가로 관찰사, 군수, 내부주사, 순사 등 관직에 기용된 사람이 100명을 넘었다(《元韓國一進會歷史》). 이들 가운데 군수급 이상만도 김규창(金奎昌) 파주군수, 양재익(梁在翼) 양주군수, 박노학(朴魯學) 회령군수, 윤갑병(尹甲炳) 평리원 검사(平理院檢事), 김병국(金炳國) 경원군수, 한남규(韓南奎) 명천군수, 윤길병(尹吉炳) 충북관찰사, 남정의(南廷懿) 충남관찰주사, 윤정식(尹定植) 중추원 부참찬, 이용한(李容漢) 농상공부 주사, 염중모(廉仲模) 내부지방국장, 한정규(韓貞奎) 황주군수, 구연수(具然壽) 울도군수, 유문경(劉文卿) 단천군수, 이사필(李思弼) 옥과군수 등 30여 명에 이른다. 이용구는 1907

년 7월 18일 메이지왕에게 3등 서보(瑞寶) 훈장까지 받았다.

송병준은 농상공부대신으로 임명된 뒤 1908년 6월 6일 내무대신으로 옮겨 권세와 부귀영화를 누렸다. 송병준의 입각은 이완용을 견제하고 두 세력을 대립시켜 어부지리를 꾀하기 위한 이토의 고등술책이었다. 송병준이 일제에 영합하여 고종의 양위를 강요한 일은 앞서 이미 설명한 대로이다. 그는 이에 그치지 않고 일진회 회원 300여 명을 동원, 고종의 양위를 재촉하는 시위를 벌이게 했다. 정미(丁未) 7조약(1907년 7월 24일) 체결 뒤에는 통감의 내정 간섭을 합리화하는 데 전력을 다했다. 또 〈신문지법〉과 〈보안법〉을 제정 공포토록 하여 한민족의 정당한 의사표시와 항일운동을 규제토록 했다.

〈신문지법〉에 따라 국내발행 신문은 배포 전 반드시 통감부의 검열을 받아야 했고 발행도 통감의 허가를 받아야 했다. 이를 어기면 3년 이하의 징역 또는 300엔 이하의 벌금을 물도록 했다. 통감부는 이 법 시행 이후 1908년 말까지 규정을 어긴 다섯 개 신문 6만 9,098부를 압수하고 65회에 걸쳐 신문배포를 금지토록 했다. 일진회는 우치다 료헤이 등 일본인 고문의 선동으로 의병을 폭도로 규정하고 '의병 진압 자위단'을 조직하여 의병토벌에 앞잡이가 되었다. 1907년 10월 일본 왕세자가 우리나라에 왔을 때는 환영문(歡迎門)을 세우고 제등(提燈) 행렬을 벌였으며 토산품을 스스로 헌납하기도 했다.

이와 같은 일진회의 행위는 국민들에게 마침내 일제 침략자보다 더 큰 분노를 사기에 이르렀다. 전국 곳곳에서 의병과 충돌하는 일이 더욱 잦아졌다. 그 결과 1907년 7월부터 1908년 5월까지 의병에게 피살된 일진회 회원은 9,260명이나 되었다. 다친 사람도 140명을 헤아렸다. 또 일진회 회원의 집 360채가 불타고 5만 500

엔의 재산피해를 냈다. 일진회는 이러한 민족의 보복에도 아랑곳 하지 않고 피해를 당한 만큼 양민을 상대로 더욱 횡포를 부렸다. 특히 송병준의 반민족행위는 우리를 정말 슬프게 한다.

《시덴 이토 히로부미》에 따르면 그는 이토에게 '한일합병론'을 이야기했다가 받아들여지지 않자 일본으로 건너가 한일합병에 광 분하고 있던 가쓰라 수상에게 이를 건의했다고 한다. 송은 가쓰라 가 "쉽게 합병이 이루어질 수 있을까"라고 묻자 "어려운 일도 아 니다. 1억 엔만 있으면 가능하다"고 대답했다는 것이다. 이에 가 쓰라는 "1억 엔은 너무 많다. 그 반액으로 어떤가"고 흥정했으나 송은 "뭐가 많은가. 2천만 명이나 되는 인력과 몇 십억 아니 몇 백 억 엔이 될지도 모르는 자원을 지닌 영토를 사들이는 게 아닌가" 라며 적극 검토를 요청했다고 한다. 《시덴 이토 히로부미》의 저자 미요시 도루는 《고마쓰(小松綠) 통감부 외사국장 회고록》을 인용, 이같이 쓰고 있다. 송병준을 매국노라 부르는 이유도 바로 이런 까닭이다.

이토는 이처럼 일진회를 조종하여 한국 지도세력을 분열시켰 다. 그때 이완용과 송병준의 충성심 경쟁은 정말 볼만했다고 한 다. 이토는 이제 중앙정치는 별로 문제될 게 없었다. 다만 의병의 항일운동이 골칫거리였다. 그는 헌병대 조직을 크게 강화하고 밀 정을 키워 이를 진압하려 했다. 이토는 우선 전국 6분대 39개 관 구, 441개 분견소, 9개 파견소이던 헌병대 조직을 1908년 1월부터 4월 사이 51개 관구, 452개 분견소, 13개 파견소로 크게 늘리고 병 력도 6,608명으로 증원했다. 이 가운데 2,374명은 일본 헌병장교 이고 나머지 4,234명은 일본헌병 앞잡이 노릇을 하는 한국 출신 보조원이었다.

일본은 80여 만 엔의 예산을 들여 이들을 선발했다. 이들 헌병

보조원 대부분은 전국 각 지방의 부랑배들로 질이 나빠 그 횡포가 이루 말로 다할 수 없었다. 매천(梅泉) 황현(黃玹)은 "이들 헌병 보조원들은 불과 7엔 내지 14엔의 봉급을 받으면서 무고한 양민을 무수히 죽이고 사적(私的)인 원한을 앙갚음했으며 민족을 배신하고 사복을 채웠다"고 헌병보조원의 행패를 개탄하고 있다(《매천야록(梅泉野錄)》).

이토를 비롯한 일제 주체세력은 한국지배에 앞서 한국인 심리도 철저히 연구했던 것으로 짐작된다. 이토가 '시정개선을 위한 협의회'에서 처음부터 말한 "국민의 토지소유 개념이 희박하다", "궁 내부 정치가 문란하다"는 발언 등은 이를 미리 숙지하지 않고는 쉽게 말할 수 없는 내용이다. 특히 가쓰라 수상이 1907년 6월 10일 도쿄에서 우치다 료헤이 일진회 고문과 이완용 내각에 들어간 송병준 문제를 놓고 서로 나눈 이야기는 실로 우리에게 부끄러움을 금할 수 없게 한다.

가쓰라는 이 자리에서 "한국인의 성질은 자기 배만 부르면 모든 걸 잘 잊어버린다. 만일 일진회가 살찌도록 내버려두면 큰일을 그르치게 될 것이다. 그러므로 송병준에게 대사(大事)를 완수케 하려면 그를 모름지기 역경(逆境)에 두지 않으면 안 된다. 일진회라 하더라도 조국의 국가관을 버릴 수는 없는 노릇이다. 그들은 지금 도탄에 빠진 역경 때문에 애국충정을 억제하고 있을 뿐이다. 민자(民資)가 풍부하면 언제 조국의 편으로 돌아설지 모른다. 일본은 그가 일본만을 생각하도록 끊임없이 채찍질해야 할 것이다. 그가 졸업하는 날이 한국이 독립하는 날이다. 지금 당장 혁신을 도모하는 것은 잘못이다. 우리는 아직 보호의 실권을 장악하고 있지 못하기 때문이다"며 송병준의 입각 조치를 우려했다.

우치다는 이에 대해 "송병준을 입각시켜 일진회 세를 불리면 적을 위하여 칼을 가는 모양 같지만 실은 이완용파를 견제하기 위함이다. 송은 늘 이완용을 위하여 일하기를 두려워하고 있다. 둘 다 통감의 신용을 얻는 데 고심하는 경향이 있으므로 서로를 이간시켬 내자 뜻하는 대로 복종시킬 수 있다"며 송병준을 기용한 취지를 설명했다.

송병준은 끝까지 우치다의 기대를 저버리지 않고 일본이 원하는 것을 거뜬히 처리해 냈다. 일진회는 이토가 하얼빈에서 피살되자 그 기회에 친일 열성을 과시하기 위해 '사죄단'과 '동아찬영회(東亞讚英會)'를 조직하여 갖은 추태를 다 부렸다. 심지어 이토의 동상과 송덕비를 세워야 한다고 목청을 높이기도 했다. 게다가 이완용은 한술 더 떠서 각 학교에 3일 동안 휴교령을 내리고 이토의 사망에 대해 조의를 표하도록 지시했다.

이와 때를 같이 하여 가쓰라 수상과 야마가타 아리토모를 비롯한 한일합병론자들은 우치다 고문을 통해 마치 일진회가 스스로 한일합방을 바라고 있는 듯이 성명서를 만들도록 지시했다. 일진회는 이들의 의견에 따라 1909년 12월 4일 "한민족의 행복과 복지를 위해 한일 양국은 합방되어야 한다"는 내용의 한일합방 성명서를 발표했다. 이들의 관제(官制) 성명은 국민들의 성토와 규탄의 대상이 되었다. 따라서 일진회도 궁지에 몰려 탈퇴자가 속출했다.

이에 당황한 이용구 등은 '한성보신사(漢城普信社)', '대한상무조합소(大韓商務組合所)', '국민동지찬성회(國民同志贊成會)' 등 10여 개 유명무실한 단체를 매수하여 일진회의 한일합방 성명서를 지지하도록 부추겼다. 이처럼 반민족적 부일(附日)행위를 위해 안간힘을 다한 일진회도 1910년 8월 22일 한일합방과 함께 문을 닫아야만 할 운명에 놓이고 말았다. 일제가 뜻한 목적이 이루어지자 일진회를 해체키로 한 것이다. 일진회는 일본에게 단체해산료 명목으로 15만 엔을 받고 간판을 내렸다. 이때 송병준은 자작(子爵)이라는 칭호를 받았다. 그러나 이용구는 보상금 10만 엔을 받는 데 그쳤다.

이와 함께 이토가 당시의 요화(妖花) 배정자(裴貞子)를 양녀로 삼아 밀정으로 이용한 이야기는 너무도 유명하다. 이토는 1887년 김옥균을 통해 그녀를 알게 되었다. 배정자의 나이 꽃다운 열일곱이었다. 그녀의 빼어난 미모에 홀딱 반한 이토는 자기 집에 머무르게 하고 이름도 다야마 사다코(田山貞子)라고 직접 지어주었다. 그녀는 어렸을 때 배분남(裴粉男)으로 불렸고 배정자는 이토가 지어준 이름에서 비롯되었다. 말은 이토의 하녀 겸 양녀였지만 어린 여자를 좋아한 이토에게는 노리개나 마찬가지였다. 이토는 그녀가 자라면 조선침략을 위한 밀정으로 활용하면 좋겠다 싶어 이에 필요한 기초훈련을 시켰다. 수영·승마·자전거는 말할 나위도 없고, 사격술과 변장술에 방중술(房中術)까지 익히도록 했다. 이토는 또 동양정세와 일본의 침략계획 등을 그녀에게 가르치기도 했다.

배정자가 이처럼 이토의 딸이 되기까지 그 운명은 참으로 기구했다. 그녀는 1870년 김해(金海)에서 밀양부(密陽府) 아전이던 배지홍(裴祉洪)의 딸로 태어났다. 그러나 세 살 되던 1873년 아버지를 여의었다. 대원군이 권좌에서 물러난 뒤 불어닥친 숙청바람에 아버지가 역적으로 몰려 대구 감영에서 처형당한 것이다. 그때부터 집안은 말 그대로 산산조각이 났다. 엎친 데 덮친 격으로 어머니는 충격을 받고 눈까지 멀어버렸다. 딸을 데리고 이곳저곳으로 떠돌이 생활을 하던 어머니는 하는수없이 1882년 양산 통도사를 찾아가 딸을 맡아달라고 애원했다. 그 뜻이 받아들여져 배정자는 이때부터 여승이 되기 위한 승려수업을 받았다. 하지만 고행이 어려워서인지 그녀는 1년도 넘기지 못하고 절에서 나와 버렸다.

또다시 기방(妓房)을 기웃거리는 등 떠돌이 생활을 계속하였다.

방랑도 잠시 그녀는 죄적(罪籍)에 올라 있는 역적의 자손으로 곧 밀양관아에 붙잡혔다. 불행 중 다행이라고나 할까. 그때 그녀는 밀양부사 정병하(鄭秉夏)가 아버지와 잘 아는 사이여서 풀려날 수 있었다. 정병하는 그녀를 불쌍히 여겨 무역상으로 가장하고 부산에서 정탐활동을 하던 일본인 밀정(密偵) 마쓰오(松尾)에게 뒷일을 부탁했다. 그녀는 1885년 마쓰오를 따라 일본으로 건너갔다. 배정자는 도쿄에서 마쓰오의 소개로 갑신정변에 실패하여 망명해 있던 안경수(安駉壽)를 만난 데 이어 김옥균을 알게 되었다. 김옥균은 무슨 생각에서였는지 배정자를 이토에게 넘겨 주었다. 그때부터 그녀는 이토를 시중하면서 밀정(密偵) 교육을 받게 된 것이다.

이토에게 여러 가지 훈련을 받은 배정자는 마침내 1894년 스물네 살의 나이에 정탐원으로 조선에 파견되었다. 그녀는 그때 김옥균이 어윤중(魚允中)과 김홍집(金弘集) 등에게 보내는 편지와 안경수의 밀서를 지니고 있었다. 그러나 부산에서 서울로 올라오는 도중 체포되었다. 조사받는 동안 모든 비밀이 탄로나 심한 고초를 겪은 그녀는 이토의 양녀라는 신분을 앞세워 간신히 위기를 모면하고 일본으로 되돌아갔다. 배정자는 그 뒤 도쿄에서 고영근(高永根)을 만나면서 다시 조선에 올 수 있는 기회를 잡았다. 고영근은 명성황후 살해사건에 깊이 관여한 우범선(禹範善)을 일본에서 살해한 조선정부의 비밀요원이었다. 일본경찰은 그를 살인혐의로 붙잡아 정략적으로 이용하려는 음모를 꾸미고 있었다.

배정자는 고영근의 신임장을 갖고 1899년 주한공사로 발령 받은 하야시 곤스케(林權助)의 통역으로 따라왔다. 그녀의 임무는 일제의 조선침략에 장애가 되는 러시아 세력을 황실에서 몰아내는 일이었다. 배정자는 주로 일본공사관에서 생활하면서 고종에게 접근할 기회를 엿보았다. 그러던 어느 날 당시의 세도가였던 엄비(嚴妃)의 조카사위 김영진(金永鎭)을 알게 되어 황실로 들어갈 수 있었다. 엄비는 배정자를 곧 고종에게 소개했다. 고종은 그녀의 미모에 감탄하면서 일본에 대한 정보를 알려달라고 부탁했다. 배정자는 그 뒤 얼마 지나지 않아 미모와 뛰어난 일본어 실력으로 고종의 총애를 받게 되었다. 그녀는 궁중에 드나들면서 그곳에서 일어나고 있는 일들을 모두 하야시 공사에게 보고했다. 배정자는 그때 이용익(李容翊) 등 친러파 인사들이 러시아 세력을 끌어들여 일본과 전쟁을 벌이려 하고 있으며 고종이 일본 몰래 블라디보스토크로 갈 계획도 세워두고 있다는 내용 등을 빠짐없이 보고했다. 고종의 비밀외유계획은 그가 블라디보스토크로 갈 때 배정자를 데리고 가겠다고 약속하는 바람에 들통났다.

이 계획은 결국 일본의 간섭공작에 따라 실패로 끝났다. 이토의 예상대로 배정자의 활약은 날이 갈수록 진가를 발휘했다. 러일전쟁이 일어나자 만주로 가서 일본군을 따라다니며 돕는가 하면, 서울에서 친러파를 몰아내는 데도 큰 일을 해냈다. 고종의 친서를 이토에게 전하고 일본의 밀서를 고종에게 전달하기도 했다. 이토는 배정자가 고종에게 전달하려던 일본의 밀서가 문제되어 부산 앞바다에 있는 절영도(絶影島)에 유배되자 대리사절 등을 보내 위로하고 한국정부에 사면을 종용했다.

배정자는 이토가 초대통감으로 부임하고 친일내각이 들어서자 마치 제 세상을 만난 듯 기뻐 어쩔 줄을 몰랐다. 그녀의 오빠 배국태(裵國泰)는 한성판윤이 되고 동생은 경무 감독관에 오르기도 했다. 이는 무엇보다 고종이 그만큼 그녀를 총애했다는 뜻이다. 그럼에도 배정자는 1907년 헤이그 밀사사건으로 이토가 고종을 퇴위시키려 할 때 고종을 배신하고 이토를 적극 도왔다. 그녀는 또 서른다섯 살 때 재혼한 현영운(玄英運)을 육군총장, 삼남 순무사를 거쳐 궁내부 대신 서리 자리까지 끌어올리기도 했다. 배정자는 도쿄에서 김옥균의 도움을 받고 있을 때 대구 중군(中軍) 전도후(田道後)의 아들 전재식(田在植)과 결혼했으나 일찍 사별했다. 현영운은 재혼 당시 일본공사관 조선어 교사였다. 그녀의 주선으로 박두영(朴斗榮) 등과 함께 일본으로 유학, 육군사관학교를 졸업한 것으로 전해진다.

이토는 1909년 6월 통감을 그만두고 도쿄로 떠나던 날 그녀를 불러 "청나라의 움직임은 앞으로 조선과 일본은 물론 동양 전체에 커다란 영향을 미칠 것이다. 원세개(袁世凱) 부인이 조선인이라니 그대가 접근하여 일본과 청나라의 사이가 좋도록 힘써달라. 내 이상(理想)은 동양 3국을 병합하여 동양평화의 기초를 튼튼히 하는 데 있다"며 맡은 임무를 충실히 수행해 달라고 당부했다. 그러나 이토는 이러한 밀명이 실행에 옮겨지기도 전에 하얼빈에서 죽음을 맞이했던 것이다. 이토의 죽음으로 배정자는 한 때 기가 죽었으나 아카시 모토지로(明石元二郎) 조선주둔군 헌병사령관을 만난 뒤부터 일본이 전쟁에 져 손을 들 때까지, 같은 조선 여성을 일본군의 노리개로 바치는 등 일본의 앞잡이로 계속 악명을 떨쳤다.

남기지 말고 다 빼앗아라

이토 히로부미가 추구한 한국통치의 최대 목표는 경제수탈
이었다. 이는 러일전쟁 뒤 크게 늘어난 일본인 실업자와
부족한 식량문제를 재빨리 해결하기 위한 비상수단이기도 했다.
따라서 모든 시책은 마치 정당한 절차를 거쳐 한국의 자원을 빼내
간 듯이 수탈을 합리화하는 데 초점이 모아졌다. 그가 각종 법률
을 먼저 정비토록 하고 일본인 관료들을 한국정부조직에 집중 배
치하여 행정권을 장악한 이유도 그런 목적이었다.

메이지유신의 주체세력으로 일본 근대화 개혁에 앞장섰던 이토
는 내각총리의 경험 등을 통해 이미 행정요령과 정치인의 생리 등
을 꿰뚫고 있었다. 그만큼 한국조정을 요리하고 대신들을 다루기
는 그의 말처럼 식은 죽 먹기였다. 게다가 그는 유사시 언제나 쓸
수 있는 '무력'을 쥐고 있어 일을 더욱 수월하게 할 수 있었다. 이
토는 우선 한국정부 조직을 장악하는 일부터 손을 댔다.

앞서 잠시 설명한 대로 그는 부임하기가 바쁘게 통감부 설치 이
전 한국정부에 심어뒀던 일본인 고문들을 모두 통감부 보좌관 또
는 교관 등의 이름으로 한국정부 각 부서에 다시 배치했다. 특히

재무 관련 부서와 경찰기관은 다른 부서와 견주어 일본사람의 수가 훨씬 많았다. 이는 한국재정을 장악해서 실질적인 지배권을 확보하고 통감부 통치에 반대하는 한국민을 탄압하기 위함이었다.

이에 따라 궁내부는 일본인 고문이 아침 조회에 참석하여 왕실 일에 참견하며 업무를 간섭하기 시작했고, 군부는 일인 교관이 군정(軍政)을 송두리째 손안에 쥐었다. 탁지부(度支部) 또한 고문들이 정부 재정·징세·금융사무 등을 감독하고 내부·학부·농상공부 등도 이들이 판을 쳤다. 1907년 7월 한일신협약이 체결된 다음부터는 이들 일본인 고문과 보좌관들은 모두 한국정부 관리로 정식 발령됐다. 그러고도 모자라 일본은 자국에서 많은 유휴인력을 끌어들여 한국관리로 만들었다.

《조선병합 10년사》에 따르면 1909년 1월말 한국정부 관리로 발령된 일본인은 2,480명에 이르렀다. 이 가운데 466명은 직급이 다소 높은 고등관█[주1]이고 나머지 1,614명은 판임관이었다. 이를 다시 부서별로 나누면 재무관련 사무를 쥐고 있던 탁지부가 고등관 102명, 판임관█[주2] 860명 등 962명으로 가장 많았고, 법부가 393명(고등관 187, 판임관 206)으로 다음이며, 내부 373명(고등관 95, 판임관 278), 농상공부 206명(고등관 45, 판임관 161), 학부 106명(고등관 20, 판임관 86), 궁내부 27명(고등관 12, 판임관 15), 내각 13명(고등관 5, 판임관 8) 순이었다. 일본은 자국의 실업자 구제와 한국정부조직 장악이라는 일석이조의 효과를 거둘 수 있었다.

이토는 이처럼 1908년까지 행정관료들을 집중적으로 임명, 한국 행정을 접수한 데 이어 1909년에는 경찰관리들을 증원, 한국의 저

█ 주1   高等官 : 일제 관리등급의 하나. 모두 9등급으로 나누어 1, 2급을 칙임관, 3
        급 이하를 주임관이라 불렀다.
█ 주2   判任官 : 패전전 일본의 최하급 판명.

항세력 탄압을 위한 기반을 다졌다. 이에 따라 내부에 경무국을 신설하고 종전의 경무고문을 경시(警視)총감으로, 경무고문지부 보좌관을 경시로, 경무고문부 직원을 능력에 따라 경시·경부·순사 등으로 각각 발령하여 경찰의 지휘감독권을 차지했다.

이토는 1907년 10월 29일 "한국 경찰관은 당해 일본 관헌의 지휘감독을 받고 재한국 일본 신민(臣民)에 대한 경찰사무를 집행하기로 확약한다"는 내용의 경찰 사무집행에 관한 협약을 맺고 경찰통합의 법적 근거를 마련했다. 이 협약에 따라 내부(內部)에 직할 경시청이 생기고 각 도에는 모두 28개 경찰서와 43개 경찰분서, 337개 순사주재소가 신설됐다. 경기도에는 8개 경찰서가, 다른 도에는 1~3개의 경찰서가 들어섰다. 옛날부터 보수세력이 강하여 항일 성향이 짙은 충청·전라·경상지역은 다른 곳보다 경찰관서가 훨씬 많았다. 충청의 경우 경찰서는 공주 한 곳밖에 없었으나 경찰분서가 4개, 순사주재소가 40개나 되었다. 경상도는 진주·마산·부산·대구 등 경찰서 4개에 경찰분서 8개, 순사주재소 72개에 이르렀다. 전라도는 전주·군산·광주·목포 등 경찰서 4개, 경찰분서 7개 순사주재소 58개였다.

이토는 이와 함께 사법제도를 만들어 일본인을 배치해서 저항세력을 잡아들이는 온갖 탄압수단을 갖추었다. 그때 신설된 법원은 모두 125개였다. 지금의 대법원 격인 대심원이 경성에 설치되고 고등법원에 해당하는 공소원이 경성·평양·대구 등 3곳에 들어섰다. 나머지는 지금의 지방법원에 해당하는 구재판소(區裁判所)로 각 지역요소에 배치되었다. 재판소 역시 항일운동이 잦았던 경상·전라·충청지방에 많이 세워졌다.

이토는 이와 같은 탄압기관의 신설 또는 증강조치와는 반대로 한국군 수는 크게 줄였다. 과다한 군비(軍費)를 아끼자는 것이 명분이었다. 당시 재정이 빈약했던 한국정부는 군비부담이 다른 항목과 견주어 많았던 것은 사실이다. 1903년도에는 969만 7천 원(元)의 세출 가운데 군비가 412만 3천 원으로 전체의 43퍼센트를 차지했다. 당시 한국군 병력은 1만 6천여 명이었다. 이토에게는 한국인의 무장해제를 위한 좋은 구실이 아닐 수 없었다. 물론 속셈은 재정절약보다는 한국인의 무장을 해제하여 민족저항을 미리 막자는 데 더 큰 목적이 있었다.

이토는 철도와 통신의 확충에도 역점을 두었다. 이는 한국을 지배하는 데 필수조건이자 중국 대륙침략에도 없어서는 안될 수단이었기 때문이다. 특히 쌀과 산림자원을 산지에서 항구까지 대량 운반하는 데는 철도만한 교통수단이 없었다. 때마침 서울과 인천을 잇는 경인선이 1899년 9월 개통되고 서울과 부산 사이의 경부선도 1905년 1월 완공되어 그 실용성은 이미 증명되었다. 그래서 이토는 쌀이 많이 나는 곡창지대와 나무가 많은 삼림지대의 철도부설을 서둘렀다. 쌀 주산단지에서 국내 각 항구로 이어지는 지선철도는 사실상 이때부터 계획되어 본격적인 공사를 시작했다.

일본은 1906년 3월 20일 산림자원 운반과 군사목적으로 의주에서 강계에 이르는 선로를 준공한 데 이어 같은 해 4월 3일 경의선을 개통했다. 의주~강계 철도는 나중에 강계~장진~혜산진~무산으로 이어져 목재운반에 큰 몫을 차지했다. 1912년 3월에 완공한 군산선은 김제와 만경 등 호남평야에서 생산된 쌀을 군산항으로 옮기는 수탈의 표본이었다. 통감부 기록에 따르면 한국통감부가 1906년과 1907년 두 해 동안 철도건설과 선로보수에 쏟아 부은 돈은 5,294만 5,057엔에 이르렀다.

통감부는 통신기관도 모두 독점했다. 이토는 1905년 4월 1일 한국정부와 '한국통신기관 위탁에 관한 협약'을 맺고 한국의 통신사업 모두를 마음대로 관리할 수 있는 길을 열었다. 그때 설치된 통신기관은 우체국 12개, 출장소 41개, 우편전신취급소 1개, 우편수취소 46개, 전신취급소 10개, 임시우체국 335개 등 모두 445개였다. 이듬해(1906년) 1월 10일까지 53개소가 증설되고 1907년 3월 말에는 526개소로 처음보다 81개소가 늘어났다. 그러나 통감부의 한국 지배가 굳어진 1908년에 들어서는 오히려 487개소로 줄어들었다.

이들 통신기관에서는 통상우편사무·소포·외환저금·한국국고금사무·전신전보 등을 다루었다. 특히 국고금 업무는 세금을 더 원활히 받아들이기 위한 조치로 1906년에는 전국민에게서 19만 5,302원을, 다음해에는 610만 5,450원을 거두었다. 이는 한국 일반 경상 회계연도 세입금액의 4분의 3에 해당하는 액수였다. 이토가 시정 개선의 하나로 통신기관을 정비 장악한 이유를 분명하게 알 수 있는 대목이다. 이토는 이 밖에도 인천·부산·군산·목포·원산·청진·진남포·신의주 등 8개 항구에 대한 확장공사를 시작하여 1910년 마무리지었다.

이렇게 하여 통감부는 1908년 말까지 한국을 식민지와 다름없이 지배할 수 있는 제도적 기반을 거의 끝냈다. 그리고 1909년 초부터는 각종 자원수탈에 본격적으로 눈을 돌렸다. 이토는 식량 가운데서도 쌀에 대한 관심이 대단했다. 일본은 당시 식량이 크게 부족한 실정이었다. 선진국을 따라잡기 위한 각종 사회간접시설의 확충도 시급한 문제였다. 쌀은 바로 이런 문제를 해결하는 데 안성맞춤이었다. 그래서 한국쌀을 일본으로 더 많이 가져가기 위한 전략을 세웠다. 쌀 수탈정책은 동양척식주식회사(東洋拓殖株式會社, 東拓)로 이어졌다. 동척을 통해 쌀을 생산 수집하여 빼내기 위한 계략이었다. 동척은 자본금 1천만 엔으로 1908년 12월 28일 설립되었다. 겉으로는 한일합작으로 출발했으나 실속은 일본인 소유나 다를 것

없었다. 자본금도 다른 큰 회사들의 3만 엔 내지 130만 엔에 견주면 엄청난 액수였다. 기록에 따르면 당시 쌀값은 한 섬에 14엔 안팎이었으니 이를 환산하면 71만 4,300여 섬의 쌀을 살 수 있는 돈이다. 처음부터 한국농토를 쓸어 버릴 생각이었던 셈이다.

설립 당시 직원은 총재 1명, 부총재 2명, 이사 4명, 감사 3명 등 모두 67명으로 출발했다. 초대 총재는 남작이었던 우사가와 이치쇼(宇佐川一正)였다. 한국인으로는 민영기(閔泳綺)가 설립 때 부총재로 참여했다. 그 뒤 조진태(趙鎭泰), 백인기(白寅基), 박영철(朴榮喆), 이범익(李範益), 이종은(李鍾殷) 등이 이사를 역임했다. 동척은 부산·대구·이리·목포·대전·경성·원산·사리원·평양·간도 등 10개소에 지점을 두었다.

동척은 일본농민을 한국에 이주시켜 그들이 생산한 쌀을 가져가는 일이 주목적이었다. 후쿠자와 유키치의 〈조선정략론〉이 그가 죽은(1901년) 지 7년 만에 빛을 발하게 된 것이다. 후쿠자와는 1892년 7월 19일자 《지지신보(時事新報)》 사설을 통해 "일본 국내 정치를 안정시키려면 국민 관심을 나라 바깥쪽으로 돌려야 한다"고 전제하고 "조선에 일본인을 많이 이주시키는 일이야말로 일본 국내정치 위기를 극복하고 조선의 개화와 독립을 돕는 일"이라고 궤변을 늘어놓았다.

이민은 1종과 2종 두 종류로 나누어 실시했다. 1종은 자작경영 이민으로 이들에게는 논밭 6천 평 안팎을 배당하고 땅값은 연리 6퍼센트로 5년이 지나면 25년 동안 나누어 갚는 조건이었다. 2종은 소지주(小地主)의 소작경영을 대상으로 했다. 논밭 1만 5천 평 안팎을 할당하되, 그 가운데 3천 평 이내는 반드시 스스로 지어야 하고 나머지는 한국인에게 소작을 주어도 무방하게 했다. 땅값은 4분의 1을 한꺼번에 미리 받고 나머지는 연리 7퍼센트로 25년 안에 갚도록 했다. 아울러 한국에 와서 필요한 집, 농구, 종묘 등 구입비로 한 집에 200엔, 토지 복구 개량비로 500엔, 재해준비금 200엔 등 모두 900엔 한도에서 돈을 빌려주었다. 이 밖에도 더 많은 일본농민을 한국에 이주시키려고 각 부(府)와 현(縣) 등 지방관서에서는 연간 150만 엔 내지 600만 엔의 예산을 확보하여 보조비를 지급했다.

《동척연보》에 따르면 1909년 처음으로 실시한 동척 농업 이민에는 일본 전국에서 1,235호가 응모하여 160호가 승인을 받았다. 그러나 실제로 한국에 정착한 농가는 그 가운데 112호였던 것으로 기록한다. 이어 1910년의 제2회 이민에는 응모농가 1,714호 가운데 730호가 결정되었으나, 334호만이 실제 이주를 했다. 3년차부터는 이주 농가수도 부쩍 늘어났다.

1911년도에는 585호가 옮겨왔고, 1912년에는 510호, 1913년 384호, 1914년 257호, 1915년 197호, 1916년 308호 등으로 1925년까지 모두 3,882호가 한국으로 건너왔다고 연보는 밝히고 있다. 이들이 선택한 지역은 경남이 734호로 가장 많았고, 전남 693호, 경기 622호, 전북 570호, 황해 217호, 경북 428호, 충남 288호, 충북 15호, 함남 10호, 평북 5호, 강원 1호 순이었다.

이토는 이들 한국이주 일본농민들에게 나누어 줄 농토를 확보하기 위해 갖은 수단을 다 부렸다. 통감부는 1906년 〈국유 미간지(未墾地)이용법〉을 공포하고 궁내부 소유 역둔토(驛屯土)와 궁장(宮庄)을 국유지로 바꾸었다. 이들 농토를 국유지로 만들면 주인이 없어 그만큼 손쉽게 뺏을 수 있었기 때문이다. 잘 알려진 대로 역둔토란 역전(驛田)과 둔전(屯田)을 일컫는 말이다. 역(驛)은 정부 공문을 전달하기 위해 다니는 사람들에게 말을 제공하던 곳이었으며, 그 역의 운영비에 쓰도록 나라에서 내려준 땅을 역전이라했다. 둔전은 지방에 주둔한 군대의 식량과 관청경비를 충당하기 위해 마련된 국가땅이었다. 궁장은 왕실땅으로 비빈(妃嬪)이나 왕자가 거처하는 궁원(宮院)의 경비조달을 목적으로 하였다.

이토가 궁중과 조정을 분리하고 한국군 병력을 줄인 까닭도 그러한 토지수탈을 위한 검은 마음에서 출발하였다. 일본은 이에 앞서 1904년 9월 일본인에게 한국토지의 소유를 인정하도록 한국정부에 압력을 가한 데 이어 다음해 4월 미개간지 '기간인허(起墾認許)' 규칙을 제정하고 국유 미간지 개간권을 얻어 나중에 동척이 이를 관리 이용하도록 했다. 이와 같은 수법으로 동척은 1909년 한 해 동안 황해도 재령에 있던 180만 평을 비롯하여 봉산의 180만 평, 경남 창원의 180만 평, 서울 부근과 평남 남포 등의 200여 만 평 등 모두 9천여 만 평의 전국 역둔토를 접수했다.

통감부 직원들은 이를 "이는 세계에서 찾아볼 수 없는 일로 식민통치에 능한 독일도 폴란드에서 이처럼 짧은 기간에 많은 토지를 차지하지는 못했다"고 자랑했다고 한다. 동척은 또 1909년 4월 29일까지 모두 1,315건 3억 3,358만 5천 평의 미개간지 이용허가 신청을 농상공부에 제출하는 등 농지수탈에 혈안이었다. 그래서 1909년 6월 30일 현재 일본인 소유 한국토지는 1억 5,720만 평에 이르렀다.

그러나 동척은 이에 모두 790만 5천 엔의 많은 돈을 투자하여 확보한 듯이 과장하여 연보에 밝히고 있다. 이러한 강제약탈은 그 뒤 조선총독부의 토지조사사업으로 이어져 1917년 현재 2억 2,431만 4천 평을 일본인이 매입 또는 강제 흡수했던 것으로 조선총독부는 공식집계하고 있다. 당시 소유권 증명에는 별로 관심 없이 농사를 짓던 많은 한국 자작농민들이 농토를 그들에게 빼앗겨 울분을 토했던 일은 역사가 기록하고 있다.

이 같은 일제의 적극적인 농업이주정책으로 한국에 터를 잡은 일본인 수도 급격히 불어났다. 청일전쟁이 끝난 1895년 말에 한국에 살았던 일본인은 1만 2,303명이었으나 1906년 6월에는 10만 명을 육박했다. 그 뒤 4년이 지난 1910년에는 17만 1,547명에 이르렀다. 한국토지 수탈에 나선 주체는 동척만이 아니었다. 일본의 재벌들도 앞다투어 한국으로 건너왔다.

일본 대재벌의 하나였던 호소가와(細川)는 1904년 이미 전주 일대 3개군 100여 개 마을에 300만 평의 농토를 사들여 대농을 이루었다. 가와사키(川崎)는 익산과 함열 등지 3개군 135만 평을 확보했다. 또 오쿠라(大倉)는 군산을 중심으로 김제·만경·금구·익산·임피 등의 논 714만 평을 강제로 빼앗거나 공짜나 다름없는 싼값에 사들여 일본인이나 한국인에게 소작케 하여 생산된 쌀을 일본으로 실어갔다. 원산에서는 500평의 땅이 단돈 50전에 일본인들에게 팔렸다고 한다. 또 1엔만 가져오면 아무리 기름진 논이라도 1천 평을 살 수 있었다는 기록을 보면 그들의 횡포가 어떠했는지를 짐작할 수 있다. 하지만 한국인은 일본인들보다 170배 이상 값을 주고도 살 수 없는 실정이었다.

1908년 현재 한국에 진출한 일본 재벌 대농은 이들말고도 군산 일대를 중심으로 하던 사토(佐藤)를 비롯하여 옥구 축동의 미야자키(宮崎), 만경의 가사이(笠井), 부안의 오모리(大森)와 구마모토(熊本), 김제의 요시다(吉田), 이노우에(井上), 기바(木場), 전주의 후지이(藤井) 등이 있었다. 이 때문에 군산항은 쌀 상인들로 항상 북적거렸다.

그렇다면 이들이 수탈해 간 쌀은 과연 얼마나 될까. 통감부가 가지고 있던 당시의 통계를 찾을 수 없어 정확한 양을 확인할 수 없으나 강점 뒤의 통계로 미루어 짐작할 수 있다. 1934년에 발표한 조선총독부의 통계에 따르면 1910년에는 153만 2,297섬의 한국 쌀을 일본으로 가져갔다. 이어 1914년에는 115만 6,141섬을, 1919년에는 269만 9,141섬을, 1924년엔 458만 1,780섬을, 1929년에는 536만 2,105섬을, 1933년에는 734만 719섬을 각각 수탈한 것으로 집계한다.

통계는 연구서마다 상당한 차이가 있다. 미승우(米昇右)가 쓴 《일제농림수탈상(日帝農林收奪相)》에 따르면 1933년에 전국의 쌀 생산량은 1,819만 섬으로 이 가운데 934만 섬이 일본으로 빠져 나갔다는 것이다. 생산된 쌀을 2천여 만 명의 한국사람이 모두 써도 모자란 실정을 감안하면 가혹한 착취가 아닐 수 없다.

통감부시대 우리나라 항구에 드나들던 선박수를 보면 수탈실태를 더욱 실감할 수 있다. 이토가 통감지배체제를 거의 완성한 1908년도에는 전국 각 항구에 입항한 선박은 모두 8,511척으로 이 가운데 72퍼센트인 6,116척이 일본선박이었다. 각 항구에 세운 일본인 상사(商社)는 143개나 되었으며 이들의 자본금은 모두 1억 5,100만 엔에 달했다. 1903년 은진(恩津)과 옥구 사이에 벌써 전화가 놓였던 점을 미루어 보면 일본이 쌀을 가져가려고 얼마나 치밀한 계획을 세웠던가를 확인할 수 있다.

인천에서는 1899년부터 벌써 일본인들이 대량 곡물거래를 시작하였고 부산에서는 1906년 곡물 현물시장을 개설하였다. 인천항에는 경기도와 황해도의 쌀이 모였다. 1931년에 뚫린 수원·여주 사이의 철도 수려선과 1937년에 개통한 수인선은 지금은 모두 폐쇄되었으나 당시에는 경기도 남부 곡창지대의 쌀을 인천까지 나르기 위한 중요한 수송수단이었다. 인천항에서는 1930년대 초반까지 해마다 150만에서 190만 섬의 쌀이 일본으로 실려 나간 것으로 기록되어 있다.

일제의 수탈은 목재로도 이어졌다. 이토는 1906년 10월 19일 한국 정부와 삼림경영에 관한 약관을 맺었다. 그는 약관 없이도 수탈이 가능했지만 세계의 눈을 의식했던지 이러한 형식만은 꼭 갖추었다. 일제는 한국의 삼림을 벌채 가공할 목적으로 1907년 3월 고베(神戶)에 일본임업(日本林業)이라는 회사를 세웠다. 그리고 통감부 영림창(營林廠)과 공동으로 한국의 삼림벌채에 나섰다. 이로써 일본은 압록강과 두만강 연안의 삼림경영권을 모두 손 안에 넣었다.

일본은 1907년 4월 1일 혜산진에 통감부 영림창의 지창을 설치하고 백두산 지방의 산림벌채와 목재가공을 시작했다. 혜산진은 이때부터 목재 집산지로 유명해졌다. 혜산진 지창은 패전 때까지 압록강 유역뿐만 아니라 개마고원 일대의 삼림도 관장했다. 통감부 연보에 따르면 1907년도 전국의 목재와 판자 수탈액은 모두 1,437만 엔이었다. 이를 1911년 쌀값(14원 12전)으로 환산하면 1만 섬을 살 수 있는 돈이다. 액수를 줄여 보고하는 속성과 초창기인 점을 감안하면 수탈이 어느 정도였는지를 가늠해 볼 수 있다.

통감부는 이어 1908년 1월 20일부터 한국 전체 임야에 대한 실태조사를 끝내고 〈국유 삼림산야 보호규칙〉을 만들었다. 국유 삼림을 빼앗기 위한 조치였다. 1909년 7월에는 전국 각지에 벌목 사무소를 설치하여 본격적인 벌채·가공을 시작했다. 특히 두만강 상류의 나무는 주로 낙엽송으로 수령이 보통 300년을 넘었다. 이들 낙엽송은 재질이 곱고 내구력이 강해 전주(電柱)나 철도 받침목으로 많이 이용되었다. 소나무는 선박 건조용으로 공급됐다.

이토는 금광에 대해서도 관심이 높았다. 청일전쟁이 끝난 뒤 일본이 한국에서 수입해 간 금괴 액수를 보면 그들이 얼마나 금을 중요하게 여겼는지를 짐작할 수 있다. 1894년도에는 63만 9천 엔어치의 금괴를 한국에서 가져간 데 이어 1895년에는 95만 3천 엔,

1896년 80만 3천 엔, 1897년 94만 8천 엔, 1898년 119만 3천 엔, 1899년에는 204만 9천 엔어치를 각각 수입해 갔다. 또 1900년에는 306만 5천 엔. 1901년 485만 7천 엔, 1902년 500만 4천 엔, 1903년에는 545만 6천 엔어치로 해를 거듭할수록 유출량은 많아졌다. 따라서 이토는 한국 안의 금채취 광업권을 일본인에게 우선 허가해 주도록 관리들을 독려했다. 이 밖에도 일본인들은 돈이 되는 물건이면 수탈을 가리지 않았다. 옛날 도자기와 골동품은 말할 나위도 없고 심지어 고서(古書)와 민화(民畵) 등도 수집해 갔다.

이상에서 살펴본 것과 같이 이토의 한국자원 수탈정책은 빈틈없이 치밀했다. 일제 36년 동안 이어진 수탈은 바로 이토가 초석을 놓은 것이다.

4. 천민의 아들에서

리스케에서 이토로

부하를 '텐노(天皇)'로

우물 밖으로

주선의 귀재 – 정한(征韓) 음모

2인자의 자리를 딛고

리스케에서 이토로

이토 히로부미는 앞에서 설명한 것처럼 우리 민족 역사에서 악명을 떨친 '조선침략의 원흉'이었다. '동양평화를 파괴한 일본 제국주의의 괴수(魁首)'이자 우리의 공적(公敵) 1호이기도 하다. 그러나 일본 쪽에서 보면 그는 근대일본의 기틀을 마련한 대표적인 정치가였다. 마흔네 살에 초대 총리대신에 올랐으며 추밀원 의장 자리도 그가 테이프를 끊었다. 총리를 네 번이나 역임하면서 헌법을 제정하고 국회를 개설하기도 했다. 일본학계는 메이지 정계를 대표하는 제1급 정치가로 그를 주저 없이 손꼽는다. 그의 성공비결은 과연 무엇일까.

이토는 1841년 9월 2일 조슈번(長州藩) 구마게군(熊毛郡) 쓰카니(束荷) 마을에서 농부의 외아들로 태어났다. 아버지가 어렸을 때 지어준 이름은 리스케(利助)였다. 그러나 자라면서 자그마치 20번이나 이름을 바꾸었다. 리스케(利介 또는 利輔), 도시스케(俊助 · 俊介 또는 俊輔), 순스케(春輔 또는 舜輔), 오치 후타로(越智斧太郎), 하나야마 순보(花山春輔), 데보나, 하나야마 순타로(花山春太郎), 요시무라 소조(吉村莊藏), 하야시 우이치(林宇一), 무도쿠(無德), 시

칸(子簡), 기센(義詮), 기초(義澄), 마사미쓰(正光), 준신(醇臣) 등
이 그가 쓰던 이름이다. 당시 일본에서는 어른이 되면 어릴 적 이
름을 버리고 새로 짓는 것이 하나의 관례였으나 이토는 사정이 좀
달랐다. 유명인사를 살해하는 등 테러로 쫓기는 일이 잦아 신분을
감추기 위해 이처럼 이름을 자주 바꿨다고 한다. 이토는 이 가운
데 도시스케(俊輔)를 즐겨 썼다. 히로부미(博文)는 1868년 9월 이
후 그가 유신정부에서 중책을 맡으면서 쓰게 된 이름이다.

아버지 이름은 주조(十藏), 어머니는 고토코(琴子)였다. 아버지
조상은 오치(越智)라는 설도 있고 하야시(林)라는 말도 있으나 어
느 쪽도 확실하지 않다. 당시 무사계급 이하는 성씨가 없었기 때
문이다. 이토의 부모는 쓰카니 마을에서 농사를 지었으나 추수철
에도 창고에 쌀 한톨 없을 정도로 가난했다고 한다. 그래도 아버
지 주조는 마을의 귀찮은 일을 도맡아 할 만큼 의협심이 강했다.
한마디로 가난한 사람을 위해 헌신하는 '봉사자'였다.

그런 주조가 어느 날 번(藩) 정부 연공미(年貢米)에 손을 대고
말았다. 쌀 12석을 몰래 빼내 유용한 것이다. 주조는 이를 갚기 위
해 하는수없이 집을 팔고 아내와 아들을 처가에 맡긴 뒤 마을을
등졌다. 그리고 전국을 돌아다니다가 마침내 하기(萩)의 조슈번
성(城) 밑에 이르렀다. 주조는 거기서 닥치는 대로 일용 잡일을
하거나 쌀 방아찧기 등을 하며 입에 풀칠을 했다. 열심히 일하는
모습이 조슈번 시종(侍從)의 눈에 들어 그 집 머슴이 될 수 있었
다. 이름도 주인 성을 따서 나가이 주조(長井十藏)라고 고쳤다. 그
는 생활이 안정되자 성에서 멀리 떨어진 곳에 초가집을 구해 아내
와 아들을 불러왔다.

리스케가 아홉 살 때였다. 이들이 살던 초가는 아직도 남아 있
으나 정말 어떻게 들어가 살 수 있었는지가 의심될 정도로 초라하

다. 리스케는 이곳에서 소년시절을 보냈다. 그는 영양상태가 좋지
않아 태어나면서부터 얼굴이 창백했다. 그래서 어린이들이 늘 '표
주박' 또는 '푸른 표주박'이라고 놀렸다. 하지만 머리가 비상해 줄
곧 골목대장 노릇을 했다. 리스케는 어느 날 전쟁놀이를 하다가
자기편이 불리해지자 반대편 아이들을 들판으로 꾀어내어 도망갈
길을 막아놓고 불을 질렀다고 한다. 승리는 물론 리스케 쪽이었
다. 그러나 상대편 아이들이 화상을 입어 그의 어머니가 이웃에
사과하러 다녀야만 했다. 그의 번뜩이는 기지와 승부근성을 엿볼
수 있다.

　주조는 1854년 이토 나오우에몬(伊藤直右衛門)이라는 하급무사의
양자로 들어갔다. 이에 따라 가족 모두가 이토라는 성씨를 갖게
되었다. 신분도 무사계급의 최하급인 아시가루(足輕)에 불과했지
만 무사반열에 오를 수 있게 되었다. 리스케도 열네 살 때 비로소
이토 리스케라는 정식 이름으로 다시 태어난 셈이다. 그때 아들이
없던 나오우에몬은 '주조는 썩 탐탁한 사람이 아니지만 그 아들이
장차 반드시 큰 인물이 될 것'이라며 양자로 기꺼이 맞아들였다고
전해진다.

　그 무렵 쇄국정책으로 일관하던 일본 막부는 미국 페리함대가
우라가(浦賀)항에 들어와(1853년 7월 8일) 개국을 강요하면서 국정
이 크게 흔들렸다. 막번(幕藩)체제 출범(1603) 뒤 처음으로 위기를
맞은 막부는 1856년 각 번(藩)에 에도(江戶)의 경비를 지원해 주도
록 요청했다. 조슈번도 미우라(三浦) 반도의 가미미야타(上宮田)에
진영을 설치하고 경비원을 파견했다. 이때 열여섯 살 된 리스케도
경비원으로 뽑혀 처음으로 바깥 세상을 구경하였다. 그때만 해도
일반 국민은 번 밖으로 출입하는 것을 엄격히 규제하여 같은 일본
안에서도 좀처럼 자기 번을 벗어날 수 없었다.

리스케는 다행히 그곳에서 상급자 구루하라 료조(來原良藏)의 눈에 들어 그의 조수가 되었다. 구루하라는 유신삼결(維新三傑) 가운데 한 사람이었던 기도 다카요시(木戶孝允)[주1]의 여동생 남편으로 학문이 깊고 식견이 높은 조슈번의 중급무사였다. 구루하라는 조수 고용관례에 따라 리스케에게 의식주를 모두 해결해 주며 따뜻하게 대우했다. 뿐만 아니라 그는 리스케에게 무사도(武士道)를 가르쳐 주기도 했다. 무사들에게 빼놓을 수 없는 필수과목은 말타기였다. 승마를 못 하면 결정적 순간에 제 역할을 다할 수 없기 때문이다. 원래는 리스케와 같은 중급 이하의 신분은 승마를 할 수 없게 되어 있다. 말하자면 리스케에게는 대단한 특혜였다. 태어나 처음으로 타본 말이어서 리스케는 안장에 엉덩이가 찢겨 피가 나기 일쑤였다. 여기서 그는 무사로 단련하여 후일 이름을 떨치는 기초를 배웠던 것이다.

구루하라는 무예(武藝)의 대가로 무술에 관한 한 모르는 것이 없었다. 리스케는 구루하라를 만나서 무사도에 눈을 떴고 인생에 대해서도 알게 되었다. 구루하라는 살아있는 교범이었다. 게다가 구루하라는 리스케를 처남인 기도에게 쓸 만한 청년이라고 소개까지 해주었다. 기도를 만나게 된 행운이야 말로 리스케의 운명을 바꾸는 계기였다. 다음에 설명하겠지만 리스케는 나중에 기도의 비서로 발탁되기도 한다. 유신지사들 사이에 이름이 알려지고 지사로서 운신의 폭이 넓어진 것도 기도의 비서가 되면서부터였다.

구루하라는 리스케와 함께 1년 뒤 교대하여 하기로 돌아왔다. 그리고 리스케를 요시다 쇼인(吉田松陰)에게 소개하고 쇼카손주크(松下村塾)에서 학문을 배울 수 있게 했다. 쇼카손주크는 리스케가

주1   당시 이름 桂小五郎.

살고 있던 집에서 그리 멀지 않았다. 요시다는 과격한 존왕양이 (尊王攘夷) 운동가였다. 나중 대정치가가 됐을 때 리스케는 그에게 영향을 별로 받지 않았다고 부정하지만 요시다는 리스케가 성장하여 '지사(志士)'로 활약케 한 스승이었다.

리스케는 쇼카손주크에서 다카스기 신사쿠(高杉晋作)를 비롯하여 구사카 겐스이(久坂玄瑞), 이노우에 가오루 등 많은 유신지사들과 사귀며 청년기를 보냈다. 그리고 구사카 겐스이와 다카스기 신사쿠 등이 조직한 '미다테구미(御楯組)'에 들어가 반(反) 막부운동을 벌였다. 리스케는 요시다의 지시에 따라 3개월 동안 교토에 머무르며 정정(政情)을 살피고 돌아와 보고하기도 했다. 그는 그때 이미 막번체제가 막다른 골목에 이르러 이대로 가다가는 일본도 외국의 식민지가 될 수 있다는 위기상황을 처음으로 알게 되었다고 한다. 일본 위기론은 요시다 쇼인의 평소 지론으로 리스케는 이 시기에 이를 실감하고 사상적으로 눈을 떴다고 할 수 있다. 그런 의미에서 3개월 동안의 교토 출장은 대단히 유익한 여행이었다.

이어 리스케는 구루하라를 따라 나가사키로 갔다. 나가사키는 당시 일본이 외국에 열어둔 유일한 창구로 외국사정을 한눈에 파악할 수 있는 곳이었다. 항구에 나가면 어마어마하게 커다란 외국 선박을 직접 눈으로 볼 수 있었을 뿐 아니라 서적을 비롯한 각종 외래물건이 즐비했다. 따라서 나가사키 출장도 그에게는 식견을 넓히고 안목을 키우는 데 중요한 경험이었다. 하지만 나가사키에서 돌아온 뒤 그가 믿고 따르던 구루하라에게 불미스러운 일이 일어났다. 그가 독단으로 중간 무사들에게 서양식 훈련을 시켜 번에서 처벌을 내린 것이다. 근신처분을 받은 구루하라는 처남인 기도에게 리스케를 돌봐주도록 부탁했다. 진작부터 리스케의 장래성을 예견하고 머릿속에 담아두었던 기도는 자기의 비서로 삼아 에

도로 데리고 갔다.

리스케에게는 전화위복이었다. 기도는 에도에서 대검사(大檢使)라는 직책을 맡고 있었다. 그는 젊은 무사 가운데서도 번에서 손꼽히는 중직(重職)관리였다. 리스케는 에도에 있던 조슈번 관사에서 기도와 함께 생활하며 그를 도왔다. 리스케는 어느새 행동이 기민한 무사가 되었다. 물론 나중의 일이지만 소매치기를 잡은 에피소드에서 그가 얼마나 빨랐는지를 엿볼 수 있다. 중년 무렵 그가 긴좌(銀座)를 걷고 있을 때 소매치기가 바지 호주머니에 손을 넣었다. 그는 순간 반사적으로 그의 손을 붙잡아 넘어뜨린 다음 노점상에서 끈을 빌려 손발을 묶어버렸다. 정말 몇

사이고 다카모리 등과 함께 삿조연합을 형성하여 유신을 성공시킨 조슈의 대표 기도 다카요시(木戸孝允). 유신3걸의 한 사람이었으나 44세의 젊은 나이에 죽어 결국 이토의 출세를 도운 셈이었다.

초도 안 될 만큼 눈 깜짝할 사이였다고 한다.

그런 가운데 1858년 막부가 반막부세력을 대대적으로 탄압한 '안세이다이고쿠(安政大獄)' 사건이 일어났다. 하시모토 사나이(橋本佐內), 라이산 주사부로(賴三樹三郎) 등이 붙잡혀 목이 잘리고 스승인 요시다 쇼인도 다음해 10월 27일 처형되었다. 요시다의 유해는 정말 처참했다고 한다. 리스케와 기도 등이 장례를 치르러 갈 때까지 시체는 거죽에 덮여 방치되고 있었다. 온 몸은 피투성이였고 머리와 몸체가 따로 떨어져 차마 눈을 뜨고 볼 수가 없었다. 리스케 등은 유체를 잘 씻어 관속에 넣으려 했으나 교도관이 못하게 했다. 이들은 하는수없이 각자 입고 있던 옷을 벗어 입히고 리스케가 혁대를 풀어 유체를 묶고 옹기관에 넣어 땅에 묻었다.

리스케에게 스승의 참살은 참으로 큰 충격이었다. 리스케는 그때부터 기도의 지휘 아래 존왕파의 무력테러 활동에 적극 가담하

기 시작했다. 앞에서 잠시 언급했듯이 그는 시나가와에 있던 영국 공사관을 습격(1862년 12월 13일)하여 불을 질렀다. 주모자는 다카스기 신사쿠로 이노우에 등과 함께 일을 저질렀다. 건물은 완공되어 있었으나 사람이 살지 않아 인명피해는 없었다. 건물은 막부 소유였으므로 막부가 경제적 손실을 입었을 뿐 영국의 피해가 없어 외교문제로 번지지 않고 범인수사는 흐지부지 되고 말았다. 막부에는 조슈번 출신들의 소행으로 알려졌다. 현장에 흘린 유류품에서 이를 확인할 수 있는 증거가 나왔기 때문이다. 그러나 막부는 모른 채 하고 넘어갔다. 또 조슈번도 범행에 가담한 구사카 겐스이 등을 교토 근무로 발령하여 에도에서 피하게 했다.

아무튼 방화자체는 광고효과가 커서 양이론자들을 기쁘게 했다. 리스케는 8일 뒤 야마오 요조(山尾庸三)와 함께 당시 유명한 국학자(國學者)였던 하나와 호키이치(塙保己一)의 아들 하나와 지로(塙次郎)를 큰길가에서 칼로 찔러 죽였다. 하나와가 막부의 지시에 따라 텐노 폐위의 전례를 조사하고 있다는 이유였다. 미국의 개항요구를 견디다 못한 막부는 하는수없이 문호를 개방하기로 방침을 세우고 왕의 재가를 얻을 계획이었다. 하지만 고메이(孝明) 왕은 외국인을 극도로 싫어하여 칙허(勅許)를 얻어내기가 그리 쉽지 않을 거라 판단하였다. 그래서 막부가 고메이를 퇴위시키려 한다는 소문이 퍼졌다. 이에 앞서 안도 노부마사(安藤信正)도 폐제(廢帝)의 선례를 조사하다 변을 당했다. 존왕양이론자들은 이들을 처벌하는 행위는 당연하다는 생각이었다.

이토는 먼저 도쿄 구지조(麴町)에 있던 하나와 집을 찾아가 국학을 배우고 싶다며 면회를 요청했다. 그의 얼굴을 알아두기 위해서였다. 가족과 문하생들이 지켜보는 가운데 칼을 휘두르면 일이 더욱 커질 수 있기 때문에 밖에서 일을 도모하기로 마음먹었다고 한다. 그러려면 얼굴 확인이 필수였다. 마침내 이토는 1862년 12월 21일 밤 도쿄 구단시타(九段下) 언덕에서 몰래 숨어 있다가 귀가하던 그를 살해했다. 그를 따라가던 문하생 가토(加藤一周)도 아무 죄 없이 무참히 희생되었다.

사실 하나와가 당시 막부에서 지시 받은 일은 고메이 왕의 폐위 문제가 아니라, 1636년 이전 막부가 외국인을 어떻게 예우했는지의 선례를 알아보는 것이었다. 그런데 헛소문이 무고한 국학자의 목숨을 빼앗은 꼴이었다. 사건 뒤 이토의 옷에는 핏자국이 낭자했으나 그는 관사로 돌아올 때까지 까맣게 몰랐다고 한다. 이토는 이 사실을 아무에게도 말하지 않다가 1871년 이와쿠라 구미사절단의 일원으로 미국에 갈 때 다나카 미쓰아키(田中光顯)에게 당시 상황을 설명했다. 다나카는 이를 잘 기억해 두었다가 이토 전기가 편찬될 때 증언했다는 것이다. 오해를 받은 하나와 지로는 정말 억울한 일이었으나 그래도 이토는 폐위조사를 진정한 목적으로 믿고 있었다고 한다.

이와 같이 페리함대 내항 이후 일본에서는 국가장래를 걱정하는 '지사'들이 출현하여 판을 쳤다. 그 수가 200만 명을 넘었다고 하니 당시 일본 사회상이 어떠했는가를 짐작할 수 있다. 이는 일본 역사의 큰 물결이기도 했다. 물론 지사들 가운데는 여러 부류가 있었다. 유신삼걸로 불리는 사이고·오쿠보·기도 등이 지사였고, 요시다 쇼인의 문하생으로 유신활동에 참가한 인물들도 모두 마찬가지였다. 또 지사활동을 모두 암살로 귀결 짓는 테러리스트도 물론 지사의 범주에 포함되었다.

《시덴 이토 히로부미》의 저자 미요시 도루는 "지사 이미지에 가장 어울리는 사람은 사카모토 료마(坂本龍馬)였으나 터무니없이 칼을 휘두른 자도 역시 지사였음에는 틀림없다"고 풀이한다. 그들은 국사(國事)를 바로잡는 활동의 하나로 또는 정치적 수단으로 암살을 용인하고 있었기 때문이라는 설명이다. 하지만 테러를 국사활동의 하나로 생각한 사람들은 제1급 지사는 아니었다고 그는 덧붙인다. 말을 바꾸면 암살을 정치적 수단으로 보는 사람은 지사로서의 뜻이 상대적으로 낮았다는 해석이다.

일례로 기도 다카요시(木戶孝允)는 검도 도장의 원장으로 검기(劍技)의 우두머리였지만 결코 사람을 향해 칼을 뺀 일은 없었다고 한다. 이미 앞장에서 설명했듯이 테러를 해본 경험을 가진 총리대신은 이토를 제외하면 아무도 없다. 가쓰라 다로(桂太郎)와 야마가타 아리토모(山縣有朋)와 같은 일류 무사들도 전쟁에서 칼을 휘두른 적은 있지만 사람을 죽인 적은 없다. 다시 말하면 이토 도시스케(伊藤俊輔)는 1862년 12월 시점까지는 앞으로 정치 최고 지도자가 되겠다는 욕심은 감히 부릴 수도 없는 하급지사의 한 사람에 지나지 않았다는 것이 미요시의 해석이다.

그러나 이토에게도 의식전환의 기회가 왔다. 1863년 조슈번 번사(藩士)로 영국유학을 가게 된 것이다. 이토는 이에 앞서 3월 20일 사령장을 받고 마침내 무사가 되었다. 일행은 이노우에 가오루 등 다섯 명이었다. 유학을 추진한 사람은 이노우에였다. 처음에 이토는 그 안에 들어 있지 않았다. 이토는 이노우에에게 자신도 넣어주도록 간청했다. 조슈번 번정가(藩政家)였던 스후 마사노스케(周布政之助)는 이토의 외국행을 허락했으나 번에서 도울 수 있는 돈은 600냥뿐이라고 난색을 표했다. 다섯 사람이 1년 동안 유학하려면 적어도 한 사람당 1천 냥씩 5천 냥은 필요했다.

스후가 번주의 허락 없이 줄 수 있는 그런 큰 돈은 실제로 없었다. 학자금이 부족하니 유학은 당연히 보류였다. 이토는 실망하고 있던 이노우에에게 "아자부(麻布) 관사에는 대포 구입용 돈이 1만

냥이나 있으나 막부의 감시가 두려워 사지 못하고 있다. 그 1만 냥을 우리들이 쓸 수 있게 설득하면 되지 않을까. 우리들을 외국에 보내는 것은 장래 '살아 있는 무기'를 구입하는 일과 같으므로 대포를 사는 쪽보다 유리하다"며 설득해 보도록 제안했다. 이노우에는 이토의 말대로 "살아있는 무기를 구입하는 데 무얼 망설이느냐"며 스후를 설득시켜 결국 그 가운데 5천 냥을 유학자금으로 돌릴 수 있었다. 스후는 "나는 모른 척 할 테니 가지고 가라"며 어쩔 수 없이 승낙했다는 것이다.

이토 일행은 그해(1863) 5월 12일 요코하마항을 출발했다. 이토의 나이 스물두 살이었다. 일행은 5일 뒤 상해에 도착했다. 상해항에는 서양의 기선과 군함이 빈번히 출입하고 있었다. 이토는 상해에 도착하고서도 양이론자의 시각을 여전히 버리지 못했다. 그러나 이노우에는 상해의 광경을 목격하고 나서 양이(攘夷)가 얼마나 무모한 일인가를 실감했다. 이노우에는 이토에게 "일본에서 그리 멀지 않은 곳에 이런 일이 벌어지고 있다니 정말 충격이다. 외국인 배척은 나라를 망치는 짓이다. 서양과 적극적인 교류를 통하여 국가발전을 도모할 수밖에 없다"고 생각을 털어놓았다. 이에 이토는 "이제 겨우 상해에 왔을 뿐인데 양이의 뜻을 그렇게 쉽게 바꾸다니 이해할 수 없다"며 시큰둥했다고 한다.

일행 가운데 영어를 할 줄 아는 사람은 이노우에 마사루(井上勝) 뿐이었다. 그는 1843년 생으로 이들 가운데 가장 나이가 어렸다. 상급무사 이노우에가(井上家)의 셋째 아들이었으나 어렸을 때 360석의 녹을 받는 노무라가(野村家)의 양자로 들어가 1857년 나가사키에서 네덜란드인에게 병술을 배웠다. 그는 다음해 에도에 있던 보초 감시소에서 일하다가 곧 하코다테(函館)로 옮겨 영국 영사관원에게 영어를 배웠다. 따라서 일행은 그에게 모든 일을 맡겼다.

마사루는 우선 영국인이 경영하는 저든 머디슨 상회에 들어가 지배인 케스위크에게 런던까지 가는 배 편을 부탁했다. 요코하마 지점에 근무하던 케스위크의 동생이 형에게 소개장을 써준 덕이었다. 이토와 이노우에는 300톤급 페가서스호를 타고 먼저 떠나고 나머지 세 명은 열흘 뒤 화이트업더라는 범선에 승선했다. 출발 전 이토는 아버지에게 편지를 보냈다.

"저는 일찍이 공용(公用)으로 교토에서 에도로 내려왔는데 이번에는 외국으로 가게 되었습니다. 국가에 봉사하는 일로 생각하여 말씀도 여쭙지 않고 저만의 생각으로 이런 중대한 일을 결정하게 되었습니다. 걱정을 끼쳐드려 대단히 죄송합니다. 세간에는 한편으로 비방도 있을 수 있는 일이어서 더욱 고심하고 계실 것을 생각하면 눈물이 절로 납니다. 그러나 지금은 비상시기라 보통을 뛰어넘는 일에 부딪치지 않고는 도저히 큰 공(功)을 세워 임금의 은혜에 보답하기는 어렵다고 판단하여 이렇게 가게 되었습니다. 아무쪼록 걱정 마시고 다른 여러분들에게도 잘 말씀해 주시기를 두 손 모아 빕니다."

이상에서 읽을 수 있듯이 이 편지에는 이토의 본심이 잘 드러나 있다. 편지글처럼 그는 평범한 일로는 공훈을 세우기가 어렵다는 생각이었다. 이토는 일찍부터 서양에 가는 것이 꿈이었다. 외국에 가서 서양학문을 몸에 익혀 귀국하면 고급관료로 활약할 수 있다고 믿었다.

둘을 태운 페가서스호는 인도양을 거쳐 희망봉을 돌아 대서양으로 나아갔다. 둘은 어느새 여유가 생겨 선원들에게 영어를 배웠다. 모르는 단어는 갖고 있던 《영화대역수진사서(英和對譯袖珍辭書)》에서 뜻을 찾아 외웠다. 이들은 이렇게 하여 4개월 동안의 항해 끝에 9월 23일 아침 겨우 런던에 닿았다. 놀랍게도 10일 늦게 상해를 출발한 세 명은 5일 전 이미 도착해 있었다.

이토는 영국협회 회장인 알렉산더 윌리엄 박사 집에서 마사루, 엔도와 함께 하숙을 하며 영어를 배웠다. 이들은 관청과 의회는 말할 것도 없고 조선소·공장·박물관·병영시설 등을 샅샅이 돌아보았다. 일행은 영국을 유학지로 선택하기를 정말 잘한 일로 생각했다. 세계에서 가장 먼저 산업혁명을 이루어 발전상은 말로 다 표현할 수 없었다. 일행은 모두 도저히 따라잡을 수 없다며 허탈상태에 빠졌다고 한다. 특히 밤에 마음대로 다녀도 아무 사고가 없는 치안상태를 실감하고 모두 혀를 내둘렀다. 이토의 인생관은 여기에서 크게 바뀌었다.

그동안 양이를 외치며 뛰어다녔던 일이 얼마나 시대착오였는가를 깨달았다. 그러나 이들은 런던에 머무른 지 6개월째 《런던 타임스》에 실린 기사를 보고 아연실색하지 않을 수 없었다. 기사는 "일본에서 양이운동이 점점 격화되어 사쓰마번이 요코하마 나마무기(生麥)에서 영국인을 살상했다. 영국은 이를 보복하기 위해 곧바로 사쓰마를 공격하여 대승을 거두었다. 조슈번도 시모노세키를 통과하는 외국선박을 공격하여 현재 영국·프랑스·미국·네덜란드 등 4개 연합함대가 시모노세키를 공격하기 위한 작전을 세우고 있다"는 내용이었다. 이토와 이노우에는 '조슈번을 설득하지 않으면 자멸할 수밖에 없다'고 판단, 전쟁을 막기 위해 곧 귀국하기로 했다. 이들은 나머지 3명을 런던에 남겨둔 채 1864년 3월 중순, 런던을 떠나 6월 10일 요코하마로 돌아왔다.

이토와 이노우에는 우선 외국인 전용 호텔로 들어갔다. 이들은 막부의 눈을 피하기 위해 포르투갈 사람으로 행세했다. 상투를 자르고 양복을 입은 외모로만 보면 틀림없는 외국인이었다. 이들이 팁을 주지 않자 호텔 보이들은 "포르투갈 놈들이라는데 아주 치사한 일당이다"고 욕할 정도였다고 한다. 사실 둘의 귀국은 위험천

조슈번의 기도 다카요시 등과 함께 지사활동을 벌였으나 유신 전에 병으로 죽은 다카스기 신사쿠.

만한 행동이었다. 둘 다 번에는 귀국 사실을 알리지 않았다. 연락을 하고 싶어도 할 수 있는 정세가 아니었다. 둘은 호텔에 짐을 풀고 영국공사관으로 갔다. 어떻게 해서라도 여론을 바꿀 테니 공격을 늦춰달라고 간청했다. 이 말을 들은 공사는 빠르면 빠를수록 좋은 일이라며 영국 선박을 내어주며 조슈 앞바다까지 타고 가도록 했다.

일본의 정치상황은 1년 사이에 크게 변해 있었다. 이토 일행이 일본을 떠나기 전에는 조슈번이 조정을 마음대로 움직이고 있었다. 양이령(攘夷令)을 발령한 쪽도 조슈번이어서 막부는 궁지에 몰렸다. 그러나 사쓰마와 아이즈(會津)가 손을 잡고 정변을 일으켜 조슈번은 중앙정치 무대에서 추방되었다. 이토와 이노우에가 귀국 직전 교토 이케다야(池田屋)에서 치열한 칼싸움이 벌어져 스기야마(杉山) 등이 사망하고 기도(木戶)는 난을 피해 있었다. 조슈번 안에서는 강경론자들이 우세하여 연합세력에 대항하기 위한 선발대가 출발태세를 갖추고 있었다. 이토와 이노우에는 번으로 돌아와 외국실정을 이야기하며 설득했으나 끝내 번론(藩論)을 바꾸지 못하여 결국 조슈번은 1864년 7월 하마구리고몽(蛤御門)의 변에서 참패했다. 엎친 데 덮친 격으로 4국 연합함대가 포격을 가해 왔다. 함대포격으로 큰 피해를 입은 조슈번은 하는수없이 외국에 문호를 열기로 하고 다카스기(高杉)를 강화사절로 내세웠다. 이토는 이때 다카스기의 보좌역으로 시모노세키에 상주하면서 통역을 맡았다.

그 결과 조슈는 개국과 함께 막부와 전쟁할 것을 대비하여 영국에서 신식무기와 군함을 사들이는 데 성공했다. 이토의 공이 컸음은 물론이다. 연합국과 협상을 잘 마무리한 조슈번은 야마가타와 기도 등이 강경파를 물리치고 다시 번정(藩政)의 주도권을 쥐었다. 그리고 우여곡절 끝에 사쓰마번과 손을 잡는 데 성공했다. 이토는 그 사이 나가사키를 오가며 정보를 수집하며 기도에게 보고했다. 이토는 당시 '삿조(薩長) 연합'과 같은 번의 운명이 걸린 문제에 관여할 신분이 아니었으나 아무에게나 낯가림을 하지 않아 정보수집 활동에는 적격이었다. 이토는 프랑스군함 함장을 비롯한 외국인들을 만나 외국정세를 듣고 이를 빠짐없이 번정에 보고했다.

한편 이 같은 반막부행위에 격노한 막부는 1865년 5월 1일 기도와 다카스기를 비롯한 열두 명의 신병을 막부에 넘기도록 조슈번에 요구했다. 조슈번이 이를 들어줄 리는 없었다. 막부는 이 요구가 거절되자 6월 5일 세이조(征長) 총독 도쿠가와 모치쇼(德川茂承)를 통해 쇼군(將軍) 이에모치(家茂)에게 조슈를 치도록 공격명령을 내렸다. 조슈번은 막부의 조슈 재정벌을 '시쿄센소(四境戰爭)'라고 불렀다. 막부군은 병력이 수만 명에 이르렀으나 조슈번은 4,500명 정도였다. 병력으로만 보면 상대가 되지 않았다. 그러나 결과는 조슈번의 완승이었다. 이토는 그때 실전에 참가했으나 곧 소환되어 군함을 사오라는 출장명령을 받고 상해로 갔다. 그는 두 척을 구입한 뒤 8월말 먼저 돌아왔다. 군함은 그 뒤 10월에 도착하여 막부와의 전쟁에는 사용하지 못했지만 나중 병력수송 등에 유익하게 쓰였다.

이후 정국은 다이세이호칸(大政奉還), 왕정복고, 쿠데타 등으로 이어져 메이지시대가 열렸다. 메이지 정부는 극단적으로 말하면 사쓰마와 조슈번 정부였다고 할 수 있다. 이곳 출신들이 권력의 주도권을 잡았기 때문이다. 이토로서는 조슈에서 태어난 점이 출세의 지름길이었다. 그리고 정세판단을 잘하여 유신 지도자 기도 다카요시의 비서로 일한 경험도 빼놓을 수 없는 요인이었다. 조슈 사람들은 선배가 후배를 돌봐 주거나 일가친척이 서로 돕는 전통이 강했다. 옛날 영주였던 모리 모토나리(毛利元就)가 세 자녀를 모아 놓고 "한 개의 화살은 쉽게 부러뜨릴 수 있지만 세 개의 화살을 한데 모으면 쉽사리 부러지지 않는다"고 일러준 일화는 지금도 이 지방 사람들은 잘 알고 있다. 이 모리의 교훈이 그대로 조슈의 전통이 되었다고 한다. 이토는 이 전통을 잘 이어받아 출세길을 달렸다.

'부하를 텐노(天皇)'로

이토 히로부미는 1868년 1월 4일(3일설도 있음) 쿠데타가 성공할 당시 스물일곱 살의 혈기왕성한 청년이었다. 유신주체 세력의 막내둥이 격인 그는 '평범한 일로는 공을 세울 수 없다'는 소신에서 읽을 수 있듯이 막부 타도를 위해 실로 궂은 일을 마다하지 않았다. 사쓰마와 조슈번 연합을 위한 비밀연락뿐 아니라 거사에 방해가 되는 걸림돌 제거는 언제나 그의 몫이었다. 그가 쿠데타에 앞서 막부의 정신적 기둥이었던 고메이(孝明) 왕을 살해했다는 세간의 소문도 그래서 나온 입방아였다. 일본학계는 고메이 왕의 갑작스런 죽음을 당시 발표대로 '병사(病死)'로 받아들이고 있으나 이를 인정하기에는 아직도 풀어야 할 많은 의혹이 남아 있다. 더구나 그의 죽음이 타살이라고 믿고 있는 학자들은 그때 상황을 좀더 깊게 분석해 보면 유신세력의 소행임을 쉽게 짐작할 수 있다는 주장이다.

도사번(土佐藩) 출신인 사카모토 료마(坂本龍馬)의 중재로 연합에 성공한 삿조(薩長)는 막부타도 명분을 왕정복고(王政復古)에 두고 있었다. 따라서 신진세력들로서는 텐노를 자기편으로 끌어들

막부말 사쓰마와 조슈의 연합을 성공시킨 사카모토 료마(坂本龍馬). 그러나 지사활동을 하다 암살당해 삿조의 유신 성공을 보지 못하고 눈을 감았다.

여 권위를 높이는 일이 무엇보다 시급한 당면과제였다. 사실 고메이는 미국 흑선(黑船) 페리호가 우라가(浦賀)항에 들어온 때까지만 해도 교토 어소(御所)에서 유폐나 다름없는 생활을 하였다. 말이 텐노지 스스로 권력을 장악하는 데 필요한 물리적 힘이 전혀 없었다. 군사력은 말할 것도 없고 막부가 선정한 신임 관료들에게 임명장을 수여하는 의례적이고 형식적인 서임권(敍任權)을 빼면 정치적 권한은 전혀 없었다. 도쿠가와 막부의 권위를 높여 주는, 말 그대로 상징에 지나지 않았다. 대부분의 민중들은 '쇼군(將軍)'이나 '다이묘(大名)'의 존재에 대해서는 잘 알고 있었지만 텐노에 대해서는 알지 못했다. 텐노제가 있는지조차 몰랐다.

그러던 고메이가 미국의 개항요구로 도쿠가와 정권이 흔들리면서 점차 발언권을 얻기 시작했다. 그렇다고 막부에 등을 돌린 건 물론 아니다. 오히려 막부의 편이 되어 다이묘들의 입장을 열렬히

이토 히로부미가 메이지유신 전후 권력을 잡기 위해 동분서주하던 시절 즐겨 쓰던 인자도(忍者刀).

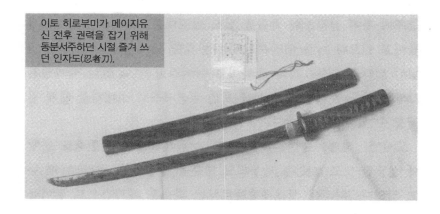

감싸고 나섰다. 당시 막부에서 연간 3만 석의 녹을
받던 텐노가(天皇家)로서는 어쩔 수 없는 상황이었
다. 그래서 고메이는 하급무사들을 중심으로 한 삿
조 신진세력들이 막부를 와해시키는 데 도움이 되
기는커녕 큰 걸림돌로 떠올랐다. 텐노를 새로 옹립
하는 방법말고는 다른 길이 없었다. 그런 소용돌이
에서 고메이 왕이 1866년 12월 25일 아침 그의 침실
에서 변사체로 발견되었다. 그는 아직 한창인 서른
다섯 살이었다. 누가 봐도 타살혐의가 짙었지만 죽
은 이유는 그가 죽은 지 4일 만인 12월 29일 두창
(痘瘡, 일명 천연두)으로 공표되었다. 12월 16일부터

하급무사들의 유신 쿠데타
에 참여하여 죽을 때까지
영화를 누린 이와쿠라 도
모미(岩倉具視).

갑자기 발병하여 고열로 앓다가 25일 사망했다는 것이었다.

　그러나 당시 교토 어소에서 왕을 보필하던 공경(公卿)들 사이에
는 이토와 이와쿠라 도모미(岩倉具視)의 소행임이 공공연한 비밀
로 알려졌다. 게다가 이토는 당시 병을 이유로 공적(公的) 활동을
접고 시모노세키(下關)에서 자취를 감추어 더욱 의심을 샀다고 한
다(《메이지유신의 희생물(明治維新の生贄)》). 이토는 이런 사실을
암시라도 하듯 "그때 교토 출장 임무는 워낙 위험해 아내에게 비
상약을 혁대에 꿰매 넣도록 하여 차고 갔다"고 일기에 쓰고 있다.

　오늘에 이르러 일본학계는 고메이 왕의 죽음을 타살로 보는 쪽이
더 많다. 이에 관한 연구서도 더러 나오고 있다. 얼마 전 출간된《메
이지유신의 희생물》은 일본학계의 관심을 모은 바 있다. 미야자키
데쓰오(宮崎鐵雄), 가시마 노보루(鹿島昇), 마쓰시게 마사시(松重正)
등 세 사람이 공동집필한 이 책은 내용이 매우 충격적이다. 미야자
키는 이 책에서 "고메이 텐노는 이토가 살해했으며, 메이지 텐노도
고메이 텐노의 아들이 아니라 조슈 기병대에서 이토와 함께 활동하

이토가 오무로 도라노사치를 훈련시킨 것으로 전해지고 있는 야마구치의 석성산(石城山)
연병장 유적

던 부하 오무로 도라노사치(大室寅之祐)였다"고 주장하고 있다.

미야자키는 막부말 상급 무사였던 아버지 와타나베 헤이사에몬
(渡邊平左衛門)한테 이 사실을 듣고 당시 살해현장에서 시중을 들
었던 관계자들을 만나 확인했다고 한다. 미야자키에 따르면 아버
지는 1만 3천 석의 녹이 지급되던 오사카성(大阪城) 정번(定番)으
로 근무하다가 막부의 마지막 장군이던 도쿠가와 요시노부(德川慶
喜)의 명을 받고 고메이 왕 변사사건을 조사하였다는 것이다. 와
타나베는 결국 이 사실이 이토에게 알려져 사건을 마무리짓지 못
한 채 쫓기는 몸이 되었다고 한다. 미야자키가 밝힌 사건전모를
좀더 자세히 옮겨보면 다음과 같다.

"1866년 연합에 성공한 사쓰마와 조슈번은 막부정권을 무너뜨리고 텐
노를 정점으로 하는 새 정권수립을 목표로 하고 있었다. 따라서 참신한
새 '임금감〔玉〕'이 필요했다. 그들은 여러 가지로 생각 끝에 고다이고(後
醍醐) 텐노계(天皇系)의 남조(南朝) 후예인 오무로 도라노사치를 새 텐
노로 옹립하기로 뜻을 모았다. 남조 왕통을 새 텐노로 삼아야 한다는 방

침은 이보다 앞서 요시다 쇼인의 문하생 그룹들이 지사활동을 시작하면서부터 연구해 온 결론이었다.

따라서 아시카가 요시미쓰(足利義滿)계의 북조 왕통인 고메이 텐노 부자는 암살대상이었다. 더군다나 고메이는 '무조건 서양세력을 몰아내야 한다'는 양이론자(攘夷論者)이자 '막부체제를 없애서는 안 된다'는 반토막론자(反討幕論者)였다. 그는 융통성마저 없어 젊은 무사들에게는 눈엣가시였다.

삿조 연합세력은 이토를 우두머리로 먼저 고메이 텐노를 제거하기 위한 비밀공작에 들어갔다. 이들이 판단하기에 고메이 아들은 아직 어린데다 후궁의 몸에서 태어나 그리 문제될 게 없었다. 하지만 고메이 텐노 암살은 여간 어려운 일이 아니었다. 일을 도모하다가 그가 비명을 지르거나 흔적이 남아 범행이 드러나기라도 하면 모두의 사활이 걸린 문제였기 때문이었다.

그들은 우선 사쓰마번의 오쿠보 도시미치(大久保利通)를 통해 고메이 텐노의 시종이던 이와쿠라 도모미를 매수했다. 성공하면 고위공직을 보장하겠다는 조건이었다. 이와쿠라는 고메이 텐노보다 여섯 살 많았지만 그의 몸종이자 어릴 때 동성연애 상대이기도 했다. 고메이 텐노는 어소에 시녀들이 많아 마음대로 즐길 수 있었으나 이에 만족하지 못하고 이와쿠라의 안내로 매일 밤 어소 밖으로 미희를 찾아다니기를 좋아했다. 둘은 정말 서로 떼어놓을 수 없는 사이였다. 그러던 이와쿠라가 하급무사들의 수상한 움직임을 눈치채고 그들의 편으로 돌아선 것이다.

신진세력들은 이와 같이 이와쿠라의 마음을 돌리는 데는 성공했지만 다음은 결행장소가 문제였다. 삿조는 이에 '살인무대'를 새로 만들기로 했다. 신진세력들은 혁명을 위한 예산을 꽤 많이 확보하고 있었다. 이를 흔쾌히 쓰기로 한 것이다. 이와쿠라는 이와로초(岩瀧町)의 아늑한 곳을 최종장소로 결정했다. 이곳은 어소에서 그리 떨어지지 않은 데다 인가도 적어 일을 꾸미기에는 그만이었다. 다만 평지라는 점이 한가지 흠이었으나 그들은 이곳에 인공 산과 정원을 만들어 누구든지 쉽사리 침입할 수 없는 요새로 꾸몄다. 특히 욕탕과 화장실은 거사에 편리하도록 만들었다. 오물이 떨어지는 지하실은 보통과 달리 많은 양의 출혈을 처리하기 쉽게 실개천을 끌어들여 물이 흐르게 하고 사람이 다닐 수 있게 했다. 또 아래에서 위가 잘 보이게 설비했다. 고메이 텐노가 밀행을 나오면 언제나 화장실에서 대변을 보는 습관이 있다는 사실을 미리 알았던 것이다. 실내장식도 모두 호화롭게 꾸몄다. 이렇게 하여 살인무대는 상당한 기간이 걸린 끝에 완벽하게 갖추어졌다. 그리고 수차례에 걸쳐 예행연습도 해보았다.

이들은 결행 일을 1866년 12월 24일 밤으로 잡았다. 고메이는 그동안 두창을 앓아 밀행은 생각할 수도 없는 상황이었다. 그러나 다행히 완쾌되어 거동에 불편이 없게 되었다. 오랜 기간 금욕으로 밀행을 참아온 고메이는 애첩 호리가와 기코(堀河紀子)도 은근히 보고 싶었다. 호리가와는 고메이를 즐겁게 하는 몇 안 되는 '명기(名器)'였다. 그래서 이와쿠라는 해를 넘기기 전에 완쾌를 축하해야 한다며 호리가와와 내통하여 이날 밤 '죽음의 행사'를 연출한 것이다.

호리가와는 고메이 텐노가 가마를 타고 정원에 들어서자 반갑게 맞이하며 완쾌를 축하했다. 무대는 전에 없이 화려했다. 악단이 나와 궁중음악을 연주하고 무희들은 화려한 옷차림으로 춤을 추었다. 그러나 고메이는 어쩐지 분위기가 가라앉아 있음을 직감하고 의기소침하여 좀처럼 흥을 느끼지 못하는 눈치였다. 그래서 연회는 흥을 돋우기 위해 이튿날 새벽까지 계속되었다. 이토는 이곳에서 심부름하는 여성들에게 미리 손을 써두었다. 주변경비를 비롯하여 안에서 일하는 남성들은 당연히 삿조에서 나온 무사들이었다. 호리가와는 고메이 텐노와의 사이에 두 딸을 두고 있었으나 참극을 보이지 않기 위해 미리 외가로 보냈다고 한다.

이윽고 연회가 끝나고 집안은 조용해졌다. 고메이 텐노는 예상대로 이날 밤도 어김없이 화장실을 찾았다. 텐노의 용변행사는 좀 특이했다. 대변을 보는 데 보통 세 명의 시녀가 따라다녔다. 한 사람은 바지를 내리고 또한 사람은 팬티(일본말로는 훈도시)를 내려 편안히 쭈그리게 하며 나머지 한 명은 화장지를 갖고 있다가 용변을 마치면 항문을 닦았다. 텐노는 화장실에 가서 손 쓸 일이 없어 시녀들이 시키는 대로 하기만 하면 그만이었다. 심지어 시녀가 '이제 누세요'라고 말해야 비로소 변을 보기 시작할 정도였다. 이 날 밤 시녀들은 모두 이토측이 고용한 사람들이었다. 또 화장실 아래 지하실에는 오물을 치우는 담당자가 있었다. 이토는 이들도 모두 매수해 두었다.

화장실 밑 지하실에서 기다리고 있던 이토는 텐노가 일을 보기 시작하자마자 무사칼〔忍者刀〕로 항문을 찔러 창자를 도려냈다. 텐노가 비명을 지를 시간도 없을 만큼 순간적이었다. 단련된 기술이 아니고는 도저히 불가능한 일이었다. 곧 이어 숨어 있던 무사들이 화장실로 들어와 화장실 구멍을 통해 텐노를 지하실로 끌어내렸다. 이토 일행은 그를 미리 준비한 상자에 바로 눕히고 흐르는 물에 피를 완전히 씻은 다음 외과의사를 시켜 칼자국이 난 항문을 꿰매도록 했다. 이토는 이를 위해 나가사키에서 의사를 불러 대기시켰다고 한다. 이들은 시체를 욕실로 옮겨 다시 한 번 씻은 뒤 옷을 입혀 어소로 옮겼다. 겉으로만 보면 전혀 상처가 없어 틀림없는 돌연사였다. 곧이어 사인은 두창으로 공표되고 무스히토(睦仁)가 이를 확인함에 따라 왕위를 이어받게 되었다. 그러나 얼마 뒤 무쓰히토도 암살되고 오무로 도라노사치가 비밀리에 어소로 들어와 무쓰히토로 행세했다."

이상은 미야자키가 책에서 밝힌 고메이 왕의 최후이다. 이 이야기가 어디까지 진실인지는 아직 헤아리기 어렵다. 증거가 불충분한 데다 보수적인 일본학계가 이를 인정하지 않고 있기 때문이다. 하지만 미야자키는 현재 궁내성(宮內省) 창고에 보관되어 있는 자료만 완전 공개되어도 이를 입증하기는 어렵지 않다고 장담하고 있다. 그렇다면 오무로는 어떻게 어소로 들어가 무쓰히토로 행세하게 되었을까. 이 책을 함께 쓴 마쓰시게 마사시의 이야기를 들어보면 더욱 흥미롭다.

"고메이 텐노가 사망하자 1867년 1월 9일 그의 아들 무쓰히토가 열다섯 살의 나이로 텐노위(天皇位)를 이어받았다. 그러나 그는 날 때부터 나약하여 병이 끊일 새 없는 데다 관습에 따라 여자처럼 키워 행동도 마치 여자 같았다. 그렇지만 성격은 아버지를 닮아 강경하여 막부측의 편을 들기 시작했다. 이에 이와쿠라 등은 그렇지 않아도 제거시기를 저울질하고 있었는데 그의 언행으로 보아 오래 놓아두면 일이 꼬일 수 있겠다고 판단, 곧 실행에 들어갔다. 때마침 무쓰히토는 그해 7월 8일 정원에서 놀다가 넘어져 손에 상처가 났다. 이와쿠라는 빨리 상처를 아물게 해야 한다며 그에게 고약을 발라주었다. 그러나 그 고약은 상처를 낫게 하는 약이 아니라 실은 독약이었다. 병약한 무쓰히토는 그 날부터 시름시름 앓다가 이틀 뒤인 7월 10일 끝내 숨을 거두고 말았다. 이와쿠라 등은 사체를 그의 외가인 나카야마가(中山家)로 옮겨 은밀히 장례를 지내고 말이 새어나가지 않도록 입조심을 당부했다. 당시는 무력이 판을 치던 시대여서 지시대로 말을 듣지 않으면 목숨을 부지할 수 없어 비밀은 굳게 지켜졌다.

이토는 무쓰히토의 변고에 대비하여 4월 13일 이미 오무로를 극비리에 데리고 교토로 올라와 사쓰마 관저에서 기다리고 있었다. 오무로도 그때 나이 열다섯 살로 무쓰히토와 동갑이었다. 오무로는 교토로 옮기기에 앞서 다카스기 신사쿠(高杉晉作)가 조직한 기병대에 들어가 이토 부하로 가장하여 열심히 무예를 익혔다. 다카스기 기병대는 1865년 1월 전광사(專光寺)에서 처음 결성되었으나 보현사(普賢寺)를 거쳐 3월 군사훈련에 알맞은 석성산(石城山)으로 옮겼다. 4월에는 번의 공식 기병대로 인정받아 제2기병대라 명명되었다. 기병대 훈련장에는 항상 400여 명의 병사들이 모여 집총훈련을 되풀이하며 때로는 가까운 황좌산(皇座山)에서 사슴사냥을 하기도 했다. 이 때문에 도라노사치는 승마와 검술을 배우게 되었고 같은 또래의 대원들과 힘 겨루기를 해도 지지 않을 정도로 기력이 강해졌다. 또 도라노사치는 아직 사물을 제대로 판단하기에는 일렀지만 일본역사를 배워 자신이 남조의 후예라는 사실을 확실히 인식하기 시작했다. 아울러 일본의 진로를 똑바로 이해하기 위해 서양문명에 대해서도 열심히 공부했다. 이토는 이 과정에서 그에게 앞으로 일본이 나아갈 길은 '존왕개국(尊王開國)'뿐이라며 이를 똑바로 깨우쳐 임금의 안목을 키우도록 했다. 이토는 이외에도 '임금감'의 천기가 일반에게 새어나가지 않도록 하기 위해 조금이라도 낌새를 눈치챈 관계자는 모두 감쪽같이 없애버렸다. 그때 공경들과 오무로가(大室家)

를 비밀 연락하는 일에 아버지 주조를 끌어들인 것도 믿을 수 있는 사람이 별로 없었기 때문이다.

이러한 음모 아래 일을 진행하던 삿조 연합세력은 무쓰히토가 죽자 도라노사치를 재빨리 어소로 들여보내 무쓰히토로 행세하도록 했다. 도라노사치는 그들의 뜻대로 다이묘들이 얼굴을 쉽게 알아볼 수 없게 화장을 짙게 하고 대담하게 행동했다. 더욱이 당시 어소의 관례는 텐노 집무실 앞에 발을 쳐놓고 일정한 거리에서 막부관료들과 정무의견을 나누도록 하여 일을 꾸미는 데는 그만이었다. 웬만큼 자세히 들여다보지 않고는 좀처럼 진짜 여부를 구별할 수 없기 때문이다. 당시 어소에 있던 공경과 시녀들은 이미 삿조 세력과 내통하고 있어서 일은 더욱 쉬웠다. 이와 같은 남조계 오무로 왕통을 중심으로 한 요시다 쇼인의 유신계획은 오래 전부터 비밀루트를 통해 유신운동에 참여하고 있던 공경들에게 전해져 때를 기다리고 있던 참이었다. 산조 사네토미(三條實美)를 비롯한 7명의 공경들은 이에 앞서 1863년 8월 18일 정변 때 조슈의 오무로 집 등에 숨어 난을 피한 적이 있었다. 이들은 그때 이미 오무로가의 큰아들 도라노사치(당시 11세)의 됨됨이를 잘 알고 있었다. 따라서 새 '임금감'에 대한 공경들의 지지와 협력은 자연스러웠다.

16세의 어린 나이에 왕위에 오른 메이지 텐노. 대일본제국헌법에 따라 말년에 절대권력을 누리게 되었다.

이렇게 하여 세상이 말하는 이른바 '삿조 기병대 텐노'가 탄생했던 것이다. 어소는 이제 완전히 이와쿠라의 손안에 들어갔다. 그리고 삿조 연합세력의 뜻대로 조정을 마음대로 요리할 수 있게 되었다. 도라노사치는 그해(1867년) 10월 13일 막부를 치도록 한

260여 년 동안 지속된 도쿠가와 막부를 지탱시키지 못하고 하급무사들에게 정권을 내어준 도쿠가와 요시노부 (德川慶喜)

비밀명령에 당당히 무쓰히토라는 이름으로 서명했다. 그러자 정세를 살피고 있던 도쿠가와 요시노부는 자기들에게 불리하게 돌아감을 느끼고 어소를 찾아와 정권을 조정(朝廷)으로 넘기겠다는 다이세이호칸(大政奉

還)의 청을 올렸다. 막부체제를 좀더 연장해 보기 위한 하나의 연명책(延命策)이었다. 조정이 이를 인정하면 막부 지원군은 그대로 남을 수 있게 되고 임금을 업은 토막세력이 아무리 명분이 뚜렷하다 하더라도 쉽게 주도권을 잡을 수 없으리라는 계산이었다.

하지만 그들의 예상은 크게 빗나갔다. 이에 맞선 삿조 세력은 조정의 명을 받아 막부 세력을 무력으로 치기 위해 그와 같은 칙령을 내리도록 했던 것이다. 가짜 무쓰히토는 그때 역시 발 안쪽에서 태연한 얼굴로 요시노부의 청을 받아들였다. 이에 따라 정국은 삿조의 예상대로 더욱 혼란하여 막부 지지파와 영국공사 팍스의 지원을 받은 삿조 연합세력의 격돌이 피할 수 없게 되었다. 이와 같이 텐노를 확보하여 명분을 세우는 데 성공한 삿조 신진세력은 도라노사치를 호위하고 일단 조슈로 금의환향했다가 다시 도쿄로 올라가 막부 세력을 제압하고 쿠데타에 성공했다."

이들의 주장을 읽다보면 사실 여부를 떠나 '메이지 역사는 픽션이다'는 평론가 니시베 스스무(西部邁)의 주장을 빌리지 않더라도 일본의 숨겨진 유신 이면사를 실감할 수 있을 듯싶다.《메이지유신의 희생물》을 같이 쓴 가시마는 우선 궁내성 창고에 쌓아둔 당시의 기록을 과감히 일반에게 공개하여 역사를 다시 고쳐 써야 한다고 강조한다. 그는 메이지시대 수상을 지냈던 사이온지 긴모치(西園寺公望)의 손자 긴카즈(公一)마저도 "메이지 텐노는 고메이 텐노의 아들이 아니라 조슈의 오무로 도라노사치였다"고 단언하고 있을 정도라고 소개한다.

당시 '메이지 텐노는 본래 무쓰히토가 아니다'라는 소문이 나돌자 이토가 "그렇다면 동일인물이라고 끝까지 우길 수밖에 없는 노릇이 아닌가"라며 아리송하게 반문했던 점도 의혹을 짙게 한다는 설명이다. 또《메이지 텐노》를 펴낸 이와이(岩井忠雄)는 "시중에는《메이지 텐노기(明治天皇紀)》를 비롯하여《메이지 텐노의 성덕(明治天皇の聖德)》등 수많은 서적이 나와 있으나 이는 모두 원본의 기록을 토대로 한 것이 아니라 당시 기록업무에 관여했던 사람들이 펴낸 자료를 참고로 편집한 2, 3차 자료뿐이라 신빙성이 떨어진다"며 자료공개를 촉구하고 있다.

가시마는 특히 "무사도 아닌 농민의 아들인 이토가 유신운동에 별다른 공을 세우지 않았는데 많은 선배들을 제치고 메이지시대의 최고 권력자로 군림할 수 있었던 요인은 바로 텐노 옹립과정에 비밀이 있다"고 강조한다. "이토가 이와쿠라와 함께 고메이 텐노를 암살하고 그에 의해 '천위(天位)'를 빼앗은 메이지 텐노 역시 범인이기 때문에 이토의 일이라면 무조건 봐줄 수밖에 없었다"는 결론이다.

그러나 대부분의 일본 역사서는 메이지 텐노를 고메이의 실제 아들로 기록하고 있다. 이와이가 쓴《메이지 텐노》에 따르면, '메이지 텐노'라는 호칭은 그가 죽은 뒤에 붙여진 시호이며 어릴 때 이름은 사치노미야(祐宮)였다. 그는 1852년 11월 3일(음력 9월 22일) 고메이 왕의 후궁 나카야마 케이코(中山慶子) 사이에 둘째 왕자로 태어났다. 첫 왕자는 마찬가지 후궁 보죠 노비코(坊城伸子) 사이에서 태어났으나 일찍 죽어 둘째가 1860년 정식으로 황태자 자리를 이어받았다. 사치노미야는 네 살 때 어소에 들어오기 전까지 외가에서 외할아버지 나카야마 다다야스(中山忠能)에게 교육을 받으며 자랐다. 나카야마는 평공가(平公家) 출신으로 하마구리고몬(蛤御門)의 변 때 조슈번과 내통하였다 하여 고메이에게서 다른 사람과 접촉할 수 없도록 면회금지 조치를 받기도 했다고 한다.

메이지왕에 대한 수수께끼는 일본 궁내성이 기록을 일반에게 완전 공개하는 날 풀릴 전망이다. 그러나 궁내성은 무슨 이유인지 아직도 많은 기록을 창고에 쌓아둔 채 학자들의 자료공개 요구를 외면한다. 이유야 어떻든 가시마의 설명대로 이토는 메이지 텐노의 총애를 받았다. 그는 총리를 하고 싶으면 하고 그만두고 싶으면 언제든지 그만둘 수 있었다. 이토의 말은 곧 짐(朕)의 뜻 이었다.

우물 밖으로

□

이토 히로부미는 새 정부 출범에 따라 '외국사무담당관'으로 기용되었다. 비록 그의 영어 구사력은 미숙했지만 혁명주체들 사이에서는 실력을 인정받은 셈이었다. 외국사무담당관이란 지금의 외교관에 해당하는 직책으로 일본인이 외국인에게 위해(危害)를 가하는 사건을 해결하는 일이 주임무였다. 유신정부가 수립될 때만 해도 일본인들은 양이(攘夷)운동에 가세하여 서양인을 보기만 하면 죽이거나 부상을 입히는 일이 많아 외교마찰로 번지기 일쑤였다. 그가 부임하기 전 고베(神戶)에서 비젠번▮주2 병사들이 외국인을 살상한 '고베사건'도 그 한 예였다.

이토는 당장 이 일부터 손을 쓰지 않으면 안 되었다. 이 사건은 결국 이토와 당사국 외교관들이 지켜보는 가운데 부대장 다키젠자부로(瀧善三郞)가 할복자살하는 것으로 마무리되었다. 이토는 이어 도사번(土佐藩) 병사들이 프랑스 수병을 공격한 사건을 해결한 뒤 '외국사무국 판사'로 옮겨 텐노가 주일 외국공사들을 접견

▮ 주2   備前藩 : 지금의 오카야마현 남동부.

하는 일을 도왔다. 이는 새 정부가 들어서면 주재 외국공사들이 국가대표를 예방하여 인사를 주고받는 하나의 외교관례였다. 그는 여기에서도 그동안 익힌 영어를 활용할 수 있었다. 이토는 이때부터 앞길이 서서히 열렸다. 5월 3일자로 오사카부(大阪府) 판사 겸 외국관 판사가 되었다가 20일 뒤 다시 외국인 출입이 잦은 효고현(兵庫縣) 지사로 발령을 받았다. 호봉도 종오위(從五位)로 막부시대와 견주면 10만 석의 녹을 받는 다이묘(大名)와 맞먹는 파격적인 대우였다.

그러나 혁명주체 세력의 나이가 젊은 데다 행정경험이 부족하여 나라 안은 여전히 어수선했다. 왕정복고에 따라 중앙집권제 실시를 선언했으나 이를 위해 무엇을 먼저 해야할지 갈피를 잡지 못했다. 쿠데타 성공 당시 혁명주체를 나이별로 보면 이와쿠라 도모미(岩倉具視, 43)와 사이고 다카모리(西鄉隆盛, 41)만 마흔 살을 넘었을 뿐 산조 사네토미(三條實美, 31), 오쿠보 도시미치(大久保利通, 38), 기도 다카요시(木戶孝允, 35), 고토 쇼지로(後藤象二郎, 30), 이타가키 다이스케(板垣退助, 31), 오쿠마 시게노부(大隈重信, 30), 이노우에 가오루(井上馨, 33), 야마가타 아리토모(山縣有朋, 30), 구로다 기요다카(黑田淸隆, 28) 등 거의가 20~30대 청년이었다. 따라서 시행착오는 처음부터 예고되어 있었다.

유신정부는 그러면서도 더디게나마 개혁작업을 하나씩 착실하게 밀고 나갔다. 신진세력은 먼저 지금의 내각에 해당하는 태정관(太政官)을 신설하고 이곳에서 국정을 논의하기 시작했다. 그해 9월 수도를 에도로 정하고 지명도 도쿄로 고쳤다. 또 교토에 있던 어소를 도쿄로 옮기고 메이지(明治)라는 원호(元號)를 채택했다. 이어 1869년 2월 태정관을 교토에서 도쿄로 옮기고 6월에는 구 막번시대 번주들의 지배 아래 있었던 토지와 인력을 모두 중앙정부

〈표 1〉메이지유신 신정부 각료 명단(1870. 7 현재)

관직명	이 름	나이	출 신
태정대신	산조 사네토미(三條實美)	31	공경(公卿)
우 대 신	이와쿠라 도모미(岩倉具視)	43	고메이왕 비서
참 의	사이고 다카모리(西鄕隆盛)	41	사쓰마(薩摩)
참 의	기도 다카요시(木戶孝允)	35	조슈(長州)
참 의	이타가키 다이스케(板垣退助)	31	도사(土佐)
참 의	오쿠마 시게노부(大隈重信)	30	히젠(肥前)
대 장 경	오쿠보 도시미치(大久保利通)	38	사쓰마
문 부 경	오키 다카토(大木喬任)	36	히 젠
문부대보	에토 신페이(江藤新平)	34	히 젠
병무대보	야마가타 아리토모(山縣有朋)	30	조 슈
공부대보	고토 쇼지로(後藤象二郎)	30	도 사
사법대보	사사키 다카유키(佐佐木高行)	38	도 사
외무대보	데라시마 무네노리(寺島宗則)	34	사쓰마

* 이토 히로부미는 대장소보(大藏少輔)였다.

로 넘기는 판적봉환(版籍奉還)을 받아들여 개혁의 발판을 마련했
다. 유신 전 도쿠가와막부는 전국을 274개 번으로 나누어 다이묘
들에게 행정을 책임지게 하는 봉건제를 실시하여 통치가 여간 어
려운 일이 아니었다.

7월에는 관제개혁을 단행했다. 이에 따라 태정관에는 대장(大
藏)·문부(文部)·병부·공부(工部)·사법·외무 등 여섯 개 부서를
두고 대신(大臣)·참의(參議)·경(卿)·대보(大輔) 등이 업무를 관장
하도록 했다. 태정관의 수반은 태정대신(太政大臣)이라 불렀다. 나
머지는 모두 오늘날 장관급에 해당되지만 서열을 따진다면 대신이
가장 높고 다음은 참의, 경 순이었다. 대신과 참의는 모든 부서의
업무를 간섭할 수 있으나 경은 해당 부서의 일만 관장했다. 대보
는 엄밀히 말하면 차관급으로 장관직무대리에 해당하며 소보(少

輔)는 차관보급으로 볼 수 있다.

　메이지 신정부는 이렇게 하여 1870년 7월 혁명주체의 일등공신
들을 각료로 임명하고 안정세력을 구축했다. 쿠데타에 성공한 지
2년 반 만의 일이었다. 이때 이토는 대장소보(大藏少輔)로 유신삼
걸의 한 사람이었던 오쿠보 도시미치 밑에서 일하게 되었다. 유신
정부는 이에 앞서 1869년 6월 무관에 대한 혁명 유공자를 표창한
데 이어 9월 문관 유공자에게도 상을 주었다. 그때 무관인 사이고
다카모리는 쌀 2천 석을 받았고 문관인 기도 다카요시와 오쿠보
도시미치는 각각 1,800석을 탔다. 그러나 이토와 이노우에는 무슨
까닭인지 상을 받지 못했다. 이들의 활약상은 600석의 상을 받은
야마가타나 마에바라 등에 견주어 결코 뒤지지 않았다. 다만 이들
은 유신 전 지사활동을 하면서 번(藩)의 돈을 물 쓰듯이 쓴 점이
흠이었다. 이들이 영국으로 유학을 떠날 때도 조슈번은 한 사람당
1천 냥의 거금을 지원했다. 또 이토는 유신을 눈앞에 두고 병으로
죽은 다카스기와 함께 해외출장 명목으로 4,500냥을 번으로부터
받았으나 결과적으로 둘 다 외국을 가지 못했다. 따라서 받은 돈
은 반드시 갚아야 마땅했다. 하지만 이들은 개인적으로 써버리고
끝내 되돌려 주지 않았다.

　당시 일반 유학생들이 번으로부터 매월 여덟 냥의 수당을 받아
네 냥을 하숙비로 내고 나머지를 용돈으로 썼던 실정과 견주면 그
돈이 얼마나 많은 액수인지를 짐작할 수 있을 것이다. 게다가 영
국 등 외국에서 들여오는 무기구입을 담당했던 이토와 이노우에
는 항상 구매대금이 예상보다 비싸 번 고위층이 차액을 가로채고
있다는 의심을 했다. 번 정부 고위층이 이런 점들을 감안하여 그
들을 포상대상에서 제외했을 것으로 일본학계는 보고 있다.

　어쨌거나 이토는 포상대상에서는 빠졌지만 대장소보로 화폐

〈표 2〉 메이지유신 유공 포상자

구분	이 름	나이	생존기간	출신지역	상훈
무관	사이고 다카모리(西鄕隆盛)	41	1827~1877	사쓰마	쌀 2,000석
	오무라 마스지로(大村益次郎)	44	1824~1869	조슈	1,500석
	이타가키 다이스케(板垣退助)	31	1837~1919	도사	1,000석
	요시이 도모자네(吉井幸輔)	40	1828~1891	사쓰마	1,000석
	이치지 마사하루(伊地知正治)	40	1828~1886	사쓰마	1,000석
	오야마 쓰나요시(大山綱良)	43	1825~1877	사쓰마	800석
	야마가타 아리토모(山縣有朋)	34	1838~1922	조슈	600석
	마에바라 잇세이(前原一誠)	30	1834~1876	조슈	600석
	와타나베 노보루(渡邊昇)	30	1838~1913	히젠	450석
	사이온지 긴모치(西園寺公望)	19	1849~1940	공경	300석
	가쓰라 다로(桂太郎)	21	1847~1913	조슈	250석
	기리노 도시아키(桐野利秋)	30	1838~1877	사쓰마	200석
	후나코시 마모루(船越衛)	28	1840~1913	히로시마	200석
문관	산조 사네토미(三條實美)	31	1837~1891	교토	5,000석
	이와쿠라 도모미(岩倉具視)	43	1825~1883	고메이비서	5,000석
	기도 다카요시(木戶孝允)	35	1833~1877	조슈	1,800석
	오쿠보 도시미치(大久保利通)	38	1830~1878	사쓰마	1,800석
	히로사와 사네오미(廣澤眞臣)	35	1833~1871	조슈	1,800석
	나카야마 다다야쓰(中山忠能)	58	1809~1888	공경	1,500석
	고토 쇼지로(後藤象二郎)	30	1838~1897	도사	1,000석
	고마쓰 다테와키(小松帶刀)	33	1835~1870	사쓰마	1,000석
	이와시타 미치히로(岩下方平)	41	1827~1900	사쓰마	1,000석
	유리 기미마사(由利公正)	39	1829~1909	후쿠이	800석
	후쿠오카 다카치카(福岡孝弟)	33	1835~1919	도사	400석
	나카네 유키에(中根雪江)	61	1807~1877	후쿠이	400석
	쓰지 이가쿠(辻維岳)	45	1823~1894	히로시마	400석
	에토 신페이(江藤新平)	34	1834~1874	히젠	100석
	히지카타 히사모토(土方久元)	35	1833~1918	도사	100석

개혁을 위한 중요한 임무를 맡았다. 새 지폐 발행에 앞서 그에게 미국의 재정 통화사정을 조사해 오라는 출장명령이 내려진 것이다. 그는 1870년 11월 요시카와 아키마사(芳川顯正) 등 21명을 이끌고 미국을 방문했다. 마침 그때는 구 도쿠가와 막부가 미국과 맺은 각종 통상조약의 시효기간(1871년 7월)이 끝나갈 무렵이었다. 이토는 미국의 재정구조조사가 주임무였지만 조약개정도 이에 못지 않은 중요한 일이라고 판단, 1871년 5월까지 머무르는 동안 현지 분위기를 파악하여 정부에 사절파견 의견서를 보냈다. 그런데 뜻밖에도 "구미 각국과 맺었던 통상조약을 하루빨리 고쳐 일본의 자주독립을 이룩하는 데 힘써야 할 것"이라는 내용의 이 의견서가 큰 반응을 불러일으켰다. 이 의견서를 받아본 산조가 좋은 생각이라며 이와쿠라에게 구미사절단 파견을 지시한 것이다.

당시 혁명정부는 구 막부가 여러 외국과 맺은 불평등 통상조약을 개정하는 일을 당면과제로 여겼다. 하지만 당사국들은 일본이 이를 요구하더라도 일본의 법제미비 등을 이유로 응하지 않을 분위기였다. 산조는 이에 먼저 사절단을 보내 그들의 의향을 탐색하고 일본국정을 설명하며 개정의 실마리를 찾아볼 생각이었다. 또 외교사무국·국회사무처·재판소·학교시설·회계·금융·조세·외환·보험·전신·우편 등 구미 선진국의 각종 편리한 시설과 제도, 법률 등을 두루 살펴 일본에 도입하면 금상첨화였다.

산조는 그해 9월 사절단을 전권대사(全權大使)와 부사(副使) 각 1명, 이사관, 서기관 등으로 구성하도록 하고 전권대사에는 이와쿠라를 임명했다. 이와쿠라는 그때 오사카에 조폐국을 신설하는 등 지폐발행 준비작업에 여념이 없던 이토를 불러 일단 산조의 외교사절 파견 계획을 설명한 다음 "부사로 임명할 테니 안내역을 맡아달라"고 간청했다. 이토는 "이번 사절의 임무는 대단히 중요할 뿐만 아니라 해외시찰 연구결과를 일본 문물제도에 도입할 필요가 생길지 모르니 각하를 보좌할 부사는 기도 참의 또는 오쿠보 대장경에게 맡겨야 마땅하다"고 전제하고 "나는 야마구치(山口) 외무소보(外務少輔)와 함께 그 밑에서 보필할 수 있도록 해달라"고 제안했다.

이토가 이처럼 자신의 입지를 높일 수 있는 좋은 기회를 잡고도 기도와 오쿠보를 부사로 추천한 데는 그럴 만한 이유가 있었다. 이토는 실은 기도에게 외유하고 싶다는 편지를 받아놓고 있었다. 정치에 염증을 느낀 기도가 구미사절 파견소식이 들리자 거기에 합류하기를 바랐던 것이다. 사절단을 파견한다면 이토가 틀림없이 조정역을 맡으리라 예상하고 자신을 포함시켜 달라는 부탁이었다. 기도는 정치개혁이 제대로 이루어지지 않고 있는 데 실망하고 은퇴할 뜻을 늘 주위에 말해 왔다. 그는 이 일이 이루어지지 않으면 도쿄를 떠나 교토에서 지내고 싶다는 말까지 덧붙였다. 한때 그의 비서로 유신주체가 되기까지 신세를 크게 진 이토는 조슈번의 대표격인 그의 말을 차마 모른 척할 수 없었다. 그래서 기도와 오쿠보를 동시에 추천했던 것이다. 이런 점이 바로 이토의 출세비결이라고 사가들은 평가하고 있다.

사실 오쿠보와 기도는 평소 사이가 좋지 않았다. 사쓰마와 조슈의 연합에 지장이 될 만한 공적인 일이 아니고는 좀처럼 자리를 같이 하는 일이 없었다. 둘은 보통 이토를 사이에 두고 의견을 나누었다. 이토는 둘 사이의 조정역을 잘 해냈다. 그래서 이토는 유신주체들로부터 '주선(周旋)의 귀재'라는 말을 들었다. 이같이 오쿠보와 기도의 사이가 견원지간(犬猿之間)인데도 이와쿠라에게 오쿠보를 함께 추천한 까닭은 사쓰마와 조슈의 균형을 유지하기 위한 정치적 조치이기도 했다.

조슈의 유신주체 거물로는 히로사와 사네오미(廣澤眞臣), 기도, 이노우에 등 세 명이 있었으나 히로사와는 이토가 미국에 가 있는 사이(1871년) 암살당하고 기도와 이노우에만 남아 있었다. 만일 기도가 외유를 하게 되면 이노우에만 국내에 남는 꼴이었다. 그렇게 되면 이노우에 한 사람이 사이고와 오쿠보를 상대하지 않으면 안 되었다. 잘못하다가는 귀국하여 조슈번은 설자리를 잃을지도 몰랐다. 이토는 이를 미리 막기 위해 오쿠보를 끌어들였다. 또 수석전권 이와쿠라와 오쿠보는 유신 전부터 서로 터놓고 지내는 막역한 사이였다. 이와쿠라로서도 기도 한 사람보다는 오쿠보가 합류하면 나쁠 리 없었다. 이토는 이 점을 잘 이용한 것이다. 이와쿠라는 물론 오쿠보도 이토의 예상대로 대찬성이었다.

그러나 사이고와 이타가키가 이를 극구 반대했다. 내정(內政)을 충실히 다질 시기에 조슈번의 우두머리인 기도와 유능한 사무가인 오쿠보가 장기간 나라를 비운다는 것은 되지 않는 소리라는 의견이었다. 사실 그때는 아직 사회가 안정되지 않은 상태여서 당장 해결해야 할 난제가 쌓여 있었다. 새 국가건설에 참고하기 위해 선진국 문물을 돌아보는 일도 물론 중요하지만 이런 일은 거물이 아니라 아래 사람들을 보내면 된다는 생각이었다. 구석에 몰린 산조는 기도에게 재고해 달라고 했다. 기도는 막부말기 이후 산조와 깊은 인연을 맺고 있었다. 다시 말하면 공경 가운데 산조는 기도와, 이와쿠라는 오쿠보와 한 세트로 손을 잡고 있었다. 그러나 기도는 어떻게 해서라도 해외여행을 떠나고 싶어 처음 생각을 꺾지 않았다.

사절 선정은 10월 8일 기도의 희망대로 결말이 났다. 특명전권대사는 변함없이 이와쿠라였지만 부사에는 기도·오쿠보·이토·야마구치 등 네 명이 임명되었다. 전권 사절의 국내 직위는 이와쿠라 우대신, 기도 참의, 오쿠보 대장경, 이토 공부대보, 야마구치는 외무소보였다. 이들은 마침내 1871년 11월 12일(음력) 미국이 내어준 아메리카호를 타고 요코하마항을 출발했다. 그때 부두에 환송 나온 사이고는 "저 배가 태평양에서 가라앉는다면 오히려 일본을 위해 좋을는지 모른다"며 주

유신쿠데타 성공 뒤 선진 각국과 친선도모를 목적으로 사이고 다카모리 등에게 국내 정치를 맡기고 2년 가까이 구미 여러 나라를 순방한 이와쿠라 사절단(오른쪽부터 오쿠보 도시미치, 이토 히로부미, 이와쿠라 도모미, 야마구치, 기도 다카요시).

변 사람들에게 들리도록 큰 소리로 말했다고 한다. 이 말은 당시 옆에서 듣고 있던 고토 쇼지로가 퍼뜨려 일반인에게까지 널리 알려졌다.

사절단은 샌프란시스코, 새크라멘트, 솔트레이크, 시카고를 거쳐 1872년 1월 21일(음력) 워싱턴에 도착, 25일 그랜트 대통령을 예방했다. 일본은 이때 음력 12월 3일을 양력 1872년 1월 1일로 환산하여 양력을 쓰기 시작했다. 따라서 그랜트 대통령을 만난 날은 양력 3월 4일이었다. 여행 도중 이와쿠라가 병이 난 데다가 폭설로 철도가 불통되어 사절단의 일정은 상당히 늦어졌다. 미국 정계는 조야(朝野)를 막론하고 대부분 호의적이었다. 문호를 닫고 있던 일본을 국제사회로 끌어냈다는 자부심에다 시카고화재 때 위문금으로 5천 달러를 전달하여 각 신문들이 "동양으로부터 진객(珍客)이 왔다"고 보도할 정도였다. 당시 워싱턴 주재 일본 외교관은 겨우 스물다섯 살의 모리 아리노리(森有禮)였다. 그가 사절단의 안내를 맡았으나 그 역시 외교관행에 대해서는 잘 몰랐다.

모리와 이토는 외국생활에 익숙하여 일반 예의범절은 어느 정도 이해하고 있었으나 외교 의전(儀典)에 대해서는 아직 초보였다. 그래서 그랜트 대통령의 외교적 인사에 현혹되어 조약개정도 금방 이루어질 수 있는 일처럼 착각했다. 외국인과 한번도 외교교섭을 해본 경험이 없는 이와쿠라 등은 외교적 수사(修辭)를 진실로 믿고 해밀튼 핏슈 국무장관과 회담에 나섰다. 핏슈는 그랜트 대통령의 뜻을 존중하여 양국 사이에 의견이 일치하면 조약을 개정할 생각으로, 협의에 들어가기에 앞서 사절단에게 전권 위임장을 요구했다. 이들은 일본을 떠날 때 텐노(天皇)에게서 사절파견 목적에 따른 칙서를 받았지만 이는 텐노의 명령서일 뿐 조약개정에 관한 교섭조인 등 전권을 위임하는 내용은 한마디도 없었다. 모리도 이토도 그런 사실을 모르고 이와쿠라에게 개정교섭을 권했던 것이다. 그들이 외교에 얼마나 문외한이었는지를 단적으로 말해주는 대목이다.

사절들은 호텔로 돌아와 어떻게 하면 좋을지를 협의했다. 이토와 모리는 미국이 개정교섭에 응해 준다면 누군가가 일본으로 돌아가 전권위임장을 가지고 오는 수밖에 없다고 주장했다. 기도는 깊이 생각하지 않고 이를 선뜻 받아들였다. 이와쿠라와 오쿠보도 의견을 같이했다. 번을 없애고 현을 두는 폐번치현(廢藩置縣)의 정치개혁을 마무리한 혁명주체들로서는 불평등한 통상조약을 유리하게 개정한다면 그보다 좋은 일이 있을 수 있느냐는 생각뿐이었다. 이토는 "삿조(薩長) 대표 두 명이 들어 있는 사절단의 힘으로 이를 이루어내기만 하면 최근 정부 안에 세력을 점점 증대시키고 있는 도사(土佐)와 히젠(肥前)을 견제할 수 있는 일석이조의 효과를 거둘 수 있다"는 판단이었다.

이에 따라 오쿠보와 이토가 전권위임장을 받기 위해 3월 20일

(음력) 워싱턴을 출발하여 5월 1일 도쿄에 도착했다. 하지만 기도가 우려했던 대로 전권위임장을 곧바로 받을 수 없었다. 외무경인 소에지마 다네오미(副島種臣)와 데라시마 무네노리(寺島宗則) 외무대보가 강력하게 반대했다. '구미 각국의 지도층을 방문하여 친선을 도모한다'는 사절단의 임무는 출발 전 조정회의에서 결정된 일이었다.

에토 신페이(江藤新平)는 "주어진 임무를 마음대로 뛰어넘어 조약개정을 위한 전권위임장을 요구하는 일은 인정할 수 없다"며 "그렇다면 회의는 무엇 때문에 하느냐"고 반발했다. 오쿠보와 이토는 진퇴양난이었다. 특히 개정교섭을 진언했던 이토는 빈손으로 뻔뻔스럽게 워싱턴으로 돌아갈 수 없는 상황이었다. 이토는 "이렇게 된 이상 할복하여 이와쿠라공에게 사죄하는 길밖에 없다"고 호소했다. 정말로 할복하느냐는 문제는 그만두고라도 궁지에 몰린 것만은 확실했다.

이 말을 들은 산조가 중재에 나섰다. 사절단의 체면을 고려하여 전권위임장은 발부하되 교섭은 나중으로 미루게 하자는 의견이었다. 산조는 다른 각료들과 협의 끝에 5월 14일에야 전권위임장을 만들어 주었다. 오쿠보와 이토는 6월 17일 다시 워싱턴으로 돌아갔으나 약속대로 개정교섭을 중지하기로 했다. 이들은 바로 핏슈를 만나 중지의사를 밝혔다. 핏슈 또한 이를 쾌히 승낙했다. 사절단은 19일 그랜트 대통령과 작별인사를 하고 22일 워싱턴을 떠나 영국으로 향했다.

이토의 체면은 정말 말이 아니었다. 그리고 쓸데없이 5개월 동안 미국과 일본을 오고간 사이 오쿠보와 친해져 기도의 불신감만 사는 결과를 낳았다. 기도와 이토는 해외여행을 하면서 사이가 극도로 나빠졌다. 이러한 우여곡절 끝에 겨우 사절단은 영국에 도착했지만 마침 여름휴가철이어서 빅토리아 여왕을 만나지 못하고 11월이 되어서야 버킹검궁전에서 알현할 수 있었다. 그 뒤 프랑스로 건너가 벨기에와 네덜란드를 거쳐 1873년 3월 7일 독일에 도착했다. 독일에서는 비스마르크 수상을 비롯한 몰트케 장군 등이 모두 나와 사절단을 환영했다. 비스마르크는 환영연에서 "귀국과의 친목을 위해 필요하다면 유능한 인재를 뽑아 보내겠다"고 호의를 베풀었다.

그런 가운데 3월 19일 산조에서 기도와 오쿠보를 빨리 귀국시키기 바란다는 편지가 날아들었다. 원래 사절단의 여행일정은 10개월 반으로 1872년 9월 말까지는 귀국하게 되어 있었다. 미국에서 쓸데없이 많은 시간을 보낸 데다 유럽에 도착한 때도 여름휴가 기간이어서 예정이 크게 늦어졌다. 이토와 모리의 제안을 무모하게 받아들인 것이 원인이었다. 산조는 대장성을 맡은 이노우에와 다른 각료들이 대립하여 고민하고 있다고 이와쿠라에게 알려왔다.

이와쿠라는 다음날(20일) 기도와 오쿠보에게 어떻게 할지를 물었다. 기도는 오쿠보의 경솔한 결정만 아니었다면 이런 일이 일어날 리 없었다며 오쿠보를 원망했다. 원래부터 사이가 좋지 않았던 기도와 오쿠보는 더욱 감정이 나빠졌다. 이에 따라 이와쿠라는 오쿠보를 타이르고 이토는 기도를 설득했지만 별 효과가 없었다. 기도는 이와쿠라에게 귀국 요청의 취지를 이해할 수 없다고 불평했다. 기도는 그 날 밤 독일에서 유학하던 시나가와(品川)의 하숙집을 방문한 뒤 새벽 4시쯤 호텔로 돌아왔다. 다음 날도 밤 9시부터 새벽 4시까지 시나가와의 하숙집에서 보내고 호텔로 돌아와 잠시 잠을 잔 뒤 오후 다시 시나가와를 찾아갔다.

이와쿠라는 26일 둘을 다시 불러 최종결정을 요청했다. 기도는 아직 러시아, 이탈리아 등 주요 국가의 시찰이 남아 있다는 이유로 귀국을 거절했다. 이에 따라 오쿠보만 한발 앞서 귀국하였다. 오쿠보는 3월 28일 베를린을 출발하여 5월 26일 귀국했다. 기도는 러시아를 돌아본 뒤 4월 16일 이와쿠라와 헤어져 빈에서 열린 만국박람회를 참관하고 베니스·로마·제네바를 거쳐 마르세이유에서 배를 타고 7월 23일 귀국했다. 이와쿠라와 이토는 러시아를 시찰한 뒤 덴마크를 거쳐 스웨덴·이탈리아·오스트리아를 돌아 스위스 제네바로 들어갈 무렵(7월 9일) 곧 귀국하라는 전보를 받았다. 일정에는 아직 스페인과 포르투갈이 남아 있었지만 스페인이 내전 중인 데다 장기여행으로 이와쿠라의 몸이 편치 않아 마르세유에서 배를 타고 9월 13일 귀국했다.

다음날 이토는 이와쿠라와 함께 태정관에 시찰결과를 보고한 뒤 곧바로 기도를 찾아갔다. 이토 입장에서는 어떻게 해서라도 기도와 여행 동안 생긴 감정의 틈을 메우지 않으면 안 되었다. 둘의 사이가 더욱 벌어지게 되면 앞으로의 정치활동에 지장을 받을 수밖에 없기 때문이었다. 기도는 이토의 변명을 듣고 윗사람답게 깨끗이 용서하며 국내 정정(政情)에 대한 의견을 나누었다. 기도는 7월 23일 귀국했는데도 27일이 되어서야 겨우 메이지왕을 알현하고 태정관에서 산조를 만날 수 있었다. 그는 곧이어 오쿠보를 찾아갔으나 자리에 없었다. 다음날 기도는 이노우에에게 나라를 비운 사이의 정치정세를 들었다. 이노우에는 에토 신페이와 예산삭감 문제를 둘러싸고 대립하다 결국 물러났다고 했다.

이와쿠라 사절단은 출발 전 국내에 남아 있는 각료들과 '신규 사업과 개혁은 사절들이 돌아와 합의하여 실시한다'는 등 12개항의 약속을 교환했다. 하지만 이 약속은 지켜지지 않았다. 병부(兵部)를 육군성과 해군성으로 분리하고 징병제도를 채택했다. 또 관제를 고쳐 태정관 정원(正院)에 권한을 집중시키고 에토, 고토, 오키 다카토(大木喬任) 등 3명을 참의로 임명했다. 이로써 참의는 사쓰마 1명(西鄕), 조슈 1명(木戶), 도사 2명(板垣, 後藤), 히젠 3명(大隈, 江藤, 大木) 등 모두 7명에 이르렀다. 오쿠보는 대장경이었지만 참의는 아니었다. 오쿠보가 보기에는 목숨을 건 혁명은 사쓰마와 조슈번이 해놓고 공은 모두 도사와 히젠번이 차지한 꼴이었다.

이 인사는 오쿠보가 돌아오기 37일 전인 4월 19일자로 이루어졌다. 참의는 '내각 의관(議官)'으로 각 부서의 업무를 결정하는 권한과 명령권이 있었다. 곧 경에 지나지 않은 오쿠보는 참의의 명령을 받는 처지가 되었다. 그래서 오쿠보는 귀국했음에도 태정관에 출근할 기분이 나지 않았다. 그는 거의 집 밖으로 나오지 않았다. 함께 일본을 떠났던 이와쿠라는 아직도 여행중이고 사절단의 구미순방이 크게 늘어진 데 대한 책임감도 느꼈다. 미국에서 외교에 미숙한 모리 아리노리의 제안을 일축했더라면 이러한 일은 있을 수 없었다.

이러한 인사 문제 말고도 오쿠보의 마음을 무겁게 하는 일은 또 있었다. 오쿠보는 런던에서 엄청난 거액을 사기 당했다. 당시 사절단에게는 많은 돈이 여행수당으로 지급되었다. 특명전권대사에게는 일시금 1,500엔과 수당으로 매월 500달러가 나왔고, 부사 네 명에게는 일시금 1,040엔에 수당 400달러가 지급되었다. 일등 서기관은 일시금 525엔과 수당 250달러, 가장 하위인 5등 서기관조차 일시금 230엔에 수당이 130달러였다. 여비는 물론 정부부담이었다. 때문에 사절단원들에게는 돈이 넘쳐났다.

미국인 불스 형제가 여기에 눈독을 들인 것이다. 불스는 런던시내에 건물을 빌려 '불스형제은행'이라는 간판을 내걸고 미나미(南貞助)라는 조슈 출신을 고용하여 단원들에게 돈을 맡기면 4퍼센트의 이자를 주겠다고 꾀었다. 미나미는 200파운드의 월급을 받고

영국여성을 끌어들여 믿을
수 있도록 그럴듯하게 꾸몄
다. 일단 예금해 두면 다른
나라에 가더라도 도난 우려
가 없고 이자도 지급한다는
말에 솔깃하여 많은 사람들
이 의심 없이 돈을 내주었
다. 맡긴 돈은 자그마치 2만
5천 파운드, 일본돈으로는
12만 5천 엔이나 되었다. 그

이와쿠라 도모미 구미사절단이 나라를 비운 사이 일본 사법성을 맡았던 에토 신페이(江藤新平, 앞줄 가운데)를 비롯한 사법성 간부들.

런데 모두가 사기였다. 이들이 돈을 챙겨 자취를 감춰버린 것이
다. 유학생 50여 명의 대표였던 도다(戶田)도 일본에서 보내온 유
학생 전원의 수당 2천 파운드를 모두 털렸다. 오쿠보는 전년에 일
시 귀국하여 빌린 3천 엔마저도 날렸다. 그러나 이와쿠라와 기도
는 회계원에게 돈을 맡겨 화를 면했다.

이와쿠라 사절단은 이처럼 시행착오도 많았지만 결과적으로는
국가발전에 큰 보탬을 주었다. 그 가운데서도 혁명주체들이 구미
여러 나라를 직접 돌아보고 '양이사상을 버리고 선진문명을 본받
지 않으면 망할 수밖에 없다'고 깨우친 의식전환은 가장 큰 성과
였다. 우리나라였다면 혁명주체들이 이처럼 장기간 해외여행을
할 수 있었을까. 물론 시대는 1세기 차이가 나지만 5·16 군사 쿠
데타를 경험한 우리들이 한 번쯤 생각해 볼 일이다. 일본학계는
이와쿠라 구미사절단이 나라를 비운 사이 국정을 맡았던 내각을
'불침번(留守番) 정부'라고 부른다.

주선의 귀재
정한(征韓) 음모

⊡

이토 히로부미는 '정한 음모'를 계기로 출세의 발판을 굳혔다고 해도 틀린 말이 아니다. 결과적으로 정한파(征韓派)를 몰아내고 정계를 주도할 수 있었기 때문이다.

정한론은 널리 알려진 것처럼 1868년 메이지유신정권 수립 뒤 일부 쿠데타 주체세력이 주창한 조선침략 논의를 말한다. 정한론의 원조는 막부타도 운동을 주도했던 조슈번의 기도 다카요시(木戶孝允)였다. 그는 국민의 관심을 나라 밖으로 돌려 유신으로 생긴 국내갈등을 해소해 볼 목적으로 정한론을 주창했다고 한다. 기도는 쿠데타 직후 "일본에 막부 대신 새 정부가 탄생했다는 사실을 조선에 알리고 국교회복을 위해 전권대사를 파견할 필요가 있다"고 전제하고 "그렇지만 조선이 이에 쉽사리 응하지 않을 분위기이므로 정부는 큰 각오를 해야만 한다"고 혁명동지들에게 강조했다. 여기서 '큰 각오'란 물론 파병(派兵)을 의미하고 있다.

기도는 실제로 이에 따른 구체적인 실행계획을 당시 군사 전문가였던 오무라 마스지로(大村益次郞)에게 털어놓으며 출병이 현실이 되면 그를 총사령관으로 임명할 예정이었다. 그러나 이와 같은 기도의 정한계획은 태정관(太政官)을 이끌던 산조(三條)와 이와쿠라(岩倉)에게 받아들여지지 않았다. 산조 등이 판단하기에는 외정(外征)으로 국민의 눈을 돌릴 만큼 국내사정이 아직 급박하지는 않았기 때문이었

1873년 '정한론'으로 분열된 묘당의 모습을 희화적으로 그린 그림. 1877년 라이사이(雷齋年基)가 그렸다.

다. 기도는 그래도 포기하지 않고 '일본이 국난을 극복하는 데는 이 길밖에 없다'는 생각을 한동안 해왔다고 한다. 그는 이런 일들을 일기에 자세히 기록하고 있다.

이러한 정한론도 이와쿠라 사절단이 구미 순방길에 오르면서 물밑으로 가라앉는 듯했다. 하지만 구미사절단이 돌아온 1873년 5월부터 또다시 뜨거운 정치쟁점으로 떠올랐다. '불침번 정부'를 맡고 있던 사이고 다카모리(西鄕隆盛) 등과 구미사절 구성원 사이에 대(對)조선 외교문제를 둘러싸고 이론(異論)이 격화된 것이다. 정한파의 주장을 빌리면 빌미는 물론 배일(排日) 쇄국정책을 고집한 대원군이 제공한 셈이었다. 일본이 보낸 외교문서에 청나라 천자(天子)에게만 쓸 수 있는 '황(皇)'과 '칙(勅)'이라는 글자를 사용했다는 이유로 대원군이 문서 자체를 받아들이기 거부한 것이다. 왕정을 새 정치이념으로 채택한 유신정권을 은근히 대외에 과시하고 싶었던 혁명세력에게는 크게 체면을 구기는 일이었다. 그러나 방법론을 놓고 두 파는 생각을 달리했다. 정한파는 "조선에 일단 외교사절을 보내 일본에 대한 태도를 바꾸도록 강요하고 조선이

만일 사절을 죽이거나 위해(危害)를 가하면 무력을 동원해야 한다"는 의견인 반면, 내치파는 "전쟁 우려가 있는 무력외교를 피하고 그 전에 내정을 정비하여 국력을 충실히 해야 한다"는 주장이었다. 다시 말하면 내치파는 조선을 치더라도 자체능력을 증강한 다음 도모하자는 의견이었다.

정한파는 사이고를 비롯하여 이타가키 다이스케(板垣退助), 고토 쇼지로(後藤象二郎), 에토 신페이(江藤新平) 등이고 이와쿠라 도모미(岩倉具視), 오쿠보 도시미치(大久保利通), 기도 다카요시, 이토 등은 내치파였다. 구미 선진국을 살펴보고 돌아온 사절들은 정한파의 무력외교가 얼마나 무모한지를 실감하고 있었다. 이들의 눈에 비친 선진문명은 두려움 그 자체였다. 자칫 잘못하다가는 일본이 언제 서구의 식민지가 될지 모를 판이었다. 사절 가운데서도 평소 정한론을 주장했던 기도는 구미를 순방하면서 생각이 크게 바뀌었다. 아니 바꿀 수밖에 없었다고 한다. 조선 출병 운운은 말

〈표 3〉 1873년의 정한 음모 대립구도

직위	정한파	반정한파
대신(공경)		이와쿠라 도모미(岩倉具視,48)
참의	사이고 다카모리(西鄕隆盛,46,사쓰마) 이타가키 다이스케(板垣退助,36,도사) 에토 신페이(江藤新平,39,히젠) 소에지마 다네오미(副島種臣,45,히젠) 고토 쇼지로(後藤象二郎,35,도사)	오쿠보 도시미치(大久保利通,43,사쓰마) 기도 다카요시(木戸孝允,40,조슈) 오쿠마 시게노부(大隈重信,35,히젠) 오키 다카토(大木喬任,41,히젠)
각료 이외	기리노 도시아키(桐野利秋,35,사쓰마) 무라다 신파치(村田新八,37,사쓰마) 시노하라 구니모토(篠原國幹,37,사쓰마)	이토 히로부미(伊藤博文,32,조슈) 이노우에 가오루(井上馨,38,조슈) 구로다 기요다카(黑田淸隆,33,사쓰마) 데라시마 무네노리(寺島宗則,40,사쓰마)

* 괄호안은 당시 나이와 출신지

그대로 과대망상이자 우물안 개구리의 짧은 생각이었다고 일기에 쓸 정도였다.

정한파는 사절단이 돌아오기 시작한 그해(1873) 5월 부산의 왜관(倭館)에 정보원을 보내 파병 구실을 찾기 위한 분쟁을 일으켰다. 이에 이타가키 같은 강경파는 부산에 거주하고 있는 일본인들의 안전을 도모한다는 핑계로 우선 대규모의 병력을 파병하자고 나왔다. 그렇지만 사이고는 일에는 순서가 있는 법이라며 그를 타일렀다. 그는 "지금까지 대 조선외교를 하급관리들에게만 맡겨 실패했다"고 비판하고 "먼저 전권대사를 보내 외교관계를 복원해야 한다"고 내세웠다. 군을 파견하더라도 그럴 만한 명분을 충분히 쌓아야 한다는 생각이었다. 그러기 위해서는 일단 자기와 같은 거물급을 특명대사로 임명해야 한다며 전권대사를 자임하고 나섰다. 그의 머리에는 '먼저 거물급 전권대사를 파견하여 교섭에 임한다. 조선은 교섭보다는 대사를 죽이거나 봉변을 가할 가능성이 높다. 이를 핑계로 무력을 동원하여 정벌한다'는 도식이 그려져 있었다.

사이고는 조선정벌을 가상으로 이미 육군중령 기타무라(北村重賴)와 소령 벳부(別府晉介)를 조선에 보내 국가사정을 정탐해 놓고 있었다. 사이고가 조선사절로 가겠다고 스스로 나선 데는 두 가지 이유가 있었다. 첫째는 자신을 희생해서 한편으로 돈을 추구하고 다른 한편으로는 권력을 좇는 새 정부의 썩은 정치인들을 각성시키고, 다음은 원정군을 일으켜 실업으로 고통받고 있는 옛 사족(士族)들을 구제하는 목적이었다고 한다. 그는 이러한 사실을 이타가키에게 보낸 8월 17일자 편지에서 밝히고 있다.

이러한 대 조선 외교문제는 물론 사절단이 귀국하기 전 이미 방침을 정해 놓고 있었다. 당시 오쿠보가 돌아와 있었으나 그에게는 한마디도 의견을 듣지 않았다. 오쿠보는 그때 참의가 아니라 대장경(大藏卿)이었다. 그는 구미여행을 떠나면서 이노우에에게 업무를 맡겼으나 이노우에는 앞에서 설명한 것처럼 예산편성을 둘러싸고 각료들 사이에 감정이 격화되어 물러난 상태였다. 따라서 참의인 오쿠마가 그의 일을 대신 맡고 있었다. 오쿠보는 그 경력으로 보나 실력으로 말하더라도 단순히 경(卿)에 그치는 사람은 아니었다. 사이고가 참의로 사쓰마를 대표하고 있어서 조슈와 균형을 맞추기 위해 경으로 있을 뿐이었다.

오쿠보가 태정관의 핵심인물이라는 사실은 누가 봐도 분명했다. 오쿠보가 없으면 일본의 정치는 움직일 수 없다고 말해도 좋을 정도였다. 오쿠보 자신에게도 그러한 자부심이 있었다. 구미로 출발하기 전 '빈집'을 맡긴 사이고와 이타가키 등과 '개혁은 구미사절단이 돌아온 뒤 의견을 모아 함께 추진한다'는 등 12개항의 약속을 교환한 일도 두 명은 설령 유신에는 공이 컸다 하더라도 실무능력이 없음을 알고 있었기 때문이었다. 비록 그 약속은 실력파인 에토 때문에 깨지고 말았지만 처음 뜻은 그랬다. 따라서 대 조선문제를 오쿠보에게 묻는 일은 너무나 당연했다. 그러나 그는 소외당했다. 참의인 고토 쇼지로와 오키가 하나가 되어 그를 무시한 것이다. 그래서 그도 참의가 아니라는 이유로 한발 물러나 있었다.

조선 외교문제는 태정관에서 참의들이 다수결로 결정하게 되어 있었다. 앞서 밝힌 대로 참의는 4월 19일자 인사에 따라 모두 일곱 명으로 불어났다. 사이고는 이들을 일일이 만나 자기를 사절로 선정해 주도록 부탁했다. 마침내 사이고는 8월 17일 열린 태정관회의에서 전권대사로 뽑혔다. 산조는 19일 하코네(箱根)로 피서를 가 있던 메이지왕에게 이를 올렸다. 메이지왕은 일단 허락은 했지만 정식결정은 이와쿠라가 귀국할 때까지 기다리도록 지시했다. 게다가 조슈번의 좌장격인 기도가 태정관 회의에 참석하지 않아 파란을 예고하였다. 이유는 병이었지만 실은 그 날 이노우에 등과 함께 정원이 아름답기로 유명한 육의원(六義園)을 찾아 뜰을 감상하고 돌아오는 길에 친구집에서 식사를 했다. 사이고와 대결하기가 싫어 중대 안건의 결정에 참의로서 책임을 포기한 셈이었다.

더욱 한심한 일은 정권을 차지하려고 정한론을 동원했다는 사실이다. 에토는 사쓰마와 조슈의 연합세력을 깨트리기 위해 사이고를 부추겼다고 한다. 오쿠마 기록에 따르면 에토는 "국외에서 일을 일으켜서 삿조 권력을 타파하고 번벌 정부를 국민의 정부로 만들려고 하는데 함께 행동하지 않겠느냐"고 동조하기를 권했다는 것이다. 오쿠마가 보기에 에토는 실무에 밝고 법에 관해서는 해박해도 외교와 정치적 임기응변에는 맞지 않는 인물이었다. 그는 그런 사람이 사쓰마와 조슈의 사이를 갈라놓는 계략을 꾸밀 수는 없다고 판단했다고 한다. 이타가키의 생각은 더욱 엉뚱했다. 그는 유신 풍운을 운 좋게 탄 젊은이들이 뜻밖에도 고위고관을 얻고 주색에 빠지는 등 사치스런 생활을 하고 있는 모습을 목격하고 한탄하여 조선출병을 도모했다는 것이다.

이처럼 이해관계가 얽히고 설킨 정한론 정국은 그해(1873년) 9월 14일 이와쿠라와 이토가 귀국하면서 급변하기 시작했다. 주선의 귀재인 이토가 정한론을 막기 위해 발벗고 나선 것이다. 그는 우선 사의를 표명한 기도의 마음을 돌리는 일부터 시작했다. 기도는 9월 16일 이와쿠라를 만나고 돌아오는 길에 심한 두통에 빠졌다. 타고 가던 인력거의 바퀴가 돌에 부딪혀 덜거덕거리기만 해도 튀어오를 듯 아팠다. 다음날엔 마차에서 내릴 때 왼쪽 다리가 말을 듣지 않았다. 여러 명의들을 불러 치료를 받았지만 좋아지지 않고 제대로 잠을 잘 수가 없었다. 기도는 병을 이유로 참의에서 물러나겠다고 사의를 표명했다. 그 뒤 그는 정쟁을 벗어날 수 있었다. 그러나 이토는 기도에게 사직을 하지 말라고 설득했다. 기도가 태정관에서 물러나 버리면 조슈파는 발언권을 얻을 수 없게 되기 때문이었다. 그보다도 이토 자신이 기도를 대신할 정도로 산조와 오쿠보에게 인정받고 있지 못한 이유가 더욱 컸다. 그는 그때 서른두 살 청년에 불과했다.

한편 이와쿠라는 사이고를 조선에 파견하는 전권사절의 최종 결정이 자신의 귀국 다음으로 미루어진 사실을 알고 시간을 벌기 위해 9월 18일자로 산조에게 50일 동안 쉬겠다는 휴가원을 냈다. 그가 외국을 돌아다닐 때 사망한 아버지의 명복을 빌어야 한다는 이유였다. 산조는 나라가 어려운 때 우대신이 50일 동안이나 쉬는 일은 있을 수 없다며 휴가원을 돌려보냈다. 이와쿠라는 논의 끝에 결국 9월 23일부터 일주일 동안 휴가를 얻었다. 그는 휴가 동안 정한론을 무산시키기로 마음먹고 먼저 오쿠보를 불러 의논했다. 오쿠보도 혼자 힘으로 정한파에 대항할 수 없음을 알고 이와쿠라의 귀국을 기다리던 참이었다.

오쿠보는 이미 오쿠마에게 정한파 에토의 속마음을 듣고 어떻게 해서라도 삿조 연합은 유지되어야만 한다고 다짐하였다. 조슈파는 유신 때 마에바라(前原一誠), 히로자와(廣澤眞臣), 오무라(大村益次郎) 등의 인재가 가담하고 있었으나 마에바라는 고향으로 은둔하고 나머지 둘은 암살당했다. 기도가 은퇴하면 다음은 이노우에 가오루(井上馨)가 있었지만, 앞에서 나왔듯이 그는 예산편성을 둘러싸고 각료들 사이에 의견이 맞지 않아 물러난 상태였다. 뿐만 아니라 부정사건에 연루되어 사법성이 처벌을 검토하고 있어서 조슈파를 대표할 수 있는 입장이 아니었다. 오쿠보가 정한론에 동조하면 기도는 정부 안에서 고립되어 은퇴하기 싫어도 물러날 수밖에 없는 상황이었다. 그렇게 되면 에토가 노리는 대로 삿조 분리에 성공하게 되고 사법성을 쥐고 있던 에토에게 더욱 힘이 실리게 되었다.

오쿠보는 기도를 좋아하지 않았다. 오쿠보는 정치적 상황에서는 늘 기도의 얼굴을 세워주었지만, 그것은 어디까지 조슈파를 붙잡아 두기 위해서였다. 개인적으로는 기도와 말조차 하고 싶지 않았다. 그러나 여기서 사적인 감정에 사로잡히면 에토의 각본대로 덫에 걸리게 되었다. 오쿠보로서는 조선의 사절파견 문제에 대해서는 기도에게 동조하지 않을 수 없었다. 그러나 기도와 손을 잡으면 어릴 때부터 친구인 사이고를 잃게 되었다. 이는 곧 사쓰마의 분열을 의미하는 것으로 오쿠보 개인으로서는 견딜 수 없는 괴로움이었지만 삿조 연합이 깨지는 쪽보다는 나은 편이었다.

오쿠보는, 태정관을 지탱하는 다리가 삿조라고 하면 다리가 하나로 되느니보다 두 다리 가운데 하나가 분열되어 설령 가늘어지더라도 두 다리로 남는 편이 더 낫다고 생각하였다. 이와쿠라도 두 다리 가운데 하나가 없어지면 태정관이 버틸 수 없다는 사실을 알고 있었다. 태정대신인 산조든 우대신인 이와쿠라든 태정관의 진정한 지배자는 아님을 잘 알았다. 또 이와쿠라 개인으로서는 오쿠보 없이는 어떤 일도 할 수 없다는 사실도 분명하게 알고 있었다. 따라서 사쓰마파의 2대 두목 가운데 어느 쪽을 선택하겠느냐고 묻는다면 사이고보다는 오쿠보 쪽이었다.

오쿠보는 기도의 의사를 확인하기 위해 9월 24일 찾아갔으나 집에 없어 만나지 못했다. 그 날 이와쿠라는 같은 생각으로 이토를 찾아갔다. 이와쿠라는 몸이 성하지 못한 기도를 대변할 조슈파 인물은 이토밖에 없음을 깨닫고 있었기 때문이다. 이와쿠라는 이토에게 "우리 둘은 기도의 의견을 존중하기로 합의했다"고 전했다. 이토는 이와쿠라를 배웅한 뒤 곧바로 기도를 찾아갔다. 기도는 이토의 보고를 듣자 만족하고 "나도 물론 미력이나마 협력하겠지만 사이고 사절의 내정을 번복하기 위해서는 역시 오쿠보가 참의가 되지 않으면 안 된다. 또 나를 대신하여 이토군도 참의가 되게"라고 말했다.

다음날 아침 이와쿠라가 다시 이토를 찾아왔다. 기도가 무어라고 말했는지 궁금해서였다. 이토는 "기도가 만족하고 있다며 오쿠보를 참의로 승진시키도록 해야만 한다는 말을 덧붙였다"고 전했다. 하지만 이토 자신에 관한 말은 한마디도 하지 않았다. 이런 점이 바로 이토가 정치가로 성공한 비결이었다. 기도가 분명 이토도 참의에 승진해야 한다고 말했으니 자신의 일을 말할 수도 있었지만 혹시 그렇게 이야기하여 오쿠보와 기도의 제휴가 깨지면 안 된다는 생각에서 단념했다. 오쿠보가 필요로 한 사람은 비록 반신불수였지만 기도이지 대리인은 아니었다.

이토가 이처럼 기도를 대신하여 이와쿠라와 오쿠보를 잇는 중재 역할을 할 때 신분은 종4위 공부대보(工部大輔)였다. 이와쿠라는 정2위(正二位), 사이고는 정3위, 오쿠보와 기도는 종3위였다. 육군대보 사이고 쓰쿠미치,▮*3. 해군대보 가쓰 가이슈(勝海舟), 외무대보 데라시마 무네노리(寺島宗則), 사법대보 사사키 다카유키(佐佐木高行) 등이 이토와 동격이었다. 이러한 이토의 처지를 고려하면 자기보다 훨씬 위인 이와쿠라가 이토를 부르지 않고 스스로 그것도 두 번이나 찾아간 것은 상당히 이례적인 일이었다. 말을 바꾸면 이토는 귀국하면서부터 국내 정치사정에 대해 정보를 수집하고 있었으나 아직 자신이 등장할 때는 아니라고 생각했다. 하지만 이와쿠라 쪽에서 찾아오자 자신이 처한 입장을 새삼스럽게 깨닫

▮ 주3   西鄕從道 : 사이고 다카모리의 친동생.

기 시작했다.

오쿠보는 정한론은 반드시 파기되어야 한다는 생각이었지만 그렇다고 반정한파의 우두머리가 되는 일은 주저했다. 선두에 선다면 사이고와의 직접 대결을 피할 수 없기 때문에 될 수 있는 대로 참의가 되지 않으려 했다. 참의가 아니면 태정관 회의에 출석하지 않아도 되므로 직접 대결은 피할 수 있었다. 사이고와 대결하는 악역은 기도에게 맡기고 싶었다. 그래서 오쿠보는 이와쿠라에게 기도를 설득해 달라고 부탁했다. 이와쿠라는 기도가 대하기 어려운 상대였다. 그러나 어떻게 해서든 기도를 달래지 않으면 사이고, 이타가키, 에토, 고토 등이 한패가 되어 목소리를 높이고 있는 정한론을 철회시킬 수 없는 노릇이었다. 이 때문에 외유하면서 마음을 알게 된 이토를 끌어들인 것이다.

그런 사이 산조는 사이고에게 조선사절 파견문제가 진전이 없는데 대해 항의를 받았다. 산조는 이와쿠라가 휴가중이라 4, 5일 만더 기다려 달라며 그 자리를 벗어났다. 그리고 이와쿠라에게 이 일을 빨리 매듭짓도록 독촉했다. 이와쿠라는 다시 오쿠보를 졸랐다. 오쿠보는 하는수없이 10월 8일 산조와 이와쿠라를 만나 "조선사절 파견은 중지되어야 한다는 당초 방침을 절대로 바꾸지 않겠다"는 서약을 조건으로 참의 승진을 약속했다. 이들이 형세가 불리하면 사이고 쪽으로 돌아설 가능성이 없지 않았기 때문이었다. 오쿠보는 무사로서 철저한 교육을 받은 인물이다.

무가(武家)사회의 근본이념의 하나는 '무사는 절대로 한입으로 두 말을 하지 않는다'는 것이었다. 오쿠보는 서약서를 받아두면 절대로 배신할 수 없다는 판단이었다. 산조와 이와쿠라는 오쿠보의 요구대로 서약서를 써주었다. 오쿠보는 이에 만족하고 10월 19일 참의 취임을 약속했다. 그리고 10일 동안의 여유를 달라고 요구했다. 오쿠보로서는 정한파에 대해 이론무장을 가다듬을 필요가 있어서였다. 사이고의 조선사절 파견은 이미 8월에 내정되어 있었다. 이를 번복하려면 훨씬 타당한 이유가 없으면 안 되었다. 오쿠보는 생각한 끝에 다음과 같이 7개항을 정리하고 정한파와 치룰 대결을 준비했다.

1. 새 정부 성립 이래 제도변혁과 증세(增稅)로 민심이 불안하다. 자칫하면 폭동이 일어날 가능성도 있다.
2. 국가재정이 매우 어려워 외정(外征)을 도모하려면 세금을 더 걷을 수밖에 없다. 세금을 올리면 국민의 원성이 더욱 커지고 이를 완화하기 위해서는 지폐를 발행하거나 외국돈을 빌려오지 않을 수 없다. 그러면 물가가 오르게 되고 국민은 외채에 시달려야 한다.
3. 부국강병을 실현하기 위해서는 몇 년이 걸릴지 모른다. 이런 상황에서 병력을 모집하면 이제까지의 민생책이 모두 허사로 돌아가게 된다.
4. 전쟁이 나면 수입이 늘고 돈이 유출된다. 젊은이들을 전쟁터에 보내면 노약자들만 남아 물품 제조능력은 떨어지고 수출이 어렵게 된다. 함선과 병기를 외국에서 사오려면 돈이 필요한데 지금 그럴 능력이 어디 있는가.
5. 러시아는 남진을 도모하고 있다. 혹시 조선과 전쟁이 나면 러시아에 어부지리가 될 뿐이다.
6. 러시아뿐만 아니라 영국도 방심할 수 없다. 일본은 이미 영국에서 돈을 빌리고 있고 이를 갚지 않으면 내정간섭을 초래하여 일본은 제2의 인도가 된다.
7. 일본은 영국·프랑스 등에게 병력주둔을 인정하고 있다. 어찌 독립국이라고 말할 수 있겠는가. 이를 부끄럽게 여기지 않고 조선의 무례를 응징하려는 것은 큰 일을 참고 작은 일을 참지 못하는 꼴이다.

오쿠보는 이렇게 하여 맡고 싶지 않은 참의 승진을 받아들였다.

이는 기도가 정한론을 반대하는 데 앞서기를 꺼렸기 때문이었다. 이토는 오쿠보의 결심을 10월 9일 직접 듣고 기도에게 보고했다. 이어 오쿠보에게는 기도를 찾아가 서로 의견을 나누면 모양이 더욱 좋겠다고 간청했다. 원칙적으로 말하면 악역을 맡은 쪽은 오쿠보였으므로 기도 쪽에서 먼저 찾아가 인사를 하는 것이 도리였다. 이토는 이를 잘 알고 있었지만 자신보다 윗사람인 기도에게 그렇게 말할 수는 없었다. 오쿠보는 이토의 제안대로 곧 기도를 찾아갔다. 그는 이야기가 길어지자 요구사항은 무엇이든지 이토를 통해 전해 달라고 말했다. 오쿠보의 크기를 잘 말해 주는 대목이었다. 오쿠보는 자기가 싫더라도 대국적으로 보아 필요하다면 내면의 감정을 누르고 머리를 숙일 줄 알았다. 이토는 이를 간파하고 오쿠보에게 부탁했던 것이다.

이러한 과정을 거쳐 이와쿠라와 오쿠보를 주축으로 하고 산조와 기도가 뒷받침한 반정한동맹이 성립되었다. 이를 잇는 접착제는 물론 이토였다.

마침내 조선사절 파견 문제를 결정하기 위한 회의가 10월 14일부터 열렸다. 출석자는 기도를 제외한 참의 여덟 명과 산조 태정대신, 이와쿠라 우대신 등 열 명이었다. 참의는 오쿠보와 함께 소에지마(副島)가 승진하여 수가 불어났다. 이토는 이 회의에는 참석할 자격이 없었다. 태정관의 별실에서 진행상황을 지켜볼 뿐이었다. 기도는 이에 앞서 소에지마와 함께 이토를 참의로 만들어 자기를 대변시키려 했으나 오쿠보가 반대하여 그만두었다. 이토의 직위는 여전히 공부대보였다. 경을 뛰어넘어 그 위의 참의로 발령하는 인사는 서열을 무시하는 선례가 되어 좋지 않다는 것이 겉으로 드러난 이유였다. 실제로는 이토를 참의로 만들어 정한파와 대립하면 오히려 사이고의 반발만 키우게 된다고 판단했기 때문이었다.

회의장은 말 그대로 용광로였다. 먼저 이와쿠라가 반론을 폈으나 그의 논리는 정한파에 밀렸다. 그러자 오쿠보가 나서서 "결론적으로 사절파견을 연기하고 내치를 충실히 해야만 한다"며 쐐기를 박았다. 이에 대해 사이고는 "나를 대사로 파견하는 일은 이미 8월에 결정된 사항이다"고 주장했다. 사이고와 오쿠보는 서로 큰 소리를 주고받으며 얼굴을 붉힐 정도로 감정이 상하였다.

오전 10시에 시작된 회의는 저녁때가 돼도 끝날 조짐이 안 보였다. 결국 이타가키와 소에지마가 중재에 나섰다. 이타가키는 "내치개선이라고 말하는데 그 말만으로는 너무 막연하다. 기한과 규모 등을 분명하게 밝혀 달라"고 오쿠보에게 말했다. 오쿠보는 "내치를 충실하게 하는 데는 내무성 신설이 필요하고, 이를 위해서는 적어도 50일이 걸린다. 따라서 그 뒤라면 사절파견을 인정해도 좋다"고 대답했다. 이타가키와 소에지마는 "50일 정도 기다리면 어떤가"고 사이고에게 물었다. 사이고는 "기다릴 수는 없다. 이러한 국가의 대사는 하루도 늦출 수 없다. 이 생각이 통하지 않으면 어쩔 수 없이 사직하는 길밖에 없다"고 잘라 말했다.

회의는 다음날로 이어졌다. 사이고는 출석하지 않았다. 오쿠보는 전날 생각을 되풀이해서 말하고 이타가키와 소에지마는 지금 당장 사이고 대사를 정식 결정하자고 주장했다. 이 날도 결론을 내리지 못하고 회의는 끝났다. 이토는 오랜 생각 끝에 하나의 묘안을 생각해냈다. 태정관 결정을 텐노에게 결재를 받는 일은 태정대신 산조의 역할이지만, 우대신 이와쿠라에게 맡기면 되지 않겠느냐는 생각이었다.

이토는 오쿠마와 함께 이와쿠라를 찾아가 두 개 안을 텐노에게 가지고 가서 한 쪽을 선택하도록 하면 어떻겠느냐고 건의했다. 오쿠마 역시 사이고와 사이가 좋지 않아 정한론을 반대하고 있었다. 이와쿠라는 놀라 어안이 벙벙했다. 신하라는 자가 두 개 안을 군주에게 올려 한 쪽을 결정하도록 맡긴다는 것은 이와쿠라로서는 생각도 못할 일이었다. 아니 이와쿠라 생각만이 아니라 과거 조정 역사에도 없는 일이었다. 상주안(上奏案)이란 하나로 결정하여 군주는 이를 승인하든지 아니면 각하(却下)하는 식이었다. 이와쿠라는 산조에게 이토의 방법이 통할지를 놓고 서로 의논했다. 산조는 압력에 견디다 못해 결국 몸져눕고 말았다. 오쿠보 쪽에서 보면 이와쿠라에게 이 일을 맡길 수 있는 절호의 기회였다. 메이지왕은 20일 산조를 위문한 뒤 이와쿠라 집을 찾아가 그에게 산조가 아프니 태정대신직을 대행하라고 했다. 오쿠보가 자기파인 요시이 도모자네(吉井友實) 궁내소보를 시켜 왕을 움직인 결과였다.

이토는 곧 이와쿠라를 찾아가 태정대신 '대행'이 아니라 정식 태정대신으로서 정국 전환을 꾀하도록 권유했다. 그리고 오쿠보를 만나 2단계 작전을 상의했다. 아무튼 22일에는 회의가 재개되어 사이고 대사파견 안을 임금에게 올리도록 정한파가 요구할 것이 분명했기 때문이었다. 오쿠보와 이토는 이와쿠라에게 다시 한 번 두 개 안을 결재에 올려보도록 간청했다. 이와쿠라로서도 방법을 선택할 수밖에 없었다. 그는 사이고보다는 오쿠보 안을 택했다. 이와쿠라는 마침내 10월 23일 다수결에 따른 참의결정과는 정반대안인 '지금은 비상시로 조선에 사절파견은 부적절하다'는 오쿠보·이토의 비책을 들고 어소로 들어가 아뢰었다. 메이지왕은 다음날 그 상주안을 받아들였다. 정한파는 회의에서 외유파를 압도하고도 상주권을 갖고 있던 산조와 이와쿠라를 끌어들이지 못해 무참히 지고 말았다. 이에 사이고는 23일, 이타가키·고토·에토·소에지마 등은 24일 사표를 냈다. 이는 곧 수리되고 앞서 제출된 기도의 사표는 반려되었다.

이토는 그 날 이와쿠라에게 불려가 후임인사에 대해 의견을 나누었다. 이토는 "정무에 관한 일이라면 거리낌없이 말씀드리겠지만 인사에 대해서는 그럴 처지가 아닙니다" 하며 사양했다. 사이고 일파를 태정관에서 물러나게 하는 데는 분명 이토의 공이 컸다. 이와쿠라가 이토를 불러 인사문제를 물은 것도 이를 인정했기 때문이었다. 이와쿠라는 오쿠보와 의견을 나눈 뒤 기도의 의견을 받아들여 공부대보 이토를 참의 겸 공부경에, 해군대보 가쓰 가이슈를 참의 겸 해군경에, 영국에서 귀국한 데라시마 무네노리를 참의 겸 외무경으로 각각 기용했다. 에토가 겸임하고 있던 사법경에는 오키 참의 겸 문부경을 전보하고 오쿠마를 대장경에 임명했다. 또 오쿠보는 새로 설치할 내무성 책임자(내무경)로 내정되었다. 이 결과 참의는 사쓰마 2명, 조슈 2명, 히젠 2명, 구 막부 1명 등으로, 도사는 한 명도 끼지 못했다. 그러나 40여 일 동안 계속된 이 정한 음모는 결국 내란으로 이어져 유신정부 수립 뒤 최대의 위기를 맞게 되었다.

2인자의 자리를 딛고

囘

반정한(反征韓) 쿠데타로 권력의 주도권은 마침내 오쿠보 도시미치(大久保利通)에게 돌아갔다. 그가 정한파를 누르고 패권을 잡는 데는 앞서 설명한 대로 이토 히로부미의 도움이 무엇보다 컸다. 조슈번(長州藩)의 기도(木戶)를 대변하던 이토는 어느새 오쿠보에게도 그를 대신할 2인자로 각인되기 시작했다. 오쿠보는 이토보다 열한 살이나 위였다. 그만큼 이토는 오쿠보를 대할 때면 언제나 '각하'라는 말로 깎듯이 예우했다. 오쿠보 역시 그런 그가 싫지 않았다고 한다. 이토는 오쿠보가 사쓰마(薩摩)와 조슈번을 정부의 두 기둥으로 보고 정무를 추진하는 한 조슈번 대표인 기도와 원활한 관계를 유지하는 데에 없어서는 안 될 존재였다. 이토를 매개로 하여 기도와 의사소통을 해야 하기 때문이었다. 오쿠보는 무슨 이유인지 그가 가장 싫어하는 기도를 늘 정치 파트너로 인식하였고, 이토의 도움을 필요로 했다. 그런 의미에서 이토는 정말 행운아였다.

오쿠보는 1873년 11월 29일 신설된 내무성의 초대 내무경으로 취임했다. 내무성은 대장·사법·문부 3성의 소관업무를 제외한

정한론을 부르짖다 실패하자 참의를 그만두고 가고시마로 돌아가 교육사업을 하다 반란을 일으켜 자결한 사이고 다카모리(西鄕隆盛). 유신 3걸 가운데 한 사람이었다.

사이고 다카모리를 물리치고 개혁을 추진한 오쿠보 도시미치(大久保利通). 유신 3걸로 행정수완이 뛰어났으나 정책이 과격하여 암살당했다.

치안과 민정 전반을 다루는 부서로 막강한 권력이 집중되어 있었다. 내무성이 곧 '일본'이었고 오쿠보가 그 '우두머리'였다. 오쿠보는 정부조직도 외무·내무·대장·육군·해군·문부·교(交)부·공부·사법·궁내 등 10개 성으로 정비했다. 이 정부조직은 그 뒤 시대가 바뀌면서 이름과 기능이 상당히 바뀌었지만 기본틀은 지금도 그대로 유지되고 있다.

오쿠보는 전제정치가의 일면이 있었다. 한번 마음먹은 일은 끝까지 밀고 나갔다. 그래서 각료들 사이에는 불도저로 통했다. 그리고 대담한 인사를 좋아했다. 젊고 능력 있는 인재라면 파벌과 신분에 관계없이 과감히 발탁하여 적재적소에 배치했다. 그는 월 300엔의 파격적인 보수를 주고 유능한 서양인을 행정고문으로 초빙하여 개혁작업에 활용하기도 했다. 이를 당시 경찰(일등순사)의 월급 7엔과 견주면 얼마나 큰 돈인지를 금세 알 수 있다.

오쿠보는 특히 구 막부시대 무사계급이 누리던 특권을 거둬들이고 폐단을 하나씩 고쳐 나갔다. 말하자면 유신정부 수립 이후 개혁다운 개혁이 이루어진 셈이었다. 따라서 무사 출신들의 불만은 이만저만이 아니었다. 오쿠보는 이들 사족(士族)들의 불평불만이 항상 마음에 걸렸다. 그 가운데서도 정한론의 패배로 관복을 벗고 정계를 물러난 전 참의들의 일거수일투족은 신경이

〈표 4〉 메이지시대 출신 번별 주요인물

사쓰마	조슈
사이고 다카모리(西鄕隆盛)	기도 다카요시(木戶孝允)
오쿠보 도시미츠(大久保利通)	이토 히로부미(伊藤博文)
마쓰카타 마사요시(松方正義)	야마가타 아리토모(山縣有朋)
구로다 기요다카(黑田淸隆)	이노우에 가오루(井上馨)
오야마 이와오(大山巖)	가쓰라 다로(桂太郞)
사이고 쓰구미치(西鄕從道)	미우라 고로(三浦梧樓)
데라시마 무네노리(寺島宗則)	야마타 아키요시(山田顯義)
가와무라 스미요시(川村純義)	오무라 마스지로(大村益次郞)
모리 아리노리(森有禮)	노기 마레스케(乃木希典)
요시이 도모자네(吉井幸輔)	소네 아라스케(曾禰荒助)
이치지 마사하루(伊地知正治)	데라우치 마사다케(寺內正毅)
오야마 쓰나요시(大山綱良)	고다마 겐타로(兒玉源太郞)
기리노 도시아키(桐野利秋)	히로사와 사네오미(廣澤眞臣)
이와시타 미치히로(岩下方平)	마에바라 잇세이(前原一誠)
히젠	**도사**
오쿠마 시게노부(大隈重信)	이타가키 다이스케(板垣退助)
에토 신페이(江藤新平)	고토 쇼지로(後藤象二郞)
소에지마 다네오미(副島種臣)	다니 간조(谷干城)
오키 다카토(大木喬任)	고노 도가마(河野敏鎌)
와타나베 노보루(渡邊昇)	사사키 다카유키(佐佐木高行)
	후쿠오카 다카치카(福岡孝弟)

쓰이는 부분이었다. 그들이 혹시 불만을 품고 반란을 일으키기라도 하면 큰일이기 때문이었다.

쿠데타 일등공신인 사이고는 가고시마(鹿兒島)로 돌아가 교육사업을 시작했고 에토 신페이는 사가(佐賀)에서, 이타가키는 고치(高知)에서 각각 민권운동에 참여하고 있었다. 해가 바뀌어 사이고를 제외한 네 명의 전 참의들은 애국공당(愛國公黨)을 결성

(1874)하고 이타가키 주창으로 민선의원을 설립해야 한다는 내용의 건의서를 1월 17일 태정관에 제출했다.

이에 기도는 이타가키와 만나 6시간 동안 시국에 대해 이야기를 나누었다. 기도는 참의에서 물러난 이타가키에 대해 상당히 동정적이었다. 이들의 대화는 곧 오쿠보에게 알려졌다. 오쿠보는 이토를 불러 반대파의 생각이 무엇인지를 알아오도록 했다. 또 한 가지는 이에 앞서 1월 14일 밤 일어난 이와쿠라 도모미 암살미수 사건에 이타가키가 관련되어 있는지를 확인하려는 뜻도 있었다. 이와쿠라를 기습한 범인은 다케치·구마키치(武市熊吉) 등 고치현 출신 사족 아홉 명이었다. 이들은 태정관 앞에서 집으로 가기 위해 정문을 나서던 이와쿠라를 덮쳤다. 그러나 그는 호수에 몸을 던져 간신히 목숨을 건졌다. 다케치 일당은 범행 3일 만에 모두 붙잡혔다. 오쿠보는 애국공당이 이들을 뒤에서 부추기고 있는 것으로 확신하였다. 아울러 당시 인기 제일의 혁명가 사이고를 정계에서 추방한 이와쿠라와 자신이 얼마나 국민들의 원성을 사고 있는지를 절실히 깨달았다.

한편 애국공당에 참여한 에토는 민선의원 설립에는 찬성했지만 이타가키 방식으로는 실현이 어렵다고 보고 건의서를 제출하던 날 이미 도쿄를 떠났다. 그는 요코하마에서 배를 타고 나가사키에서 내려 정세를 파악한 다음 고향으로 돌아가 2월 15일 동조자 200여 명과 함께 난을 일으켰다. 자신들이 일어나면 사쓰마의 사이고가 동조하리라는 기대도 은근히 품고 있었다. 오쿠보는 에토의 반란사실이 보고되자 스스로 진압 총책임자를 자청하고 나섰다. 엄밀히 말하자면 병력동원 문제는 육군경의 소관사항이었으므로 내무경인 그는 자격이 없었다. 그러나 정부의 이름으로 그렇게 결정이 내려졌다.

오쿠보는 이를 가벼이 처리하면 이런 반란이 계속 일어날 것으로 분석하고 본때를 보여줄 작정이었다. 오쿠보는 결국 에토를 붙잡아 목을 베어 높은 곳에 매다는 효수형(梟首刑)에 처하도록 했다. 이는 당시 법에는 없던 형벌로 앞으로 정부에 반항하여 난을 일으킨 자는 이 같은 가혹한 처벌을 받는다는 하나의 경고였다. 물론 기도와는 한마디 의논도 없었다. 말하자면 그의 전제군주적 전횡이었다.

당시 오쿠보에게서 압력을 받은 고노 토가마(河野敏鎌) 재판장은 고심 끝에 청나라 법률을 원용하여 이같이 판결했다고 한다. 사실 에토의 반란은 오쿠보가 도발한 면이 없지 않았다. 그가 갑자기 무력 탄압론자인 이와무라 다카토시(岩村高俊)를 사가(佐賀) 현령(縣令)에 기용했기 때문이었다. 이와무라는 사가 번사(藩士)들에게 고압적인 자세로 군림하여 격분을 샀다. 끓는 솥에 기름을 붓는 꼴이었다. 그렇게 해서 눈엣가시를 뽑으려는 오쿠보의 계산된 덫에 에토가 걸려든 것이라고 사가들은 에토의 난을 해석하고 있다. 에토는 앞에서도 설명했듯이 사쓰마와 조슈의 연합을 와해시킬 목적으로 정한 음모에서 사이고를 부추겨 오쿠보의 눈밖에 나 있었다.

오쿠보의 전제정치는 그 뒤에도 계속되었다. 그는 대만 사람들이 인근해역에서 고기잡이 하던 일본어민을 살해했다는 이유로 대만에 군을 파병했다. 이는 내치(內治)의 충실을 주장하며 외정을 반대한 정한 음모의 논리와 반하는 큰 모순이었다. 기도는 이 같은 오쿠보의 강경책에 불만을 품고 5월 13일 마침내 참의직을 물러났다. 그러나 궁내성 일등관리로 임명되어 봉급은 그대로 지급되었다. 이에 따라 정국은 오쿠보 · 오쿠마 · 이토 등이 이끌고 나갔다. 오쿠보는 대만 문제를 해결하기 위해 북경으로 떠나면서 이토에게 내무성을 맡겼다. 서열로 보면 당연히 오쿠마의 차례였지만 오쿠보는 이를 무시하고 이토를 지명했다.

여기에도 사쓰마와 조슈번이 정권의 두 기둥이라는 오쿠보의 생각이 작용하고 있었던 셈이었다. 게다가 오쿠보가 북경으로 떠나던 날 이지치 마사하루(伊地知正治), 구로다 기요다카(黑田淸隆), 야마가타 아리도모(山縣有朋) 등 사쓰마와 조슈번 출신 세 명이 참의로 임명되었다. 이토는 이미 야마구치로 돌아가 있던 기도에게 장문의 편지를 보냈다. 편지라기보다 야마가타 등을 참의로 승진시킨 배경을 자세히 설명한 보고서였다. 이토는 이 편지에서 청나라와 전쟁이 일어날 것에 대비한 조치였다고 설명한다. 기도가 야마가타를 참의로 추천하지 않은 이유를 잘 알고 있던 이토로서는 기도의 양해를 얻어둘 필요가 있었다. 기도는 비록 궁내성 일등출사(出仕)로 정치 일선에서는 한발 물러나 있었지만 실제로는 여전히 조슈벌의 두목이기 때문이었다.

이런 가운데 극적으로 청·일 양국의 화해가 이루어졌다. 영국이 중간에 들어 화해를 종용한 결과 일본은 대만을 청나라 영토로 인정하는 조건으로 청나라로부터 50만 냥을 보상받을 수 있게 되었다. 북경에서 돌아온 오쿠보는 이토를 집으로 불러 "역시 기도를 묘당(廟堂)으로 모시지 않으면 안 될 것 같다. 경우에 따라서는 내가 직접 야마구치로 가도 좋다"며 중재에 나서도록 요청했다. 이토는 오쿠보의 마음을 정말 이해할 수 없다고 그의 일기에 적고 있다. 정치는 기도 없이도 아무 탈 없이 잘 돌아가고 있었다.

이토는 이미 기도가 없어도 충분히 감당할 수 있을 만큼 성숙해 있었다. 그의 조정능력은 정한 음모를 둘러싸고 일어난 정변에서 충분히 인정을 받았었다. 이토는 "기도를 다시 불러들이는 일에 대해서는 이의가 없지만 각하 스스로 야마구치까지 가서 협상하는 것은 정부의 품위를 낮추는 일"이라고 반대했다. 이는 오쿠보의 정치적 위상을 고려한 발언이었다. 정부조직의 서열로 보면 산조와 이와쿠라 두 대신이 오쿠보 위에 있었으나 이들은 어디까지나 정치적 상징일 뿐 실제로는 참의 겸 내무경이 최고 책임자였다.

이토는 이어 "심부름을 시켜 편지를 기도 쪽에 보내 각하의 참뜻을 충분히 설명하고 오사카 근처에서 만나자고 의논해 보겠다"며, "각하는 보상휴가인 것처럼 꾸며 아리마(有馬) 온천에 들른 다음 오사카에서 자연스럽게 기도를 만나면 된다"는 의견을 내놓았다. 오쿠보는 이 말을 듣고 대단히 기뻐하며 꼭 그렇게 할 수 있게 해달라고 부탁했다. 이토는 한발 더 나아가 "이 일에 대해서는 역시 산조와 이와쿠라 두 대신의 양해를 얻어두는 쪽이 좋을 듯하다"고 말하고, "양공(兩公)의 처소로 가서 각하의 여행에 대한 칙허(勅許)를 얻을 수 있도록 교섭하겠다"고 다짐했다.

그러나 기도의 마음을 돌리기는 그리 쉽지 않았다. 이토는 "기도를 묘당으로 불러내기 위해서는 그럴 만한 조건이 필요할 것 같다"며 오쿠보에게 다음과 같은 네 가지 조건을 제시했다.

1. 소수 전제(專制)의 폐해를 막고 중지를 모아 입법사무를 개혁하여 훗날 국회를 창설하는 기초를 만드는 의미에서 원로원(元老院)을 신설한다.
2. 재판의 권위를 높이기 위해 대심원을 창립한다.
3. 민의(民意)를 반영하기 위해 지방관 회의를 둔다.
4. 내각과 각 성을 분리하여 기도와 오쿠보급의 일류는 내각에서 임금을 보필하도록 하고 각 성에는 이류인물을 배치하여 오로지 행정사무를 담당케 한다.

이토는 "이 정도라면 기도도 틀림없이 마음을 돌리리라 믿는다"

며 의견을 물었다. 오쿠보는 기도에게 잘 말하여 꼭 설득해 달라며 승낙했다. 이토는 그 길로 기도를 찾아갔다. 이토는 1월 25일부터 기도와 본격적인 이야기를 나누었다. 이토는 처음에는 개혁안을 숨기고 오쿠보 한 사람에게만 정치를 맡길 수 없다고 운을 뗴었다. 기도는 "오쿠보는 내 말을 따르겠다고 약속하면서도 말뿐이다. 자네도 이제 위로는 한 사람밖에 없으니 오쿠보와 뜻을 같이하여 국무에 임하면 되지 않겠는가"고 뼈 있는 한마디를 했다. 이토는 이쯤에서 4개 항목의 개혁안을 내보였다. 기도는 이를 한 번 읽은 다음 "이를 실현하려면 나도 나가겠지만 오쿠보도 알고 있겠지"라며 물었다. 회담은 다음날도 계속되어 이틀 만에 겨우 태정관으로 돌아가겠다는 약속을 받아냈다. 이토는 이 사실을 곧바로 보고했다.

이렇게 하여 기도는 1월 29일 이토를 합석시킨 가운데 오쿠보와 회담했다. 기도는 "이 4개 조건이 인정된다면 묘당(廟堂)에 나가겠지만 한 가지 조건이 있다"며 말머리를 꺼냈다. 그는 "최근 이타가키군을 만나 서로 흉금을 터놓고 이야기를 나누었다. 국회개설에 대해 개원시기에 대해서는 서로 의견을 달리했지만 함께 국사를 위해 힘쓰고 싶다는 생각은 같았다. 그럼에도 그를 내버려두고 나 혼자만 묘당에 나갈 마음이 내키지 않는다. 나와 함께 그를 합류시켜 주기 바란다"고 털어놨다.

이타가키는 앞에서 설명한 것처럼 정한 음모에서 오쿠보와 맞서다가 사이고 등과 같이 물러났다. 또 민선의원 설립 건의 때는 에토 신페이를 발기인으로 끌어들였다. 그 에토는 사가의 난에서 패하자 가고시마를 거쳐 도사로 가 그곳에서 붙잡혔다. 이타가키를 끌어들이려는 의도가 분명했다. 그런 이타가키를 합류시키라고 말한 것이다. 이토는 깜짝 놀라며 생각이 거기까지 미치지 못한 데 대해 후회했다. 그는 오쿠보가 승낙할 리 없다고 생각했다. 그러나 오쿠보는 천천히 입을 열고 "기도씨, 이토군에게도 말했지만 당신의 입맛에 맞추기로 이미 결심했다. 누구를 참의로 임명하느냐의 문제는 전적으로 당신에게 맡기겠다"며 흔쾌히 받아들였다. 이토는 그의 아량에 다시 한번 놀라지 않을 수 없었다.

오쿠보는 2월 11일 기도와 이토를 앞세워 이타가키를 만났다. 이 만남이 바로 '오사카회의'였다. 오쿠보는 기도를 다시 정계로 끌어낸 데 대해 흡족해 하고, 기도는 이타가키를 합류시켜 오쿠보의 전제정치를 막을 수 있다는 데 만족했다. 다만 이타가키는 입장이 난처했다. 민권론을 주장하고 정치단체를 만든 자가 번벌(藩閥)정부에 끼는 것은 큰 모순이었다. 같이 민권운동에 참여한 동료들도 찬성과 반대로 갈렸다. 결국 기도는 3월 8일, 이타가키는 12일 각각 참의로 복귀했다. 따라서 참의는 모두 열 한 명이 되었다.

이어 정체(政體)를 어떻게 할 것인지를 조사 결정하는 위원회가 설치되었다. 위원은 기도·오쿠보·이타가키·이토 등 네 명으로 이토는 사무주임의 중책을 맡았다. 이토는 앞서 네 가지 개혁사항 가운데 원로원 창설, 지방관 회의 소집, 대심원 신설 등의 새로운 제도를 마련하여 다른 세 명의 승인을 얻은 뒤 산조에게 넘겼다. 이는 4월 5일 묘의(廟議)의 의결을 거쳐 14일 공포되었다. 이 가운데 지방관 회의는 기도가 가장 염원하던 관심사였다. 이타가키도 지방관회의는 장래 국회 하원으로 발전할 가능성이 있는 제도로 보고 열심이었다. 마침내 제1차 회의가 6월 20일 아사쿠사 동본원사 별원에서 열렸다. 기도가 의장으로 사회를 맡았으며 각 지방 현령 60여 명이 참석했다. 이 날 지방관 회의는 도로교량 정비, 지방경찰 강화, 지방민회 설치, 빈민구제, 초등학교 설립문제 등을 다루었다.

이 행사가 끝나자 마자 정계의 요주의 인물로 감시대상인 마에바라 잇세이(前原一誠)가 갑자기 도쿄에 나타났다. 그는 한때 참의와 병부대보(兵部大輔)로 근무하다가 정부의 급진적 개화정책에 반대하여 고향 조슈번으로 돌아가 칩거하였다. 이토는 이를 알고 기도를 찾아가 "이대로 마에바라를 방치해 두면 제2의 에토 신페이가 될지도 모른다"며 그를 원로원 의관으로 추천하기를 권유했다. 마에바라는 쇼인(松陰) 문하생 가운데 가장 연장자로 그 독실함은 쇼인도 인정했다. 기도는 마에바라를 좋게 평가하지 않았지만 이토의 의견대로 설득해 보도록 승낙했다.

이토는 그를 찾아가 원로원의 중요성을 설명했다. 그러나 마에바라는 "이제 관료가 되기는 싫고 도쿄에 살고 싶지도 않다. 자네가 그렇게까지 염려해 주고 있으니 야마구치(山口)나 고쿠라(小倉) 부근의 현령이라면 받아들일 수도 있다"고 대답했다. 참의까지 지낸 사람이 지방의 현령을 맡는 일은 격에 어울리지 않았다. 이토는 "그렇게 말하지 말고 잘 생각해 달라"며 다시 한번 정중하게 권유한 뒤 일단 헤어졌다. 이토는 다음날 그를 찾아갔으나 이미 숙소를 떠난 뒤였다. 이토는 전보를 쳐서 돌아오도록 권유했으나 그는 듣지 않았다. 그러한 마에바라가 불평 사족(士族)의 중심이 된 것은 너무도 당연했다.

불평 사족이 두목으로 떠받들고 있는 또 한 사람의 거물은 사이고였다. 사이고는 귀향하자 사족들의 자제 교육을 위해 상전(賞典)학교를 세운 데 이어, 1874년 6월 옛 사쓰마번 마구간 터에 사학교(私學校)를 설립했다. 학교라고 했지만 실상은 군대 양성소에 가까웠다. 시노하라 구니모토(篠原國幹) 육군소장이 감독하던 총대(銃隊)학교와 다무라 신파치(田村新八) 전 가고시마 상비포병대장이 지휘하던 포대(砲隊)학교를 합병한 특수 교육기관으로, 보통

학과보다도 병과 훈련에 무게를 두었다.

이 사학교는 사쓰마현 각지에 138개 분교를 두었다. 이들 학교의 운영비는 모두 현청 공금으로 충당되었다. 뿐만 아니라 현청관리들도 구청장에서 말단의 이장과 경찰에 이르기까지 모두 오쿠보를 싫어하는 오야마 쓰나요시(大山綱良) 현령이 사학교 출신들을 임명하여 현정(縣政)을 지배했다. 사족들은 구 번시대와 다름없이 총기와 탄약을 사사로이 갖고 중앙정부의 지시도 전혀 먹혀들지 않았다. 다시 말하면 사이고를 중심으로 반정부, 반오쿠보를 표방한 하나의 사쓰마 독립국이었다.

따라서 국가 치안유지를 책임지던 오쿠보는 그들을 두려워할 수밖에 없었다. 그는 특히 사이고가 마에바라와 손을 잡지 않을까 겁을 냈다. 그래서 오쿠보는 가와지 도시요시(川路利良) 경시총감에게 이들을 잘 감시하도록 했다. 가와지는 먼저 마에바라 주변에 세 명의 밀정을 배치했다. 이들은 1876년 1월 중순께 마에바라 집을 찾아가 신분을 속이고 "우리들은 사이고의 심부름으로 온 사람들인데 혹시 반정부 난을 도모할 생각이 없는가"라고 물었다. 이들은 "당신이 일어나면 사이고는 무기를 제공할 의사가 있다"고 호언하기도 했다. 마에바라는 이 말에 속아 "사이고와 함께라면 무엇이든지 좋다"고 대답했다.

마에바라는 이들이 정보원인지는 꿈에도 생각지 못했다. 이들이 돌아간 뒤에야 아무래도 미심쩍어 가고시마에 사람을 보내 이를 확인했다. 그러나 돌아온 대답은 야마구치에 사람을 보낸 적이 없다는 것이었다. 마에바라는 완전히 속았음을 뒤늦게 알았다. 야마구치 현청은 이러한 마에바라의 움직임을 기도에게 보고했다. 그러나 기도는 마에바라를 구제하려고 적극적으로 나서지 않았다. 마에바라 또한 기도에게 머리를 숙일 생각이 없었다.

세월이 흘러 반년 뒤 구마모토 신풍련(神風連) 난에 이어 후쿠오카 아키즈키(秋月) 난이 잇따라 일어나 마에바라도 150여 명을 이끌고 반란을 일으켰다. 그러나 며칠 뒤 난은 진압되고 마에바라는 곧 처형당했다. 이 역시 정부의 계산된 책략이었다. 고의로 밀정을 보내 마에바라를 자극해서 반란을 일으키도록 충동한 셈이었다. 이는 혹시 있을지도 모르는 사이고의 거병(擧兵)에 대비하여 마에바라와 맺을지도 모르는 연합을 미리 막기 위한 술책이 분명하다고 사가들은 해석한다.

마침내 사이고도 1877년 2월 15일 난을 일으켰다. 다른 난과는 달리 반란군 병력이 1만 3천 명을 넘어 내전으로 확대되었다. 이는 유신정부 수립 이래 최대 위기였다. 일본역사에서 세이난(西南) 전쟁으로 기록하는 이 내전은 그해 9월 24일까지 7개월 10일 동안 계속되었다. 피해도 엄청났다. 사쓰마 반란군은 자그마치 6,239명의 사망자를 냈으며 부상자도 1만 명을 넘었다. 정부군 역시 사망 4,653명, 부상 뒤 사망 2,190명 등 모두 1만6,095명의 인명피해를 입었다. 메이지 정부는 그 뒤 '대일본제국헌법' 공포(1889)를 계기로 사이고 등 내란 가담자들을 모두 사면했다. 일본정부는 현재 이들 서남내전 희생자들을 정부군과 반란군을 가리지 않고 모두 야스쿠니(靖國)신사에 봉안하고 있다.

사이고가 반란을 일으킨 이유는 두 가지였다. 첫째는 사이고가 운영하는 학교 학생들의 정부 탄약고 습격사건이고, 또 한가지는 가와지 경시총감이 밀정을 보내 사이고의 감정을 자극했기 때문이었다. 가와지는 밀정을 통해 조슈번의 마에바라를 감시했던 대로 사이고 주변에도 20여 명의 정보원을 풀어 동정을 살피도록 했다. 이를 알아차린 사학교(私學校)는 정보원을 붙잡아 활동목적을 집요하게 캐물었다. 정보원으로 파견된 나카하라 히키오(中原尙

雄) 경시청 소경부(少警部)는 사이고를 암살하기 위해 공작활동을 하고 있다고 털어놓았다. 가고시마에는 1876년 11월부터 정부가 몰래 자객을 보내 사이고를 암살하려 한다는 소문이 파다했다. 그런 상황에서 나온 나카하라의 자백은 사학교 간부들을 격분시키고도 남았다.

까마귀 날자 배 떨어지는 격으로 1월 29일 밤 사학교 학생들이 정부군 탄약고를 습격하는 사건이 일어났다. 이유는 정부가 은밀히 화약을 다른 곳으로 옮겨가고 있는 사실이 알려졌기 때문이었다. 당시 화약을 운반할 때는 보통 낮에 통과지역을 미리 알리는 것이 관행이었다. 그런데 이런 순서를 거치지 않고 한밤중에 화약을 옮긴 것이다. 이런 조치는 만일의 경우 학교측에 화약을 탈취당하는 사고를 미리 막기 위한 것이었다.

학교측에서 보면 정부가 사학교를 불순세력으로 매도하는 꼴이었다. 이것은 정부가 사학교를 적대시하고 있다는 증거였다. 그럴 바에는 화약이 운반되기 전에 가고시마에 눌러두자는 데 의견이 모아져 취한 행동이었다. 실상을 파악한 학교측은 적든 많든 탈취하는 행위는 마찬가지라며 30일 밤 1천여 명의 학생들을 동원하여 나머지 총탄 6만 발을 모두 빼앗고 31일부터 2월 1일 밤까지 해군 조선소 화약고마저 습격, 총기와 총탄을 화물차에 싣고 달아났다. 신변에 위험을 느낀 조선소 차장 간노 가쿠베(菅野覺兵衛) 해군소령은 창고 안에 쌓아둔 총기와 탄약에 물을 끼얹고 조선소를 폐쇄한 뒤 배를 타고 달아났다.

오스미(大隅)반도의 고네센(小根占)에 있던 사이고는 2월 3일 부랴부랴 가고시마로 돌아왔다. 그 날이 바로 정부의 밀정을 받고 비밀리에 활동하던 나카하라가 붙잡힌 날이었다. 나카하라는 2, 3일 동안의 고문을 견디지 못해 '가와지에게 사이고 암살명령을 받왔다'는 내용의 진술서를 쓰고 말았다. 처음부터 정부와 등을 질수 없다며 거병을 반대했던 사이고도 나카하라의 자백으로 정부측의 암살공작이 분명해지자 더는 참을 수가 없었다.

나카하라 사건을 보고 받은 정부는 17일 수뇌회의를 열고 대책을 논의했다. 오쿠보는 이 자리에서 "지금 당장 가고시마로 가서 사이고와 직접 대화를 통해 실마리를 풀 생각이다"며 문제해결을 자신에게 맡겨달라고 요청했다. 그리고 그가 없는 동안 내무성 사무는 이토 참의가 맡아주기를 바랐다. 하지만 사이고는 이때 이미 1만 3천 명의 장정을 거느리고 가고시마를 출발한 뒤였다. 그도 결국 고향에 돌아온 지 3년 4개월 만에 반란을 일으키고 만 것이다. 사쓰마군의 선봉은 18일부터 구마모토성을 공략하기 시작했다. 사이고가 진두지휘를 하고 있었다. 구마모토 진대(鎭臺) 사령관이던 다니간조(谷干城)는 이 날 지급전보를 통해 이러한 사실을 정부에 보고했다. 그전까지만 해도 오쿠보를 비롯한 대부분의 각료들은 사이고가 반란에 가담하리라고는 생각지 않았다.

따라서 칙사파견 계획을 곧바로 중지하고 대신 토벌령을 내렸다. 기도는 사이고의 반란소식을 듣자 자신을 토벌군 사령관으로 규슈(九州)에 파견해 달라고 산조에게 간청했다. 기도는 자신에게 죽음이 가까워 오고 있음을 느꼈다. 반신불수인 그가 토벌군 사령관을 맡아봤자 정치적 의미말고는 별 도움이 되지 않는다는 사실을 스스로도 잘 알고 있었다. 그러나 기도는 어차피 죽을 거면 전선에서 죽고 싶었다.

이토는 기도의 희망을 '불평의 넋두리'라고 보아 넘겼지만 기도 자신은 멋이나 호기심이 아니라 진정 마음속으로 바라는 소망이었다. 기도는 야마가타의 생각과 마찬가지로 서남내란을 사이고와 오쿠보의 사감(私感)이 원인이라고 단정했다. 그러나 기도의 희망과 달리 토벌군 사령관에는 아리스 가와노미야(有栖川宮) 친왕이, 작전지휘관에는 육군경 야마가타와 해군중장 가와무라(川村純義)가 각각 임명되었다.

그 뒤 기도의 병세는 더욱 악화되었다. 그가 오랫동안 써오던 일기도 5월 6일이 마지막이었다. 그는 5월 26일 조용히 눈을 감았다. 일기의 마지막 부분은 정부군과 사쓰마군의 전황이 대부분이다. 기도에 대한 사가(史家)들의 평가는 유신3걸의 다른 두 명에 비해 낮다. 사이고는 큰 인물로, 오쿠보는 정치력에서 탁월하다는 평이다. 기도는 두 사람과 견주어 나은 면이 없는 듯이 평가받고 있다. 기도를 가장 따랐던 이토마저도 '대하기 힘든 인물'이라고 평할 정도였다. 하지만 막부말 조슈번을 지탱해 온 사람은 기도를 제쳐두고는 말할 수 없었다.

난을 일으킨 사이고도 9월 24일 시로야마(城山)에서 전투를 하다 유탄을 맞고 고통을 견디다 못해 결국 할복자살하고 말았다. 객관적으로 봐도 이 싸움은 처음부터 사이고에게는 불리했다. 총기는 구식인 데다 총탄은 부족하고 병력 보충은 생각지도 못했다. 사쓰마군이 모두 총탄에 쓰러진 데 견주어 정부군은 칼에 희생되었다. 이 점만 비교해도 전황을 알 수 있었다. 정부군은 해군을 통해 병력과 무기를 수송하여 작전을 실행했지만 반란군은 조건이 나쁜 육로를 이용할 수밖에 없었다. 또 정부군은 전신을 이용하여 연락을 했지만 사쓰마군은 옛날부터 쓰던 전령을 이용하는 바람에 부대 사이의 합동작전에 많은 차질을 빚었다.

어쨌거나 서남내전은 사이고가 자결하는 것으로 시작된 지 7개월 10일 만에 정부군의 승리로 끝을 맺었다. 하지만 사이고의 죽음은 곧 오쿠보의 암살을 몰고 왔다. 시마다 이치로(島田一郎) 등 이시가와현(石川縣) 출신 사족 여섯 명이 1878년 5월 15일 오전 8

시 10분쯤 출근하던 그를 칼로 찔러 죽인 것이다. 그 날은 오쿠보가 내무경을 이토에게 넘겨주고 자신은 궁내경으로 옮기는 인사가 예정되어 있었다. 이토는 그 뒤 참의 겸 내무·공부경 겸임으로 내정의 전권을 손아귀에 넣었다. 그의 나이 서른일곱 살 때였다. 그는 서남내전으로 예상보다 빨리 권력의 전면에 부상했으면서도 사이고를 별로 좋지 않게 평가했다. 이토는 그가 살아있는 동안 그의 집 창랑각에 사현당(四賢堂)을 짓고 유신 원로들을 추모했는데, 사이고는 그 안에 넣지 않았다. 이토가 기리던 사현은 산조·이와쿠라·기도·오쿠보였다.

5. 재상(宰相)이 되기까지

정상을 향하여
텐노를 등에 업고
텐노를 위하여 – '텐노제(天皇制)' 창안
'영계'가 좋아
당근과 채찍 – 장기집권의 비결

정상을 향하여

이토 히로부미는 '유신3걸'의 잇따른 죽음으로 오쿠마 시게 노부(大隈重信)와 함께 어느새 정권의 핵심으로 부상했 다. 이토는 앞에서 설명한 것과 같이 권력의 중추기관인 내무성 을, 그리고 오쿠마는 국가 돈줄인 대장성을 각각 맡아 나라살림을 꾸려 나갔다. 따라서 권력의 중심도 자연히 조슈(長州)와 히젠파 쪽으로 쏠리게 되었다. 자칫 잘못하다가는 오쿠보가 생전에 애써 이룬 삿조(薩長) 연합이 무너질 판이었다. 태정관의 결정에 영향 력을 미칠 수 있는 참의만 보더라도 히젠번 출신은 오쿠마 외에 일찍이 문부경과 사법경 등을 역임한 오키 다카토(大木喬任)가 버 티고 있는 데 견주어 사쓰마번 출신은 구로다 기요다카(黑田淸隆) 와 데라시마 무네노리(寺島宗則)가 있었으나 둘을 합해 보아야 영 향력은 오쿠마만 못했다. 조슈번도 이토와 서남내란에서 공을 세 운 야마가타 아리토모(山縣有朋) 둘뿐이었다.

그래서 이토는 삿조 세력을 확충하기 위해 우대신 이와쿠라와 짜고 인력 보강에 나섰다. 사쓰마 출신인 사이고 쓰구미치(西鄕從 道)를 참의 겸 문부경으로, 가와무라 스미요시(川村純義)를 참의

겸 해군경으로 기용하고 조슈 출신인 이노우에 가오
루(井上馨)를 참의 겸 공부경으로 임명할 계획이었
다. 이노우에는 그때 연루되었던 '오사리자와(尾去
澤) 광산' 부정사건이 이토의 주선으로 원만히 해결
되자 근신하는 마음으로 유럽에 나가 있었다. 이 인
사안이 그대로 시행되면 사쓰마와 조슈는 참의가 일
곱 명으로 늘어나 정계의 주도권을 다시 쥘 수 있었
다. 그러나 이 안이 알려지자 텐노를 보좌하던 요시
이 도모자네(吉井友實)와 사사키 다카유키(佐佐木高
行) 시보(侍補)는 "이노우에와 같은 부도덕한 사람
을 참의로 임명하다니 있을 수 없는 일이다"며 일제
히 반발했다.

오쿠보 도시미치 암살
뒤 대장성 대신으로 이
토와 함께 일본 유신정
부를 이끌었던 오쿠마
시게노부.

메이지왕도 사이고와 가와무라의 인사는 원안대로
재가했으나 이노우에에 대해서는 발령을 보류했다.
이노우에는 이토에게 연락을 받고 이미 귀국하여 정
계복귀를 기다리고 있었다. 이노우에의 인사가 이루
어지지 않으면 그 자신의 체면은 말할 나위도 없고
조슈파에도 영향이 미칠 수밖에 없었다. 게다가 오쿠
보의 뒤를 이은 이토의 역량 또한 상처를 받을 게 당

일본 육군의 창설자이자
수상으로 한국병탄에 앞
장섰던 야마가타 아리토
모(山縣有朋)

연했다. 오쿠보의 그릇에는 견줄 것이 못 된다 하더라도 기도가 죽
은 뒤의 조슈파 리더자리를 확고히 하려면 어떠한 일이 있더라도
이노우에 인사만은 관철시키지 않으면 안 되었다.

그렇지만 그는 결코 서두르지는 않았다. 오쿠마가 회고담에 썼
듯이 이토는 '팔방미인주의자'였다. 무슨 일이든지 절대로 무리하
게 처리하지 않는다는 원칙을 정치철학으로 삼고 있었다. 다시 말
하면 일을 도모하더라도 뭔가 장애가 발생하면 잠시 되어 가는 대

로 놓아두는 자세를 취했다. 연을 공중에 띄워 바람이 세게 불면 연줄을 풀어주는 방식과 닮았다. 이토에게는 분쟁을 원만히 해결하는 주선의 재주가 있었으나 이번 일은 자신이 소용돌이 속에 놓여 손을 쓸 수 없는 상황이었다. 이와쿠라는 반대가 가장 심한 사사키 다카유키에게 "이노우에의 정계복귀는 오쿠보가 살아있을 때 이미 결정된 일이었다"고 설득했다. 사사키는 "평소 오쿠보에게서 이노우에를 싫어한다는 말을 들었다"며 이와쿠라의 말을 믿으려 하지 않았다. 문제는 막다른 골목으로 치닫는 듯이 보였다. 그러나 그때 전혀 예상하지 않았던 해결사가 나타났다. 구로다 기요다카였다.

구로다는 오쿠보가 암살된 뒤 사쓰마파의 맏형 격이었다. 이토보다는 한 살 위로 유신 논공행상에서는 쌀 700석을 받았다. 참의 경력도 사이고 쓰구미치나 가와무라보다 앞섰다. 그래서 구로다는 오쿠보의 상속인은 다름 아닌 자신이라는 의식이 강했다. 한가지 흠은 술이 약해 과음하면 아무도 말릴 수 없게 난폭해진다는 점이었다. 그는 술을 마시고 집에 돌아와 아내의 목을 칼로 베어 살해한 일도 있었다. 술 취한 남편을 제대로 맞이하지 않았다는 이유였다.

아무튼 구로다는 이토의 고민을 알아차리고 이와쿠라를 찾아가 해결방법을 의논했다. 이와쿠라는 이 일을 오쿠마에게 부탁했다. 오쿠마는 곧바로 메이지왕을 찾아가 이를 들어주도록 주청했다. 메이지왕의 대답은 여전히 '아니오'였다. 그러자 오쿠마는 "폐하가 소신(小臣)들을 믿지 못한다면 공직을 물러나 현자(賢者)에게 길을 물려주는 방법밖에 없다"며 사의를 받아들이라고 목소리를 높였다. 오쿠마의 말투는 분명 협박이었다. 이노우에 인사안을 끝까지 거부하면 자신들은 모두 사직하는데 그래도 좋으냐고 묻고 있는 것이었다.

메이지왕 무쓰히토(睦仁)는 그때 스물다섯 살이었다. 쿠데타 주
도세력은 막부를 무너뜨리기 전 비밀활동을 벌이면서 그를 장차
임금이 될 '교쿠(玉)'라고 불렀다. 따라서 쿠데타 성공 뒤에는 당
연히 그가 국정 책임자가 되어야 마땅했으나 '왕정복고(王政復
古)'는 그저 구호에 그쳤다. 모든 정치는 쿠데타 주도세력의 모임
인 태정관을 통해 이루어졌다. 당시 무쓰히토는 겨우 열다섯 살이
어서 정치를 수행할 능력이 없었다. 쿠데타 주도세력은 그런 점을
이용하여 정치를 마음대로 주무르기 위해 그를 텐노로 선택했는
지도 모른다.

혁명주체는 막부시대 공경(公卿) 출신인 산조와 이와쿠라를 태
정대신과 우대신으로 추대하였으나 그들 역시 직위만 높았을 뿐
사이고와 기도, 그리고 오쿠보가 말한 대로 하지 않으면 안 되었
다. 번을 폐지하고 현을 두는 폐번치현도, 징병제에 따른 국군창
설도 이 세 사람의 합의 아래 이루어졌다. 여러 가지 포고령이나
새 법령은 모두 텐노의 이름으로 공포되었지만 이는 요식행위에
불과하여 거부권을 행사할 수는 없었다. 한마디로 텐노에게는 결
재상대가 다이묘에서 혁명주체세력으로 바뀌었을 뿐 달라진 것은
아무 것도 없었다. 텐노는 중신들이 하자는 대로 할 수밖에 없는
로봇에 지나지 않았다. 술을 마시자고 하면 싫어도 마셔야 하고,
또 회식을 하자면 그들의 의견을 따라야 했다.

《메이지 텐노기》에 따르면 이들과 새벽 2~3시까지 술을 마시기
한두 번이 아니었으며 심지어 다음날 아침 5시가 될 때까지 마신
적도 있었다고 한다. 이런 기록을 보면 무쓰히토가 나이가 들어
나중 위엄 있는 텐노제를 확립하기 전까지는 군신 사이에 격의가
별로 없었던 것으로 보인다. 또 텐노의 칙령이 무시되는 일도 수

두룩했다. 사이고의 귀향이 그 좋은 예이다. 그는 정한 음모에 패하여 참의에서 물러난 뒤 도쿄에 머무르라는 어명이 내려졌으나 이를 무시하고 가고시마로 돌아가 버렸다. 이와쿠라가 태정관의 결정을 무시하고 정반대 내용을 왕에게 올린 사례도 당시 정부의 실태를 그대로 말해 주고 있다.

이처럼 허약한 무쓰히토는 오쿠마가 그렇게 세게 나온 데 당황하여 이노우에의 기용을 승낙했다. 자신이 왕위에 오르게 된 것은 바로 이들의 공로가 아닌가. 아직 판단이 미숙한 그가 생각하기에 그들이 총사직하면 정말 큰일이었다. 물론 그럴 가능성은 거의 없었지만 무쓰히토는 오쿠마의 요구를 받아들였다. 그러나 그는 자기의 뜻을 역사에 남기고 싶었다. 무쓰히토는 이노우에 인사안을 승낙하면서 산조와 이와쿠라를 불러 "평판이 나쁜 이노우에를 참의로 발령할 생각이 전혀 없었으나 중신들이 우겨 어쩔 수 없이 받아들였다"는 사실을 꼭 기록하도록 했다.

이런 진통 끝에 이노우에는 마침내 그해(1878년) 7월 29일, 참의 겸 공부경으로 정계에 화려하게 복귀했다. 이토는 이노우에의 인사가 이처럼 어려움을 겪은 데는 텐노를 보좌하는 시보(侍補)들이 텐노를 통해 정치에 입김을 넣고 있기 때문이라고 판단했다. 이를 그대로 두면 막부시절 비서들이 쇼군(將軍)을 움직였던 병폐가 재현될 소지도 있었다. 실제로 사사키를 비롯한 시보들은 대신과 참의들이 텐노에게 정무를 보고할 때 시보들을 배석시켜 달라고 산조에게 조르고 있었다. 정무간섭이 아니라 임금이 정치를 배우는 데 필요하다는 이유였다.

이토는 이 같은 시보들의 세력이 더 커지기 전에 싹을 잘라야겠다고 결심하고 이와쿠라, 오쿠마 등과 뜻을 모아 반격을 시작했다. 시보들과의 입씨름은 한동안 계속되었으나 결국 시보제(侍補

制)를 폐지하고 대신들이 정무를 직접 왕에게 보고하기로 결정했다. 대신들에게는 여간 귀찮은 일이 아니었으나 그래도 시보들의 참견을 듣는 쪽보다는 훨씬 나았다. 이로써 이토는 텐노 시보를 중심으로 형성되던 텐노파 정치세력을 잘라내는 데 성공했다. 10년의 세월은 이토를 이렇듯 제1급 정치인으로 키워 놓았다.

잇따른 내란과 정부요인 암살에도 안정을 되찾은 유신정권은 이토와 오쿠마를 중심으로 얼마동안 아무 탈 없이 잘 굴러갔다. 그러나 평온하면 도전이 일어나는 법일까. 헌법을 제정하는 문제가 당면과제로 떠오르면서 정계가 또다시 소용돌이에 휩싸였다. 참의들 사이에 국회개설과 정부조직 개편 등에 관한 의견이 크게 엇갈려 논쟁이 뜨거워진 것이다.

유신정부는 이에 앞서 헌법제정의 필요성을 절감하고 1876년 9월부터 원로원을 중심으로 헌법초안을 만들었다. 도쿠가와 막부가 유신 전 여러 선진외국과 맺은 불평등조약을 새 정부가 형평에 맞게 개정하려 해도 당사국들이 헌법이 없다는 이유로 상대해 주지 않았기 때문이다. 또 민선의원을 설립해야 한다는 민권운동가들의 주장도 막무가내로 무시할 수는 없는 상황이었다.

원로원은 1879년 12월, 9편 93조로 된 초안을 마련했다. 하지만 이 초안은 텐노를 민선의원 또는 원로원과 대등한 지위로 규정하여 이와쿠라의 마음을 상하게 했다. 이에 이와쿠라는 이토와 의논한 뒤 각 참의들에게서 '입헌정체(立憲政體)'에 관한 의견서를 받아보기로 했다. 의견서를 받는 일은 원로원 의장에서 좌대신(左大臣)으로 옮겨온 아리스가와노미야가 맡았다. 의견서를 가장 먼저 낸 참의는 야마가타였다. 이어 다음해(1880년) 2월 구로다와 야마가타가, 7월에는 이노우에가, 12월에는 이토가 각각 제출했다. 재검토를 지시 받은 원로원도 의장 오키 다카토가 12월 28일 새 안을 내놓았다. 그런데 수석 참의인 오쿠마만이 의견서를 내려고 하지 않았다.

그런 사이 다시 해가 바뀌어 1881년 1월 12일, 이토·오쿠마·구로다·이노우에 등 네 참의가 아타미(熱海)에 모여 여러 가지 문제에 대해 의견을 나누었다. 이 '아타미회의'는 공식 기록이 없어 구체적으로 무엇을 논의했는지에 대해서는 알려지지 않았다. 다만 《이토전기(伊藤傳記)》는 "1월 12일 오쿠마가 아타미에 머무르고 있던 이토와 구로다를 방문하여 헌법에 대해 협의했으나 세 사람의 의견이 일치하지 않았다"고 간단하게 적고 있다. 학계는 이런 기록으로 미루어 이들은 아타미에서 헌법제정과 국회개설, 그에 따른 정부대책(정부신문 발행문제) 등을 논의했던 것으로 추측하고 있다. 오쿠마가 의견서를 내지 않은 이유에 대해서도 따졌던 것으로 전해진다.

오쿠마는 그해 3월이 되어서야 겨우 의견서를 아리스가와노미야에게 제출했다. 그러면서 다른 사람에게 반드시 비밀로 해 달라고 당부했다. 오쿠마가 자기의 의견서를 비밀에 붙여달라고 부탁한 데는 그만한 이유가 있었다. 의견서 내용이 다른 참의들이 좀처럼 받아들일 수 없을 만큼 충격적이었기 때문이다. 그는 국회 설립을 국민들이 열망하고 있으니 1882년 말에 선거를 실시하고 1883년에는 반드시 국회를 열어야 한다는 생각이었다. 그리고 군주는 '국민의 여망'을 살펴 정부의 현관(최고 벼슬)을 임명해야 한다고 주장했다. 여기서 국민의 여망이란 국회 다수당의 당수를 의미한다. 다시 말하면 국회에서 다수를 차지하는 정당의 당수가 내각총리가 되어야 한다는 의견이었다. 그는 이를 위해 될 수 있는 대로 빨리 헌법을 제정해야 한다고 강조했다. 다만 법조문을 다듬기에는 시간이 걸리니까 조문 자체는 이러한 내용을 분명히 알 수 있는 대강만으로도 좋다고 했다. 덧붙이자면 오쿠마는 영국식 의회제를 2년 안에 실시하자는 주문이었다.

게다가 관리임용에 대한 생각은 매우 혁명적이었다. 그는 정권이 바뀔 때마다 모든 관리들을 교체해야 마땅하지만, 그렇게 되면 혼란이 따르므로 정권과 임기를 같이 하는 정당관(政黨官)과 정권교체에 영향을 받지 않은 영구관(永久官)으로 나누어야 한다고 주장했다. 정당관으로는 참의, 각성(各省)의 경(卿), 대보, 소보, 국장, 시강(侍講), 시종장(侍從長) 등을 꼽았고, 각 관청의 장·차관 국장을 제외한 그 이하의 주임과 속관(屬官)들을 영구관으

막부말과 유신초 혼란기에 많은 저서로 일본 국민을 계몽한 후쿠자와 유기치, 오쿠마 시게노부와 가까워 이토의 미움을 사기도 했다.

로 들었다. 또 이 부류에 들어가지 않은 관직은 중립 영구관으로 지정해야 한다는 의견이었다. 그는 태정, 좌·우의 3대신, 군인, 경찰관 등을 중립 영구관으로 분류했다. 오쿠마는 당시 후쿠자와 유키치(福澤諭吉)의 영향을 크게 받아 이런 안을 마련했던 것으로 알려진다. 후쿠자와는 당시 이러한 영국식 의회제를 제자들의 이름으로 《유빈호치(郵便報知)》신문에 연재하기도 했다.

오쿠마의 의견서를 받아든 아리스가와노미야는 이를 읽고 놀라지 않을 수 없었다. 그래서 산조와 이와쿠라에게 이를 일단 보여주고 메이지왕에게 제출했다. 이와쿠라는 이 안들을 한꺼번에 종합하여 어전회의를 연다면 틀림없이 분란이 있으리라 판단하고 각 참의가 한 사람씩 좌대신이 배석한 가운데 보고토록 하자고 다른 두 대신과 의견을 모았다. 왕에 대한 보고는 6월 4일부터 시작되었다. 맨 처음 의견서를 낸 야마카타가 테이프를 끊었다. 이와쿠라는 그 사이 요양을 핑계로 간사이(關西)로 내려가 오쿠마의

의견서를 이토에게 보여주도록 하라고 산조에게 편지를 보냈다.

오쿠마의 의견서는 6월 27일 이토에게 전달되었다. 이토는 전문을 필사했다. 베껴 쓰면서 몸이 떨려 견딜 수 없었다고 전기에 쓰여 있다. 오쿠마는 오쿠보 정권 아래서 양 바퀴 역할을 해온 친구였다. 아타미회의에서도 이와 같은 급진론은 냄새도 풍기지 않았다. 그런 그가 의회의 다수당 당수에게 정치를 맡기자고 제안한 것이었다. 이토는 도저히 받아들일 수 없었다. 배신감마저 느꼈다. 이토는 당시 정당을 자유민권론자들의 소유로 반정부운동의 아성으로 간주하고 있었다. 죽음을 무릅쓰고 잡은 정권을 그렇게 쉽게 넘겨줄 수는 없는 노릇이었다. 그때만 해도 혁명주체들에게는 정권교체는 생각할 수도 없었다. 일생 동안 정권의 중심에서 한번도 물러난 적이 없는 그의 이력에서도 그런 의지를 읽을 수 있다.

이토는 보수적 점진주의자였다. 그는 "헌법은 1897년께나 되어서야 생각해 볼 문제"라고 말한 오쿠보에게 큰 영향을 받고 있었다. 이토는 장차 구미 선진국처럼 의회를 구성하여 국민이 함께하는 민주사회의 길을 열어가야 할 일이지만, 국체(國體) 변경은 실로 큰일이므로 조급하게 추진해서는 안 된다는 생각이었다. 그는 유럽의 제왕제(帝王制) 국가가 귀족들로 된 원로원(상원)을 중시하고 있다는 점에 착안, 이를 본받아 1875년에 만든 원로원을 손질해 화족(華族)과 사족(士族) 가운데 의관(議官)을 공선하여 정무를 논하게 한다는 구상이었다.

이토는 오쿠마의 의견서를 읽은 다음 7월 2일 이와쿠라에게 "오쿠마의 의견서를 여러 번 자세히 읽었으나 내용이 너무 파격적이어서 아둔한 머리로는 도저히 이해할 수 없다"는 내용의 편지를 보냈다. 이와 함께 수석 참의인 오쿠마의 생각이 이렇게 다를 줄미처 몰랐다며 사의를 표명했다. 편지를 받고 급히 돌아온 이와쿠라는 이토를 초청하여 마음을 풀도록 설득했으나 사퇴의 뜻을 굽히지 않았다. 이와쿠라는 이에 오쿠마를 찾아가 이토의 마음을 돌려보도록 권유했다. 오쿠마는 뭐라고 해도 최고참 참의이자 외교와 재정 분야의 제일인자였다.

그는 7월 4일 이토를 찾아가 "폐하가 보기 전에 의견서 내용이 새나가는 것이 두려워 비밀로 했을 뿐 다른 뜻은 없었다"고 해명했다. 이토는 "자네는 오쿠보가 암살되자 이제부터 천하는 많은 일이 일어날 것이라며 나와 같이 난국을 헤쳐 나가자고 말하지 않았는가. 그러고도 한마디 상의 없이 이런 급진론을 내놓다니 정말 이해할 수 없다"고 금방이라도 덤벼들 듯 목소리를 높였다.

이들의 말싸움은 다음날도 계속되었다. 태정관에서 오쿠마와 얼굴을 마주친 이토는 그에게 의견서를 빠짐없이 읽었다고 밝히고 "자네의 구상에 따르면 정부 고관은 모두 정당인으로 선임해야만 한다. 이는 군권(君權)을 인민의 손에 넘기는 것이므로 우리들이 입에 담을 수 있는 일은 아니다. 국회개설 문제는 메이지 8년(1875년) 조칙도 있어서 자네와 개원시기만 다를 뿐 나도 언젠가는 열어야 한다고 생각하고 있었다. 그러나 군권을 침해하는 사고방식은 용납할 수 없다. 내가 물러날 테니 자네 좋을 대로 하게"라며 단호하게 말했다.

이에 당황한 오쿠마는 "그렇게 화내지 마라. 나는 혼자 좋을 대로 할 생각은 조금도 없다"며 다시 한번 자세를 낮추었다. 이토는 "그렇게 말하지만 자네는 어제 오늘에 된 참의는 아니다. 그럼에도 이런 중대한 문제를 아리스가와노미야의 양해만으로 끝내려 하고 있다. 도대체 무슨 속셈인가"라며 따졌다. 오쿠마는 사전 누설이 두려웠다고 전에 한 말을 되풀이했다.

그러나 오쿠마가 2년 안에 국회를 열자고 주장한 동기는 엉뚱한

데 있었다. 사실 대장성 수장(首長)인 그는 당시 인플레 문제에 직면하여 그 책임을 피할 수 없다. 서남전쟁 때 지폐를 남발한 결과였다. 말하자면 인플레에 쏠린 일반의 관심을 국회개설 문제로 돌려 불평불만을 덜어보자는 속셈이었다. 이토는 오쿠마가 의회를 이용하여 삿조 세력을 몰아내려 시도한다고 판단했을 뿐 그런 줄은 몰랐다. 이토는 한참 뒤에야 오쿠마의 의중을 알게 됐다고 그의 일기에 남기고 있다. 오쿠마는 수석 참의였지만 지지세력이 적어 정부를 마음대로 지배할 수는 없었다. 유신정부 주체는 여전히 삿조벌(薩長閥)이었다.

이토는 다음날부터 출근하지 않았다. 이와쿠라는 이를 수습하기 위해 산조와 아리스카와노미야에게 의견서를 보냈다. 이는 헌법 제정에 관한 자신의 소신이기도 했다. 그의 의견서는 "○먼저 헌법조사위원회를 만들고 ○궁중에도 대신을 총재로 하는 담당국을 설치하여 초안을 만든 뒤 내각에 내도록 하되 ○흠정(欽定)헌법을 채택해야 한다"는 내용 등을 담고 있었다. 여기서 '흠(欽)'이란 천자(天子)에 관한 것을 나타내는 말로 '흠정'은 천자가 제정한다는 의미였다.

이와쿠라는 어차피 헌법이 필요하다면 왕인 텐노가 신민에 하사하는 형식이 되어야만 한다는 견해였다. 그는 또 텐노는 육·해군의 통솔권을 갖고 의원개폐와 해산권을 가지며, 입법권을 나누기 위해 원로원과 민선원(民選院)을 설치해야 한다고 주장했다. 이밖에 텐노의 승계는 헌법에 따르지 않고 따로 제정해야 한다고 강조했다. 이 같은 이와쿠라의 의견은 나중 메이지 헌법의 골격을 이루었다.

아리스가와노미야는 이토를 직접 찾아가 이와쿠라의 의견을 이야기하며 위로하고 하루 빨리 출근하라고 달랬다. 이토는 황족이

몸소 찾아와 머리를 숙인 셈이어서 더 오래 버티면 예의에 어긋나는 일이라고 판단하고 7월 8일부터 다시 나왔다. 그리고 오쿠마하고도 오해를 풀었다. 그렇지만 이토의 마음속에는 오쿠마를 갈아 치워야겠다는 옹어리가 생겼다.

때마침 정부와 정상배(政商輩)가 결탁한 '홋카이도(北海道) 관유물(官有物) 부정불하' 사건이 터지고 이를 공격하는 자유민권운동이 거세게 일어났다. 사태는 정부가 메이지 초년 이래 많은 비용을 들인 관유물을 당시 오사카에 살던 사쓰마 출신 고다이도모아쓰(五代友厚) 등에게 헐값으로 불하하려는 데서 불거졌다. 그때 홋카이도 개척장관은 구로다 기요다카로 그 역시 사쓰마 출신이어서 의혹은 더욱 커졌다. 이 사실을 알게 된 재야 민권정치인들과 언론인들은 "이는 정부고관과 어용상인이 결탁하여 국가이익을 농단하는 처사"라며 규탄하고 나섰다.

이 항의운동은 그때 한창이던 민권운동에 가세하여 걷잡을 수 없이 번져 나갔다. 정부가 잘못 대처하다가는 정권이 무너질 기세였다. 이 헐값 불하 반대운동에는 후쿠자와 유키치를 비롯한 게이오대학 출신들이 주를 이루었다. 오쿠마도 물론 관유물 불하를 반대했다. 그래서 항간에는 오쿠마가 게이오대학 설립자인 후쿠자와와 손을 잡고 미쓰비시(三菱) 회사에서 정치자금을 끌어들여 정부전복 음모를 꾸민 소문도 나돌았다. 참의들 사이에는 오쿠마를 정부에서 몰아내야 한다는 주장까지 나왔다. 오쿠마의 급진적 입헌체제 의견에 반감을 품고 있던 이토 등이 "이대로 가면 오쿠마 안을 받아들일 수밖에 없는 상황에 이를지 모른다"며 이를 미리 막기 위해 그를 추방하기로 뜻을 모은 것이다.

이윽고 메이지 정부는 1881년 10월 11월 민권운동을 잠재우기 위한 극약처방을 내놓았다. '메이지 23년(1890)을 기해 국회를 개원하겠다"고 선언한 것이다. 메이지 정부는 이와 함께 오쿠마를 파면했다. 음모는 오쿠마가 메이지왕을 수행하여 도호쿠(東北), 홋카이도 지방을 순시하는 사이 이루어졌다. 젊은 메이지왕은 당시 권위를 높이기 위해 지방을 자주 순회하며 얼굴을 알리는 데 열중하였다. 이토와 이노우에는 10월 10일 밤 오쿠마가 홋카이도에서 돌아오자 집으로 찾아가 번벌(藩閥) 정치가들의 결의사항을 알리고 사표를 받았다. 사건은 이에 그치지 않았다. 오쿠마와 관계가 깊었던 국장급 관료와 게이오 출신 고위관료 10여 명이 모두 자리에서 물러났다. 이 소동이 바로 '메이지 14년의 정변'이다. 이로써 이토는 아무도 그를 함부로 견제할 수 없는 최고지도자의 반석 위에 우뚝 서게 되었다.

텐노를 등에 업고

口

메이지왕은 나이가 들어가면서 중신(重臣)들 가운데 이토 히로부미를 가장 신임했다. 좀 과장하자면 그는 이토의 말이라면 팥으로 메주를 쑨다 해도 곧이들을 정도였다. 따라서 이토의 말에는 무게가 실릴 수밖에 없었다. 말을 바꾸면 메이지왕은 이토의 정치생명이자 보호막이었다. 둘 사이의 관계도 열한 살 차이(메이지왕이 어림)라는 나이의 벽을 넘어 오랜 친구라고 해도 좋을 만큼 유별났다. 이토는 각료들이 모인 어전회의나 간담회에서도 다른 사람이라면 감히 상상할 수도 없는 농담을 그와 스스럼없이 주고받았다. 그래서 텐노의 '명분'을 앞세워 정계를 요리해 온 이토에게 메이지왕을 머릿속에서 지우고 정치를 생각하기란 도저히 불가능한 일이었다. 어려울 때마다 도움을 받았던 친구이자 정치 파트너였던 오쿠마 시게노부를 낙마시킨 이유도 텐노의 권위를 무시한 헌법을 만들자고 주장했기 때문이었다.

이토는 그의 각본대로 오쿠마를 밀어내고 천하를 손안에 넣었지만, 걱정은 한두 가지가 아니었다. 그 가운데서도 '국체(國體)개혁'을 요구하는 민권운동은 가장 큰 골칫거리였다. 정치변화를 바라는 민초들의 항의는 고위관료들의 각종 부정부패와 맞물려 '앞으로 9년(1890년) 안에 헌법을 만들고 국회를 열어 민의(民意)를 반영하겠다'는 정부의 약속을 받아내고도 터진 봇물처럼 홍수를 이루었다. '민권파(民權派)' 언론들은 벌써부터 영국식 민주주의를 주장하며 국민의 관심을 끌었다. 특히 《마이니치(每日)신문》은 날마다 논설과 기획특집을 통해 '주권은 인민에게 있다'는 점을 일깨우기도 했다. '오사카 회의' 결과 참의에 복귀했던 이타가키 다이스케도 의견차이로 다시 물러나 자유당을 만들고 국회개설을 겨냥한 민권운동을 전국으로 확대해 나갔다.

그는 1882년 4월 16일 기후(岐阜)지방에서 테러를 당했을 때 "이타가키는 죽어도 자유는 죽일 수 없다"는 유명한 말을 남기기도 했다. 정부는 이제 헌법제정을 한시라도 늦출 수 없는 상황에 몰렸다. 누구보다도 왕을 등에 업고 권세를 누려왔던 이와쿠라 도모미의 마음은 더욱 조급했다. 그는 원로원 의장 데라시마 무네노리를 시켜 '일본 실정에 적합한 헌법을 만들기 위해서는 유럽 선진국의 헌법실태와 운용방법 등을 조사하여 참고할 필요가 있다'는 당위성을 공론화하였다. 아울러 이 일을 해낼 수 있는 적임자는 이토밖에 없다고 주장했다. 이와쿠라는 이를 근거로 이토를 만나 유럽출장을 재촉했다.

이토는 마음이 흔들렸다. 그는 평소 헌법을 만들 수 있는 사람은 자기밖에 없다고 자부해 왔으나 일단 유럽에 가면 적어도 1년 동안은 일본을 비우게 되기 때문이다. 게다가 그가 생각하기로는 내무성을 맡길 적임자가 없었다. 오쿠마를 추방한 뒤 단행된 인사에서 같은 도사(土佐) 출신의 사사키 다카유키(佐佐木高行)와 후쿠오카 다카치카(福岡孝弟)가 참의로 승진하고 사쓰마 출신도 마쓰가타 마사요시(松方正義)와 오야마 이와오(大山巖)가 같은 자리에 올랐다. 이에 따라 참의는 모두 열두 명으로 불어났다. 조슈출신은 여전히 네 명인 데 견주어 사쓰마 출신은 세 명에서 다섯 명으로 많아졌고 도사 출신은 겨우 한 명이 보강된 셈이었다.

이토는 자신이 정부를 비운 사이 누구에게 뒷일을 맡길 것인가에 생각이 이르자 아무래도 불안했다. 그가 믿을 사람은 조슈 출신으로 이노우에 가오루와 야마가타 아리토모가 있었으나 둘 다 금전관계가 깨끗하지 않아 평판이 나빴다. 또 추방된 오쿠마가 어떻게 나올지도 궁금했다. 다행히 오쿠마는 측근에게 "하늘을 우러러보고 땅을 내려다보아도 부끄러울 게 없다. 이제부터는 마음 편하게 천하가 어떻게 돌아가는지를 지켜볼 계획이다. 에토 신페이와 사이고 다카모리와 같은 일을 도모할 생각은 전혀 없고 이타가키처럼 물러나자마자 정치운동을 할 마음도 없다. 감히 말하자면 참의로서 정치의 최고 책임을 맡아온 자가 퇴관(退官)과 함께 출처진퇴를 어떻게 해야 하는지의 모범을 보이려고 작정하고 있다"고 공언해 이토의 마음을 한시름 놓게 했다.

이토는 오랜 생각 끝에 야마가타에게 내무성을 맡기고 1882년 3월 14일 요코하마항에서 유럽으로 떠났다. 벌써 네 번째 해외여행이었다. 수행원으로는 야마자키 나오타네(山崎直胤) 태정관 대서기관, 이토 미요지(伊東巳代治) 참사원의관보, 가와시마 아쓰시(河島醇) 대장(大藏) 권대(權大)서기관, 히라다 도스케(平田東助) 대장 소서기관 등이 따랐다. 이때 지병을 앓고 있던 이와쿠라가 아픈 몸을 이끌고 전송을 나왔다. 그는 외국인말고 국내인사를 전송하기 위해 요코하마항에 나간 적은 한번도 없었다. 그는 유신 전후의 혼란기를 헤쳐온 인물답게 자신의 죽음이 머지 않았음을 예감하였다.

이와쿠라가 무리를 해가면서 요코하마까지 직접 전송을 나간 데는 두 가지 이유가 있었다고 한다. 하나는 자신의 후계자가 누구인지를 행동으로 보여주고 싶었고, 또 한 가지는 조사단 일원으로 같이 떠나는 사이온지 긴모치(西園寺公望)를 잘 지도해 주도록 부탁하기 위해서였다는 것이다. 사이온지는 이와쿠라와 같은 공경 출신인 데다 총명하여 이와쿠라의 사랑을 받았다.

이토는 유럽 여러 나라 가운데 연구 조사지로 독일을 선택했다. 영국이나 프랑스 헌법보다는 정부와 국회의 독자성을 인정한 입헌군주제 독일 헌법을 일본에서 받아들이기에 적합하다고 판단했기 때문이다. 이토는 '국회를 두되 국회와 정부의 기능을 따로 규정하여 국회의 간섭을 받지 않고 오로지 텐노의 뜻을 받들어 행정을 수행할 수 있는 권한을 갖는 정부를 만드는 것'이 소망이었다.

그는 우선 베를린으로 비스마르크 수상을 찾아가 독일에 온 경위를 설명하고 협조를 요청했다. 비스마르크는 독일 헌법을 연구 모델로 선택한 것은 매우 잘한 일이라며 당시 독일 법학계의 최고 권위자로 알려진 루돌프 폰 그나이스트를 소개해 주었다. 그나이스트는 당시 예순일곱 살로 베를린대학 교수와 판사, 의원 등을 역임한 헌법학의 대가였다. 그는 그의 제자 알베르트 못세와 함께 이토 일행을 열심히 가르쳤다. 못세는 모두 24회에 걸쳐 공법학을 강의했다.

헌법조사단 일행은 독일 헌법뿐만 아니라 영국과 프랑스 헌법도 물론 비교 연구했다. 프랑스 파리에서 10여 년 동안 법학을 공부한 사이온지는 그곳에 다시 가서 프랑스 황실 전범(典範)을 조사하기도 했다. 이토는 함께 여행하며 사이온지의 인물 됨됨이를 눈여겨보았다. 그는 이토의 눈에 들어 나중 제2차(1892년 8월 8일) 이토내각 때 문상(文相)을 역임했으며 러일전쟁 뒤에는 수상으로 정권을 책임지기도 했다.

헌법조사단은 한가지라도 놓칠세라 강의를 들으며 자료수집에 열심이었다. 그런 사이 이토 앞으로 이노우에와 야마가타의 편지가 왔다. 모두 일본의 정치정세에 관한 내용으로 일종의 보고서였다. 거기에는 이타가키가 테러를 당한 이야기와 자유당이 인기를 얻고 있는 일, 민권파의 움직임 등을 자세히 설명하고 있었다. 그 가운데서도 이타가키가 국회개설에 대비하여 고토 쇼지로(後藤象二郎)와 함께 유럽을 방문할 계획이라는 내용은 이토를 놀라게 했다. 또 이토가 유럽으로 떠난 뒤 반 년도 안 되어 오쿠마가 개진당(改進黨)을 창당하여 영국식 의회정치의 실현을 목표로 하고 있다는 소식도 들어 있었다. 이토는 편지를 읽으면서 자신은 절대로 영국식 헌법은 만들지 않을 것이라고 다짐했다.

이토 일행은 1882년 5월부터 7월 말까지 1차 베를린에서 그나이스트와 못세에게 배운 뒤 비엔나로 옮겨 8월부터 11월까지 로렌츠 폰 슈타인에게도 강의를 들었다. 슈타인 또한 비엔나대학 교수로 공법과 행정법의 권위자였다. 이토는 영어로 강의하는 그에게 홀딱 반해 일본으로 가자고 제의했으나 그는 노령(당시 68세)을 이유로 거절했다. 슈타인은 그 대신 이토가 귀국한 뒤 전문 73조로 된 헌법초안을 만들어 보내(1887년) 참조하도록 했다. 이 가운데 '황제는 제국(帝國)의 최고 수장이다. 그 신체는 아무도 범할 수 없다(17조)'는 내용과 '제국은 세습 군주국이다. 황실의 승계 및 권리는 황실전범에 따라 이를 제정한다(제18조)'는 조항은 메이지헌법에 크게 반영되었다.

이토 일행은 비엔나에서 수강을 마치고 그해 11월 다시 베를린으로 돌아가 다음해(1883년) 2월까지 연구조사 활동을 마무리한 다음 벨기에·영국·러시아 등을 돌아보고 이탈리아 나폴리를 거쳐 8월 3일 귀국했다. 이와쿠라는 "여러분이 돌아올 무렵에는 어쩌면 못 보게 될지도 모른다"는 그의 말대로 헌법조사단이 돌아오기 2주일 전인 7월 20일 세상을 떠나고 없었다. 이토의 마음은 허전하기 그지없었다.

귀국 즉시 헌법초안을 만들어야겠다고 다짐하고 돌아온 이토는 당분간 성문(成文)작업을 접어둘 수밖에 없었다. 국민과 한 약속 시간이 아직 7년이나 남아 있는 데다 당장 해결해야 할 외교문제가 그를 기다리고 있었기 때문이다. 게다가 1884년 12월 4일 한성에서 일어난 갑신정변은 그를 더욱 바쁘게 했다. 김옥균을 비롯한 개화파가 일으킨 쿠데타는 잘 알려져 있듯이 일본정부가 배후에 있었다(《후쿠자와 유키치 – 탈아론을 어떻게 펼쳤는가》 참조). 사망·실종자만도 조선군(朝鮮軍) 38명, 조선민간인 88명, 조선여성 7명, 일본인 38명, 청나라 병사 10명 등 모두 181명이나 되었다. 당연히 조선과 일본 그리고 청나라 사이에 외교문제를 불러왔다.

조선과 일본 사이의 외교교섭은 일본의 일방적인 요구로 1885년 1월 6일 한성조약이 체결되면서 타결됐다. 조선조정은 이때 수많은 피해를 당하고도 일본의 강요에 못 이겨 "조선은 일본에 사절을 보내 사의를 표하고 일본인 피해자에게 위자료 10만 엔을 지불하며 일본인 살해범의 처벌과 함께 불에 탄 일본공사관 건설비를 부담한다"는 내용의 굴욕적인 조약을 받아들이지 않으면 안 되었다. 조선왕조의 실상을 그대로 드러낸 대목이다.

일본군 희생자는 대부분 청나라 병사들과 교전에서 생겼다. 이는 말할 나위도 없이 청나라와 일본의 외교문제였다. 일본정부는 이토를 특파 전권대사로 임명했다. 이토는 사이고 쓰구미치(西鄕從道) 참의가 동행하는 조건으로 이를 수락했다. 일본병 희생자 가운데는 사쓰마 출신이 많은 데다 이들 유가족들이 한성조약에 불만을 품고 있었기 때문이었다. 이토가 보기에는 당시 상황이 절대로 일본에 유리하지 않아 청나라와 회담 결과를 장담할 수 없는 데다 결과가 좋지 않을 때는 비난이 쏟아질 것이 분명했다. 이토는 사이고와 같이 가면 혹시 회담 결과가 나쁘더라도 사쓰마 계의 강경파 여론을 잠재울 수 있으리라 판단했다.

19세기 동양 외교를 전담했던 팍스 주청 영국 공사.

사이고는 이토의 제의를 받아들였다. 이토는 사이고말고도 마키노 노부아키(牧野伸顯), 노즈 미치쓰라(野津道貫) 등 사쓰마 출신들과 함께 2월 28일 요코하마에서 청나라로 떠났다. 이들은 3월 14일 천진(天津)에 도착하여 북경(北京)에서 마중 나온 에노모토 다케아키(榎本武揚) 공사와 하라 다카시(原敬) 영사의 영접을 받았다. 이토는 청나라 황제와 서태후를 만나기 위해 이들과 같이 북경으로 갔다. 이토 일행은 21일 북경에 도착했으나 북경 주재 영국대사 팍스가 그 날 병으로 죽어 다음날 영국공사관을 찾아 조문하기도 했다. 이토는 청나라 황제가 어리고 서태후는 여성이라는 이유로 만나주지 않아 하는수없이 이홍장(李鴻章)과 담판하기 위해 다시 천진으로 돌아가야 했다.

이토는 4월 3일 이홍장과 탁상에 마주앉았다. 이토는 그에게 일본병 살해 책임자인 원세개를 처벌하고 손해를 배상하라고 요구했다. 그러나 이홍장은 이를 단호히 거부했다. 청나라는 이미 프랑스의 지원을 받아 태도가 강경했다. 회담은 모두 여섯 차례의 교섭 끝에 천진조약으로 결말이 났다. 내용은 "첫째, 한성으로부터 두 나라 군사를 철수시키고, 둘째, 앞으로 두 나라는 조선에 군사교련 고문을 보내지 않으며, 셋째, 장차 조선에 변란이 일어나 파병할 일이 생기면 서로 미리 통보하고 사건이 수습되면 함께 군을 철수시킨다"는 3개 조항이었다.

이토 일행은 4월 18일 조인을 마치고 다음날 천진을 출발하여 일본으로 돌아갔다. 갑신정변은 후쿠자와 유키치와 고토 쇼지로 등의 지원과 충동이 계기였지만 엄밀히 말하면 다케조에 신이치로(竹添進一郎) 주조선공사의 경솔한 판단이 발단이었다. 따라서 외교담판의 실패도 당연했다. 그럼에도 이토와 이노우에에겐 각각 1만 엔, 사이고와 에노모토에게는 각각 6천 엔의 공로금이 주어졌다.

이토는 천진으로 출발하기에 앞서 정치제도 개혁의 필요성을 실감했다고 한다. 그는 유럽 선진국처럼 내각제를 도입할 생각이었다. 헌법을 제정하고 국회를 열게 되면 태정관 제도로는 이에 대응할 수 없다고 판단했다. 또 아시아로 세력을 뻗쳐오는 열강을 막기도 어렵다는 분석이었다. 이토는 태정대신과 좌·우대신이 될 수 있는 사람은 자격이 한정되어 있지만 유럽 선진국처럼 내각제를 선택하면 문벌과 출신에 관계없이 유능한 인재로 내각총리를 임명하여 위기에 대처할 수 있다고 생각했다. 그러나 내각제를 도입하는 데는 한가지 장애물이 있었다. 태정대신인 산조를 어떻게 예우해야 하는가가 문제였다. 이토는 천진으로 출발하면서 이노우에에게 내각제를 실시할 수 있도록 산조를 설득해 달라고 부탁했다. 이노우에는 외무대신인 자신이 해결해야 할 청나라와의 외교담판을 이토가 대신하고 있는 데 보답하기 위해 '고양이 목에 방울을 다는 역'을 기꺼이 맡겠다고 나섰다. 그러나 산조는 예상대로 이를 완강히 반대하며 이토가 돌아오면 진의를 직접 듣고 싶다고 말했다.

산조는 5월 12일 천진에서 돌아온 이토를 만나 그가 이노우에에게 말한 새 정치구상에 대해 이야기를 나누었다. 이토는 "앞으로 입헌정치가 실현되면 정부는 국회와 대결하지 않으면 안 된다. 따라서 정무(政務) 통일이 무엇보다 중요하며 이를 위해서는 내각총리를 두고 각 성(省)의 정무를 통괄하는 내각책임제를 실시해야만 한다"고 설명했다. 산조는 "총리대신은 한 사람밖에 될 수 없는데 그렇게 되면 삿조(薩長)의 균형이 깨질 우려가 있으니 그보다는 이와쿠라 사망 뒤 비어있는 우대신을 임명하는 쪽이 좋은 방법"이라며 이토에게 우대신이 되기를 권했다. 이토는 그럴 생각이 전혀 없다고 밝히고 자리에서 일어났다.

이에 불안해진 산조는 다시 이노우에를 불러 "구로다를 우대신으로, 이토를 좌대신으로 하여 나를 도와주면 좋겠다"고 이토에게 전해줄 것을 부탁했다. 그는 삿조를 대표하는 구로다와 이토가 좌우대신으로 보좌해 주면 아무 문제가 없으리라 생각했다. 이토는 이노우에로부터 이 이야기를 듣고 "산조공은 개혁의 필요성을 전혀 모르고 있다. 우대신 자리를 메우는 정도라면 구로다로 족하다"며 실망감을 감추지 못했다.

산조는 대신자리에 오르기를 거절한 이토에게 "그러면 나와 같이 폐하 앞에 나가서 구로다의 우대신 임용을 상주해 주기 바란다"고 부탁했다. 이토는 어쩔 수 없이 이를 받아들이고 11월 17일 구로다의 우대신 임용을 메이지왕에게 주청했다. 메이지왕은 "구로다에 관한 인사가 참의 전원의 일치된 의견이냐"고 묻고 다시 한번 확인해 오도록 지시했다. 산조는 다음날 참의 모두를 모아놓고 구로다의 우대신 임용에 대한 의견을 물었다. 사사키 다카유키 참의 겸 공부경은 "우대신이라면 모든 참의들의 사표가 되는 지덕(智德)을 겸비한 인물이어야 한다. 여기 모인 참의들은 지(知)는 갖추고 있는지 모르지만 덕은 부족한 게 사실이다. 특히 구로다군은 술버릇이 나빠 많은 사람들이 싫어하고 있다"며 그를 우대신으로 추대하기를 반대했다.

이에 당황한 산조는 다음날(19일) 하루 종일 사사키를 설득하여
겨우 반대론을 철회시켰다. 메이지왕이 전원 합의를 요구하였기
때문이다. 하지만 그러한 노력도 허사였다. 구로다가 우대신 추대
를 거부한 것이다. 일은 다시 꼬이기 시작했다. 이를 지켜보던 메
이지왕은 산조를 불러 "우대신의 임무는 그야말로 중요하다"고
강조하고 "땜질식 인사보다는 정부조직 정비가 시급하므로 조직
부터 개편한 뒤 인선은 그 다음에 하라"고 지시했다. 혁명 당시
열여섯 살 소년이던 메이지왕은 어느새 사리를 분별할 수 있는 서
른세 살의 어엿한 청년으로 성장해 있었다. 원래는 왕이 이런 문
제에 개입하는 예가 없었으나 산조의 지나친 권력욕에 쐐기를 박
은 것으로 사가들은 해석한다.

산조는 메이지왕의 의중을 확실히 파악한 이상 취할 방법은 단
한 가지밖에 없었다. 그는 참의들을 모두 모이게 하여 왕의 뜻을
전하고 이토에게 구상하고 있던 새 정치제도를 설명하도록 했다.
이토가 말한 내각제도에 대해 반대한 사람은 아무도 없었다. 이토
는 미리 준비한 관제개혁안을 12월 4일 산조를 통해 메이지왕에게
올렸다. 이와 함께 내각총리로는 이토가 적임자라는 참의들 의견
도 전달했다. 메이지왕은 12월 7일자로 이토를 총리대신으로 내정
했다. 구로다가 11월 21일 우대신 추대를 거절한 지 16일 만이었
다. 당시의 행정관행으로는 놀랄 만큼 빠르게 진행됐다. 기록이
없어 그 사이 이토가 내각제 도입을 위해 비밀공작을 꾀했는지는
확인할 길이 없다. 다만 구로다에게 우대신 사퇴를 권고한 사람이
요시이(吉井友美) 궁내부 대보(大輔)였던 점으로 미루어 이토와
그의 연대 가능성을 추측할 수는 있다. 이토는 그때 궁내경을 겸
하고 있어서 메이지왕과 독대가 자유로웠다.

내각총리에 내정된 이토는 참의들을 모이도록 했다. 물론 구로

다에게도 회의소집을 통보했다. 하지만 구로다는 인사에 불만을 품고 술을 마셔 아침부터 취해 있었다. 이토는 "도저히 상상할 수 없는 일이다. 국가 대사를 의논하려는 마당에 내각고문이 술에 취해 행패를 부리다니 대명(大命)을 수행할 수 없다"며 회의장을 박차고 나가버렸다.

이토는 다음날 산조와 만나 구로다를 설득할 방법을 의논했다. 둘은 마쓰가타·사이고·오야마 등 사쓰마 출신 참의들에게 맡기는 쪽이 상책이라는 결론을 짓고 이들을 불러 새 내각에 협력하도록 설득해 주기를 부탁했다. 구로다는 이들이 찾아가자 "어떤 자리라도 좋다. 국가에 봉사할 수 있는 기회를 달라"며 고개를 떨구었다. 모두가 술 탓이었다며 볼 면목이 없다고 털어 놓았다. 그는 술을 깨고 나면 취해 있는 동안 무슨 짓을 했는지를 모를 정도로 술에 약했다. 세 사람은 산조에게 이런 사실을 바로 알렸다. 산조와 이토는 가슴을 쓸어내렸다.

그런데 그는 그날밤 심부름꾼을 통해 이토에게 편지를 보내왔다. 밤 12시 24분이라는 시간까지 적은 이 편지는 모든 관직에서 물러나겠다는 사직서였다. 이토는 밤이 깊었지만 바로 마차를 불러 타고 마쓰가타집을 찾아갔다. 마쓰가타에게도 이미 사직의 뜻이 담긴 편지가 와 있었다. 이토는 구로다의 문제를 마쓰가타와 사이고에게 맡기겠다는 말을 남기고 돌아왔다. 그렇지만 이토는 이들 사쓰마 출신 세 명이 구로다를 적극적으로 설득하지는 않을 것으로 내다보았다. 구로다의 나쁜 술버릇 때문에 피해를 본 사람이 바로 이들이었기 때문이다. 이토의 조치는 하나의 구로다 고립작전이었다. 이들 참의들의 반발만 없으면 구로다를 버려도 큰 문제는 없을 것이라는 판단이었다. 산조는 세 사람이 구로다를 더는 잡지 않고 내버려두기로 했다고 통보해 오자 구로다의 사표를 왕에게 제출했다. 그러나 메이지왕은 뜻밖에도 참의직만 사표를 받아들이고 고문과 육군중장은 그대로 유지하도록 사표를 돌려 보내 체면을 세워주었다.

이러한 진통 끝에 메이지 정부는 마침내 그해(1885년) 12월 22일 내각제 실시를 위한 관제개혁을 단행했다. 그리고 이토 히로부미가 초대 내각총리대신으로 임명됐다. 그의 나이 마흔네 살로 쿠데타에 동참한 지 17년 만이었다. 구 막번시대 아시가루(足輕)도 아닌 천민 출신인 그가 국정 최고책임자로 발탁됨으로써 혁명 뒤 17년 동안 이어진 태정관제는 역사 속으로 사라지고 아무리 신분이 낮은 출신이라도 능력만 있으면 텐노와 가장 가까운 중직(重職)을 맡을 수 있는 길이 열리게 되었다. 내각총리는 권한도 막강했다. 규정에 따르면 '내각총리대신은 각 대신의 수반으로서 국가 업무를 왕에게 주청하고 왕의 뜻을 받들어 정책 방향을 제시하며 각부를 통괄한다'고 위상을 정의하였다.

이토는 이 날 초대 내각을 발족하고 개혁에 박차를 가하였다. 대신의 수는 수상을 포함해 모두 열 명이었다. 각 부의 장관은 모두 대신으로 명칭을 통일했다. 외무(이노우에 가오루)와 내무(야마가타 아리토모) · 대장(大藏 : 마쓰가타 마사요시) · 육군(오야마 이와오) · 해군(사이고 쓰구미치) · 사법대신(야마다 아키요시) 등은 유임되고 문부에는 모리 아리노리(森有禮)가, 농상무에 다니 간조(谷干城), 체신에는 에노모토 다케아키(榎本武揚) 등이 발탁됐다. 태정대신이었던 산조는 내대신으로, 좌대신 아리스가와노미야는 참모본부장에 임명되었다. 내각 밖의 직책으로 궁내대신이 있었으나 이토가 겸임했다. 각 대신들을 출신지역별로 나누면 조슈와 사쓰마가 네 명씩이고, 도사와 구 막신(幕臣)이 한 명씩이었다. 따라서 정권의 핵심은 여전히 삿조(薩長)였다.

특히 모리의 발탁은 그가 그리스도교 신자라는 점에 의미가 있었다. 서구 여러 나라에 일본이 그리스도교도를 존중하는 문명국임을 알리기 위한 조치였다. 새 정부는 각료들의 연봉도 크게 올렸다. 총리의 경우 9,600엔이나 되었으며 각 대신도 6천 엔에 이르렀다. 이 밖에 교제비로 외무대신에게는 1만 엔이, 총리에겐 8천 엔이, 그 밖의 대신에게는 5천 엔이 주어졌다. 물가도 올랐지만 이는 태정관 시대와 견주어 열 배 이상이 오른 액수였다.

텐노를 위하여
'텐노제(天皇制)' 창안

이토 히로부미는 일본의 근대화에 많은 공적을 남겼다. 새 화폐발행(1871년), 국군창설(1872년), 신바시(新橋)~요코하마(横浜) 사이 철도부설(1872년), 내각제 도입(1885년), 학교제도 정비(1886년) 등 그의 뜻이 담긴 메이지 정부의 개혁사업은 손꼽을 수 없을 만큼 많다. 그 가운데서도 특히 '대일본제국헌법(大日本帝國憲法)' 제정은 가장 뛰어난 업적으로 일본학계는 평가하고 있다. 학자들 가운데서도 황국사관(皇國史觀)에 젖은 국수주의자들은 내용은 별개로 하고 무엇보다 동양 여러 나라 가운데 가장 먼저 구미 선진국처럼 헌법을 갖춘 점을 자랑으로 여긴다. 그러나 헌법을 만든 동기가 '장기집권'을 위한 불순한 목적에서 출발한데다 군부세력에 대한 견제장치가 미흡해 결국 '국민들을 침략전쟁의 고통으로 몰아넣었다'는 비판의 목소리도 만만치 않다.

독일에서 헌법을 연구하고 돌아와 내각총리로 한동안 국정에 전념하던 이토는 국민에게 한 헌법제정 약속시한(1890년)이 점점 다가오자 1886년 6월부터 준비작업에 들어갔다. 그는 우선 이노우에

고와시(井上毅) 법제국 장관과 이토 미요지(伊東巳代治)·가네코 겐타로(金子堅太郎) 수상비서관 등 세 사람을 불러 헌법과 황실 전범(典範) 초안을 만들도록 지시했다. 이노우에는 텐노(天皇) 중심의 흠정헌법에 해박한 지식을 갖고 있었으며, 이토 미요지와 가네코는 이토를 따라 유럽에서 서구의 헌법을 조사연구하고 돌아온 엘리트였다. 특히 이노우에 고와시는 1882년 '헌법 시안'을 만들어 이와쿠라와 이토에게 주기도 했었다.

물론 작업은 아무도 눈치채지 못하도록 철저한 보안 속에 은밀히 이루어졌다. 이러기를 1년. 1887년 5월 마침내 초안이 만들어졌다. 이토 등 네 사람은 그해 6월 가나가와현(神奈川縣) 가나자와분코(金澤文庫) 앞 해상의 나쓰시마(夏島)에 새로 지은 이토의 별장에 모였다. 별장이라고는 하지만 방이 부족해 이노우에 고와시 등 세 사람은 처음 섬에서 가까운 가나자와분코의 한 여관에 숙소를 정하고 배로 나쓰시마를 드나들었다. 그러나 여관에 도둑이 들어 이노우에의 구두와 서류를 훔쳐 가는 바람에 보안에 문제가 있다고 판단, 하는수없이 네 명이 함께 별장에 머무르게 되었다. 지금은 바다를 메워 육지와 이어져 있지만 당시는 나룻배를 타고 건너는 길밖에는 교통수단이 없어 비밀을 유지하기에는 그만이었다.

이들은 검토작업에 들어가기에 앞서 자체적으로 마련한 갑·을 두 개 안과 독일인 법률고문이던 헤르만 로에스레르가 만든 안을 포함하여 세 개 초안을 준비했다. 로에스레르는 1834년 독일에서 태어난 법학자 겸 경제학자로 일본정부의 초청으로 1878년부터 1893년까지 일본에 머무르며 각종 법률자문과 헌법제정 등을 도왔다.

로에스레르의 초안은 전문 95개조로 되어 있었다. 가장 중요한 부분은 '텐노는 신성하여 범할 수 없는 제국(帝國)의 주권자이다. 텐노는 일체의 국권(國權)을 총람(總攬)하고 이 흠정헌법의 규정에 따라 이를 시행한다'는 제2조였다. 다음으로 국회, 국회의 권리, 일반의 권리와 의무, 사법, 행정, 재정, 통칙(通則) 등을 각 조로 나누어 정리했다. 이노우에의 초안은 갑안이 72개 조, 을 안은 79개 조로 이루어졌다. 두 안은 모두 제1조에 '일본제국은 만세일계(萬世一系)의 텐노가 통치한다'로 규정하는 등 전체적으로 보면 별로 큰 차이는 없었으나 갑 안은 국군통수권을 '군병(軍兵)'으로 막연히 규정하여 애매하나, 을 안은 '텐노는 육·해군을 총독(總督)한다'고 명문화하여 선전포고나 조약체결은 텐노의 대권에 속한다는 점을 분명히했다. 병역문제에 대해서도 갑 안은 '징병의 방법은 법률이 정한 것에 따른다'로 규정하고 있는 데 견주어 을 안은 '모든 일본 국민은 병역에 복무할 의무가 있다'로 못박고 있다. 그러나 이노우에 초안에는 이토가 가장 중요하게 생각하고 있던 텐노의 '신성(神聖)에 관한 조항'이 빠져 있었다. 이토는 이를 로에스레르의 초안에서 받아들이도록 했다.

이노우에 등은 관직이나 신분에 관계없이 각자가 생각하고 있던 의견을 며칠 밤낮을 두고 거리낌없이 주고받았다. 이들은 이렇듯 한 달 남짓 논의 끝에 '나쓰시마 초안'을 만들었다. 헌법 초안 작업은 앞서 설명대로 극비리에 추진되어 정부 각료 가운데서도 진행상황을 아는 사람은 다섯 손가락 안에 들 정도였다. 그런데 이게 어찌된 일인가. 그해 8월말 《서철몽이야기(西哲夢物語)》라는 제목의 출판물이 시중에 나돌아 이토를 곤혹스럽게 만들었다. 이 작은 책자에는 이토가 독일에서 받은 강의내용의 필기, 독일 헌법 조문, 로에스레르의 헌법초안 등이 자세히 실려 있었다. 이는 당시 정계에서 정치공작을 잘하기로 유명한 호시 도루(星亨)의 짓으로 드러났다.

이 일로 정부가 국민의 뜻을 무시하고 독일의 전제군주적 헌법을 본받아 국민의 주권을 제한하는 헌법을 만들려 하고 있다는 사실이 밝혀져 민권운동에 또다시 불을 지폈다. 경쟁관계로 끊임없이 다투던 자유당과 입헌개진당도 일단 정쟁(政爭)을 중단하고 서로 제휴, '정부는 헌법초안을 공개하고 언론의 자유를 보장하라'며 한목소리를 내기 시작했다. 게다가 이노우에 가오루(井上馨) 외무대신이 추진해 오던 구미 열강과 조약개정 교섭이 오히려 일본에 불리한 쪽으로 흘러 민권투쟁을 더욱 부채질했다. 특히 자유당계 민권파가 들고 나온 '언론의 자유, 조세경감, 국권회복' 등의 3대 건의운동은 전국으로 확산되어 정국이 크게 흔들리게 되었다.

사태를 심각하게 받아들인 이토는 1887년 9월 도쿄에 각 지방장관을 모아놓고 헌법제정에 관한 정부의 기본방침을 밝히는 한편, 이에 반대한 자를 엄벌에 처하도록 지시했다. 이 같은 정부의 강경자세는 국민들을 더욱 자극시켜 소요사태로 이어졌다. 이를 지켜보던 정부는 마침내 12월 16일 도쿄 전역에 계엄령을 내리고 경찰과 군병력을 배치, 나카에 초민(中江兆民) 등 민권운동에 참여하고 있던 600여 명을 내란음모 또는 치안방해 혐의로 붙잡아 왕이 살고 있는 궁성에서 12킬로미터 이상 떨어진 곳으로 강제추방해 버렸다. 금방이라도 정부를 뒤집을 듯 격렬하던 민권운동은 큰 타격을 받아 수그러들었다.

이러한 소용돌이에서도 헌법 성안(成案) 작업은 계속되어 10월 중순 시안이 마무리되었다. 이토 등은 이듬해(1888년) 2월 이를 가지고 다시 나쓰시마로 들어가 숙식을 같이 하며 토의 끝에 최종안을 확정하고 4월초 이를 산조 내대신(內大臣)을 통해 메이지왕에게 제출했다. 그리고 5월 8일 이를 심의할 추밀원을 신설했다. 추밀원은 헌법초안의 심의가 끝나더라도 텐노의 자문기관으로 헌법과 그에 따른 법률해석, 국가회계 문제를 둘러싸고 일어나는 '쟁의' 등을 다룰 목적으로 세워졌다.

전체 인원은 의장·부의장·고문관·서기관장 등 모두 열일곱 명으로 짜여졌다. 각 번(藩)별로는 사쓰마와 조슈, 그리고 도사출신이 네 명씩이고, 히젠 출신은 세 명이었다. 재야인사는 겨우 두 명이 영입되었다. 의장은 당연히 이토가 맡았다. 이토는 이에 따라 내각총리 자리를 사쓰마의 대표였던 구로다 기요다카에게 물려주었다. 부의장은 데라시마에게 돌아갔고 서기관장은 이노우에 고와시 법제국 장관이 겸임했다.

추밀원에 상정된 헌법초안은 모두 7장 76조로 되어 있었다. 심의는 그해 6월 18일부터 시작되었다. 황실전범, 의원법, 중의원의원선거법, 귀족원령 등도 물론 함께 논의되었다. 초안 내용은 심의가 끝날 때까지 완전히 대외비밀이었다. 추밀원은 내용이 밖으로 새나가지 않도록 하려고 고문관들이 회의에 출석할 때 초안을 나누어주고 회의가 끝나면 반드시 이를 회수했다. 초안은 심의과정에서 글자수정을 제외하면 크게 달라진 조항은 별로 없었다.

제1조는 '일본제국'이 '대일본제국'으로 수정되었고 텐노(天皇) 계승권(繼承權)을 규정한 제2조도 '황자손(皇子孫)'에서 '황남자손(皇男子孫)'으로 고쳐졌다. 또 초안 제12조의 '텐노는 육·해군을 통수한다. 육·해군의 편제(編制)는 칙령(勅令)으로 정한다'를 '텐노는 육·해군을 통수한다. 텐노는 육·해군의 편제 및 국방 예산을 결정한다'로 조정했다.

《시덴 이토 히로부미》의 저자 미요시 도루(三好徹)는 육·해군 편제의 주체를 칙령에 따르지 않고 텐노로 바꾼 대목이 중요한 의미를 지닌다고 그의 책에서 설명하였다. 칙령에 따라 결정하면 칙령을 심의하는 추밀원이 군부에 대해 발언권을 가질 수 있어 견제가 가능하나 이를 텐노로 바꾸어 견제장치를 없애 결국 군을 통제할 수 없게 했다는 해석이다. 다시 말하면 텐노만이 군을 통수하고 편제할 수 있도록 규정하여 내각도, 추밀원도, 의회도 군부의 업무에 개입할 수 없게 되었다는 설명이다. 미요시는 "그 결과 쇼와(昭和)시대에 이르러 영관급 장교들이 통수권 독립을 내세워 독주하는 바람에 중일전쟁과 태평양전쟁 등을 일으키고 말았다"고 주장한다.

이토는 이런 사태가 빚어지리라고는 생각하지도 못했다. 이 헌법을 제정할 당시는 이토·구로다·이노우에 등 문관 거물들의 힘이 세서 군부를 압도할 수 있었다. 오야마·야마가타 등이 군부를 대표하고 있었지만 이들은 이토 등과 의논하지 않고는 독자적으로 아무 일도 할 수 없었다. 이토가 군 편제조항을 이처럼 텐노의 권한으로 수정하는 데 서슴없이 동의한 까닭은 텐노를 군 최고지휘관으로 옹립하여 권위를 훨씬 높일 수 있다고 판단했기 때문이었다. 또 그런 형식을 따르더라도 실질적으로는 자기들이 얼마든지 견제할 수 있다고 믿은 결과였다.

이토는 실제로 텐노를 국가의 기둥으로 여기고 이를 헌법으로 형상화하는 데 심혈을 기울였다. 그는 독일 유학을 하면서 오랜 역사를 가진 서구 선진국의 헌법이 종교(그리스도교)를 기축(機軸)으로 하고 있다는 사실을 깨달았다고 한다. 그래서 그는 일본에서 이 종교에 대체할 수 있는 대용물(代用物)로 황실(皇室)을 생각해 냈다는 것이다(丸山眞男 지음,《日本の思想》참조).

이토는 독일에서 '종교야말로 민심을 한 곳으로 묶는 구심점이다' 라는 그나이스트의 강의를 듣고 큰 감명을 받았던 것으로 전해지고 있다. 또 '애국정신을 키우는 데는 국풍(역사적 전통)과 종교가 제일이다' 는 슈타인의 강의도 그의 머릿속에 깊이 새겨졌다. 다시 말하면 이토는 "이러한 배움을 기초로 하여 서구문화를 이루고 있는 그리스도교처럼 텐노를 인간의 능력을 초월한 '현인신(現人神)'의 신도(神道)로 신격화(神格化)하여 일본 국민을 통합하려 했다"고 시라이 히사야(白井久也)는 《메이지 국가와 일청전쟁(明治國家と日淸戰爭)》에서 설명하고 있다.

이처럼 황실을 하나의 숭배대상으로 보는 이토의 '텐노교(天皇敎)' 사상은 헌법조문에 명확히 드러나 있다. '대일본제국은 만세일계의 텐노가 이를 통치한다(제1조)'거나 '텐노는 신성하여 아무도 범할 수 없다(제3조)'는 조항 등이 바로 신격화를 겨냥하고 있다. 따라서 대일본제국헌법(일명 메이지 헌법)은 제정부터 많은 문제를 안고 있었다.

한 가지 보기를 들면 만세일계의 텐노가 일본을 통치한다는 조항을 합리화하기 위해 고대(古代) 텐노로부터 왕통을 새로 꾸며 만드느라 100살 이상 장수한 왕이 수두룩했다. 텐노 계승권을 남자로만 제한해 '남존여비' 사상을 그대로 드러냈으며, 텐노 주권주의를 채택해서 삼권분립 정신은 아예 무시했다. 내각은 텐노가 임명한 총리대신과 국무대신으로 구성되어 텐노에게만 책임을 지고(제55조), 의회의 소집, 정회, 폐회, 중의원 해산 등은 텐노의 고유권한이었다. 입법부의 제국의회는 2원제로 국민들이 직접 뽑는 중의원(衆議院)과 텐노가 임명하는 귀족원(貴族院)으로 구성되었다. 중의원 선거권은 연간 15엔 이상의 국세(國稅)를 내는 25세 이상의 남자에게만 주어졌다. 그래서 1890년에 실시된 첫 총선거의 유권자는 전체 국민 4천만 명 가운데 45만 명에 지나지 않았다.

의회는 예산심의권밖에 없었고 그나마 텐노 대권에 기초한 세출예산과 법률상 정부의 의무에 속한 세출예산은 정부의 동의 없이는 삭감할 수 없었다. 입법권도 크게 제한하여 의회는 법안을 심의할 뿐이었으며 의회를 통과한 법안도 텐노의 재가를 거쳐야만 효력이 발생했다. 화족(華族) 대표들로 구성된 귀족원은 중의원과 완전히 동등한 권한을 부여받아 중의원을 견제할 수 있었다. 또 국민의 기본인권은 헌법조문으로는 보장되어 있었으나 '공공의 안전질서를 방해하지 않는 범위'라거나 '법률에 정해진 경우를 제외'하는 등 단서조항을 두어 크게 제한했다.

이 밖에 텐노만이 헌법제정 발의권을 갖고 있어서 메이지 헌법에 따라 확립된 텐노 대권과 텐노를 중심으로 한 정치체제는 국민 여론의 힘으로는 바꾸기가 불가능했다. 메이지왕이 헌법 공포식에서 메이지 헌법을 '불마(不磨)의 대전(大典)'으로 호언한 이유도 바로 이런 점 때문이었다. 불마의 대전이란 영구히 망하지 않는 불멸의 중요한 법률이라는 뜻이다.

아무튼 '대일본제국헌법'은 텐노가 주권의 주체이고 국토·국가는 통치의 객체라는 점, 신칙(神勅)에 따라 텐노가 유일 최고주권자로서의 정당성을 인정받고 혈통에 따라 왕위를 계승한다는 점, 신권설(神權說)에 따라 텐노를 신성불가침의 존재로 본다는 점 등을 특징으로 하고 있다. 이 헌법은 히로히토(裕仁)시대에 들어 황국사관(皇國史觀 : 정일성 지음, 《황국사관의 실체》참조)으로 발전, 침략전쟁에 국민을 강제동원하고 다른 민족의 지배를 합리화하는 군국주의 침략이론으로 활용되었으나 결국 일본을 패망의 길로 이끌었다.

추밀원은 이와 같은 이토의 지배철학이 담긴 헌법초안 심의를 1889년 1월 31일 회의를 끝으로 모두 마무리했다. 심의기간은 7개월 이상이 걸렸지만 실질적으로 심의가 이루어진 날은 모두 14일 동안이었다. 이렇게 하여 '대일본제국헌법'은 초안대로 전문 7장 76조로 완성되었다. 메이지 정부는 1889년 2월 11일 오전 10시 30분 궁중 정전(正殿) 대광장에서 공포식을 가졌다. 당시 신문보도에 따르면 이 날 도쿄에는 많은 눈이 내렸다고 한다. 거리 곳곳에 세워진 축하아치, 그리고 각 가정마다 내걸린 일장기와 제등(提燈)이 하얀 눈과 어울려 축제분위기를 한층 더했다고 신문들은 전했다.

식장에서는 '기미가요(君が代)'가 연주되는 가운데 군복을 입은 메이지왕이 식단으로 올라와 자리를 잡았다. 그때 나이 서른일곱 살이었다. 총리대신 구로다를 비롯, 오쿠마 시게노부 외무대신, 사이고 쓰구미치 해군대신, 오야마 이와오 육군대신, 이노우에 가오루 농상무대신 등 주요 각료들이 단상을 향해 긴장한 얼굴로 나란히 서고, 그 뒤로 많은 귀족들이 열을 지어 섰다. 대신들 가운데는 문부를 맡고 있던 모리 아리노리 단 한 사람은 보이지 않았으나 어느 누구도 걱정하지 않았다.

모리는 이날 아침 도쿄 나가타초(永田町) 관저에서 식에 참석하기 위해 정장을 하고 계단을 내려오는 순간 야마구치(山口) 출신 사족 니시노 분타로(西野文太郎)가 휘두른 칼에 찔려 병원으로 옮겨졌으나 숨졌다. 이유야 어디에 있건 헌법 공포일 아침 '일본교육'을 지휘하는 문부성 최고책임자가 국수주의자에게 희생된 이 사건은 유신정부의 앞날을 말해 주는 비극이었다. 범인은 문부성 경호원의 칼에 목이 잘려 그 자리에서 숨졌다.

조사 결과 '모리가 이세신궁(伊勢神宮)을 참배할 때 구두를 벗지 않고 참배소로 들어가 지팡이로 신(神)을 모신 가리개 발을 걷어올려 안을 들여다보는 불경을 저질러 범행을 하게 되었다'는 이유서가 범인의 호주머니에서 나왔다. 기독교 신자였던 모리는 당시 유명한 '서구화주의자'로 교육개혁에 많은 업적을 쌓고도 행동이 너무 유별나 국수주의자와 신도(神道) 관계자들에게 미움을 사고 있었다.

그는 1875년 결혼하면서 아내와 '혼인계약서'를 교환하고, 1886년 이혼할 때는 '이혼약정서'를 주고받았다. 그리고 이와쿠라 도모미(岩倉具視)의 막내딸과 재혼했다. 미국 근무를 마치고 귀국해서는 '영어를 국어로 삼아야 한다'고 주장하고 경례를 할 때도 90도 각도로 허리를 굽히면 불편하므로 머리를 숙이는 정도가 좋다고 말해 눈길을 끌기도 했다.

헌법 공포식에는 전 막부(幕府) 쇼군(將軍) 도쿠가와 요시노부(德川慶喜)와 사쓰마 번주(藩主) 시마즈 다다요시(島津忠義) 등 화족(華族)도 자리를 함께 했다. 특히 시마즈는 극우 보수주의자로 양복을 입고 옛날처럼 여전히 머리에 상투를 튼 모습으로 나타나 참석자들의 눈길을 끌었다. 단상을 향하여 오른쪽은 왕족, 왼쪽은 외교관들이, 중앙은 정부 고위관리와 외국인 고문들이 자리를 채웠다.

이날은 개국기념일인 기원절(紀元節)이기도 했다. 메이지 정부가 이날 헌법을 공포한 까닭은 헌법이 시행되어도 진무텐노(神武天皇)의 즉위로 시작된 '텐노제국가'의 국체는 변함이 없다는 사실을 국민들에게 인식시키기 위한 목적이었다. 메이지왕은 식장에 나오기 앞서 궁중 '현소'[주1]에서 조상에게 제사를 지내고 헌법과 황실전범을 제정한 사실을 알렸다. 그는 "새로 만든 헌법과 황실전범은 황실 후손에 전하는 통치의 본보기로 이는 일본이 세계에서 가장 먼저 텐노국가를 이룩했음을 만방에 알리는 증표"라고 조상에 고했다. 메이지왕은 이 자리에서 구로다 내각총리에게 새로 제정한 헌법의 원본을 주었다. 이와 함께 1890년을 기해 제국의회를 소집하라고 지시했다. 메이지왕은 식장에서 칙어를 통해 "짐은 국가의 융성과 신민의 행복을 목표로 하여 조종(祖宗)으로부터 이

주1   賢所 : 신경(神鏡)을 모신 궁중 3전(三殿)의 하나.

어받은 대권(大權)에 따라 국민 앞에 이 불마의 대전을 선포한다"고 선언했다. 이를 풀이하면 텐노가 그의 조상에게서 이어받은 통치권에 따라 만든 영구불멸의 헌법을 국민에게 하사한다는 뜻이었다. 엄숙한 의식은 20분이 채 걸리지 않았다고 한다. 유신정권이 들어선 지 21년 만에 이토의 주도로 '텐노제 국가'가 새롭게 탄생하는 순간이었다.

메이지왕은 식이 끝나자 참석자들에게 목례를 하고 자리를 떴다. 이때 다시 '기미가요'가 연주되고 이를 신호로 시내 곳곳에서 축포와 함께 종소리가 울려 퍼졌다. 메이지왕은 마차를 타고 열병을 하기 위해 군인들이 훈련을 하고 있던 아오야마(靑山) 연병장으로 향했다. 연도에는 강제동원된 각급 학교 학생들이 교기와 일장기를 흔들며 환영하여 벌써부터 제국주의 전제국가가 시작된 셈이었다. 그리고 그동안 유신주체들의 전횡으로 로봇에 지나지 않던 메이지왕은 이때부터 당당하게 전제군주로 군림하게 되었고, 그를 신성화하기 위한 역사 조작이 시작되었다. 메이지왕은 이날 히지가타 히사모토(土方久元) 궁상(宮相)에게 "헌법이 만들어졌다는 사실을 이와쿠라, 오쿠보, 기도의 묘 앞에 보고하라"고 지시했다.

헌법 공포식이 끝난 뒤에는 대사면이 단행되었다. 보안조례에 따라 도쿄에서 강제로 쫓겨났던 나카에 초민, 오자키 유키오(尾崎行雄), 하야시 유조(林有造) 등이 모두 도쿄로 돌아갈 수 있었으며 민권운동으로 구속되었던 가타오카 겐키치(片岡健吉) 등도 석방됐다. 이와 함께 내란을 일으켜 자결하거나 처형된 사이고(西鄕), 에토(江藤), 마에바라(前原) 등도 죄를 사면하고 관직도 원상대로 되돌려 주었다.

이토의 스승 요시다 쇼인(吉田松陰)에게는 정4위 품계가 추서됐다. 이토는 이날 최고훈장 '욱일동화대수장(旭日桐花大綬章)'을 받았다. 산조(三條) 내대신은 사쓰마와 조슈의 형평을 유지하기 위해 사쓰마 출신의 구로다 내각총리에게도 상을 주어야 한다고 메이지왕에게 건의했으나 들어주지 않았다. 구로다에게 주면 야마가타와 오야마도 빼놓을 수 없다는 이유였다. 이는 곧 이토에 대한 메이지왕의 신임도를 말해주는 증거이기도 했다.

'영계'가 좋아

이토 히로부미는 타고난 바람둥이였다. 하룻밤이라도 젊은 여자와 놀지 않고는 견딜 수 없는 탕아(蕩兒)였다. 지방 출장이라도 가는 날이면 저녁 술상에는 반드시 여자가 있어야 했다. 그의 여성 편력이 어느 정도였는가는 소다 고이치(祖田浩一)가 펴낸 《호색가 염문사전(好色家艶聞事典)》이 잘 설명하고 있다. 소다는 이 책에서 이토를 메이지시대 3대 호색가로 들추고 있다.

이토는 여자들과 성희(性戱)를 즐기는 일말고는 별다른 취미가 없었다. 당시 일본 고위관료들이 대부분 좋아하던 골동품수집이나 분재, 다도 등은 아예 거들떠보지도 않았다. 가끔 바둑을 두긴 했으나 앞에서 설명했듯이 자기보다 하수가 아니고는 잘 상대하지 않았다. 그것도 한 판에 걸리는 시간은 15분에서 30분이 고작이었다. 노년에 들어 정력이 떨어지자 도검수집에 관심을 보인 정도가 전부이다.

《호색가 염문사전》에 따르면 이토의 엽색행각은 참으로 기이했다. 윤리적으로 말하면 말 그대로 인면수심(人面獸心)이었다. 그는 여성을 밤에 가지고 노는 장난감 정도로 생각했으며, 여러 여성들과 함께 어울리는 혼음(混淫)을 좋아했다. 그는 거의 일주일 간격으로 젊은 여성들을 오이소(大磯)에 있던 그의 집 창랑각(滄浪閣)으로 데리고 가 밤을 지샜다. 그의 아내 우메코(梅子)는 남편의 일을 상관하지 않았다. 오히려 집에 오는 여성들을 따뜻하게 대해 주어 그들이 몸둘 바를 몰라했다.

이토는 상대 계층을 특별히 가리지는 않았지만 집으로 초대하는 여성은 술집기생이 대부분이었다. 기녀들 가운데서도 주로 10대와 20대 초반의, 속된 말로 '영계'만을 골라 즐겼다. 게다가 남성을 기쁘게 할 수 있는 기교를 가진 여성이라면 특별 대우였다. 애첩들과 밤을 즐기는 일을 '남성의 보람'으로 여기던 당시 시대상황을 감안하더라도 이토의 호색행위는 도가 크게 지나쳤다. 메이지시대 각료치고 첩이 없는 사람은 거의 없었다. 일본 패전 후 한때 언론이 정치인들의 배꼽 아래 일을 기사화하지 않았던 관례도 아마 이런 데서 비롯된 것인지도 모른다.

메이지시대 도쿄시내 화류계에는 '매상고 올리기'라는 풍습이 있었다. 견습 기생이 어떤 남성과 초야(初夜)를 치르기 전, 상대에게 많은 술값을 부담하게 하는 일종의 신고식이었다. 이 신고식을 치르기 전의 기생을 '오샤쿠(雛妓)' 또는 '한교쿠(半玉)'라 불렀다. 나이는 보통 열 살에서 열다섯 살이었다. 이들의 하룻밤 남편으로 선택되는 사람은 대부분 고객 가운데 돈이 많은 노인들이었다. 오샤쿠는 남성을 처음으로 알게 되는 이 매상 올리기 의식을 거쳐야만 화류계 생활을 할 수 있었다. 그때 일본은 서민들의 생활이 곤란하여 시골에서 도쿄로 올라와 화류계로 빠지는 어린 소녀들이 많았다. 하지만 요정은 매일 밤 그 많은 신고식에 오샤쿠를 다 댈 수는 없는 노릇이었다. 그래서 술집 주인 가운데는 서너 번 머리를 올린 젊은 기생들을 초야인 것처럼 속여 많은 손님들에게 거액을 받아 떼돈을 버는 사람도 있었다.

당시 이런 행사로 손님을 끄는 고급술집은 주로 신바시역 부근에 몰려 있었다. 이토는 이곳 화류계에서 매상 올리기를 좋아하는 고객 세 명 가운데 한 사람이었다고 한다. 그는 술집에서 즐기다 파트너가 마음에 들면 집으로 데려가 2차로 사랑에 빠졌다. 그 가운데 '옥나비〔玉蝶〕'라는 기생이 있었는데 이토는 그녀를 특별히 사랑했다. 이따금 그녀의 친구들을 함께 창랑각으로 데려가 지내곤 했다. 옥나비는 대단한 미인으로 많은 남성들을 즐겁게 해주는 방중술(房中術)을 갖고 있다는 소문이 파다했다. 그러나 관계를 하고 나면 오줌을 싸는 버릇이 있었다. 어릴 적 야뇨증이 낫지 않았던 탓이었을까. 증상이 그와 너무나 비슷했다. 손님과 몸을 섞지 않은 밤은 무사하지만 관계를 가지면 어김없이 그런 일이 벌어졌다는 것이다.

이토는 그런 사실을 잘 알고 그녀를 항상 따뜻하게 감싸주었다. 창랑각에서 함께 잠자리를 하는 날이면 이토는 시간을 재어 그녀에게 소변을 보게 할 정도였다. 그는 자신이 먼저 일어나 방을 나온 다음 복도를 걸어가며 꺼져 있는 전등을 하나씩 켜서 화장실까지 안내하고, 그녀가 용변을 마칠 때까지 기다리고 있다가 나오면 앞서 걷게 하고, 전등을 다시 일일이 끄고 방으로 돌아왔다고 한다. 이토의 성미는 너무나 매정하여 어지간히 마음에 들지 않고는 하룻밤으로 끝이었다. 이토가 그녀에게 그런 친절을 베풀었던 점으로 미루어 보면 마음에 들어도 단단히 들었던 모양이다.

이토가 상대한 여성은 전국에 걸쳐 있었다. 시나가와의 도조사가미(土藏相模)에는 오하루(お春), 기온(祇園)에는 마사지요(政千代), 고베(神戶)에는 나라옥(奈良屋)의 간판 기생 오스에(お末) 등이 그들이다. 이토의 술자리는 항상 화려하고 활기에 넘쳤으나 정

계의 우두머리로서 술값을 스스로 부담하는 일은 별로 없었다고
한다.

그는 아카사카(赤坂)에 있던 요정 하야시가(林家)에 자주 드나
들었다. 하야시가가 당시 이름을 날리던 하루모토(春本) 요정과
어깨를 나란히 할 수 있었던 것도 이토가 특별히 돌보아 주었기
때문이었다고 전해진다. 하야시 요정에서 이토의 술상에 시중을
드는 기생은 어김없이 수청을 들었다. 이토는 어디서인지 음담패
설을 듣고 술자리에 와서 이를 바꾸어 말하는 것이 특기였다. 따
라서 그가 유행시킨 말도 적지 않았다고 한다. "기생은 하루에 한
번씩 우유를 먹어야 크고, 기생과 식목일 심은 나무는 물을 주지
않으면 말라죽는다"는 말도 그 한 토막이었다.

하야시가의 마담 오테쓰(お鐵)는 아카사카에 있던 유명한 떡집
주인 하야시 카쓰다로(林勝太郎)의 무남독녀로 스스로 독립하여
요정을 차렸다. 그녀는 열아홉 살 때 결혼했으나 곧 이혼하고 스
물네 살에 기생으로 새출발했다. 일본 전통음악인 샤미센(三味線)
을 잘 타는 오테쓰를 이토가 처음 만난 것은 첫 번째 수상을 지낼
때였다. 40대 중반의 이토는 그녀와 젊음을 불태웠다. 그 집 단골
손님은 이토말고도 다나카 헤이하치(田中平八)·이와사키 야노스
케(岩崎彌之助)·고토 쇼지로(後藤象二郎) 등 정·재계의 정상급이
수두룩했다. 따라서 유명도가 자연히 올라가게 마련이었다. 그녀
는 반지나 옷가지 등을 아낌없이 마구 줄 정도로 마음이 넓고 후
해서 젊은 기생들 사이에 인기가 대단했다. 서른두 살에 일선 기
방에서 물러났으나 그녀가 데리고 있던 예쁜 젊은 기녀들을 계속
이토에게 시중을 들게 하여 환심을 샀다. 그래서 이토는 오테쓰의
2층집을 3층으로 고쳐주었다고 한다.

이토가 오사카 난지(南地)에 있던 요정 도미다옥(富田屋)에 들

어갔을 때의 일이다. 그곳에 고유(小雄)라는 열네 살 난 예쁜 기생이 있었다. 나이가 말해 주듯 아직 천진난만한 소녀였다. 이토는 그녀에게 "나와 함께 도쿄에 가지 않겠느냐"며 꾀었다. 마침 자리를 함께 하고 있던 오사카의 부호 후지다 덴자부로(藤田傳三郎)가 돈을 치르고 고유를 요정에서 빼내어 이토에게 바쳤다. 후지다 덴자부로는 나중에 부정입찰사건을 일으켜 구속된 인물이다. 이토는 그녀를 창랑각 집으로 데려가 아내 우메코 밑에 있게 했다. 어떻게 보면 아내에게도 잔인한 일이었다.

그러나 이토는 고유를 제쳐두고 창랑각에서 새로운 기녀들과 질탕한 놀이를 계속했다. 고유는 이제 이토에게 더는 필요 없는 잊혀진 존재였다. 고유는 이를 질투하여 우메코에게 불만을 털어놓았다. 우메코는 그녀를 달래고 위로했으나 말을 듣지 않자 사람을 시켜 도쿄에 있는 관사로 보냈다. 이토는 어쩔 수 없이 관사 방한 칸을 그녀에게 내어주고, 밤에 다방 등으로 외출할 때 데리고 다녔다. 그러나 여간 귀찮은 일이 아니었다. 그래서 이토는 그녀를 가쓰라 다로(桂太郎)의 첩 오코이(お鯉)가 살고 있는 집으로 데려가서 함께 있기를 부탁했다. 고유는 오코이에게도 아침부터 밤까지 오사카 사투리로 이토에 대한 불만을 털어놓았다. 오코이도 곧 그녀의 불평에 질려 이토에게 다시 데리고 가도록 했다. 그러나 이토도 그냥 물러서지 않았다. 고유가 관사로 돌아오면 오코이 집으로 다시 데려간 적이 한두 번이 아니었다.

이토가 김옥균에게서 일제시대 밀정으로 악명을 떨쳤던 배분남(裵粉男)을 소개받은 것도 이 무렵(1887년)이었다. 배분남은 이토 집에서 양녀로 한동안 먹고 지냈다. 이름도 일찍 죽은 이토의 큰딸 사다코를 그대로 옮겨 다야마 사다코(田山貞子)로 지어주었다. 사다코를 우리말로 옮기면 바로 정자(貞子)이다. 배정자는 앞장에서 설명한 대로 이토 밑에서 밀정교육을 받았다. 이에 대한 자세한 기록이 없어 내막을 소상히는 알 수 없지만 이토가 방중술을 가르쳤다는 대목을 보면 그녀 역시 이토의 성 노리개였음은 뻔하다. 이는 무수한 10대를 범한 이토의 변태행위로도 충분히 짐작할 수 있는 일이다. 일설에 따르면, 이토는 배정자가 시키는 대로 잘하자 모든 남성들을 노예로 만들 만한 천하의 명기(名器)라고 칭찬했다고 한다.

이토는 스물두 살이 되던 1863년 3월 첫 결혼을 했다. 아내는 쇼카손주쿠(松下村塾)의 동창이었던 이리에 쿠이치(入江九一)의 여동생 스미코였다. 이토는 야마가타 아리토모(山縣有朋)와 치열한 경쟁 끝에 아내로 맞을 수 있었다. 하지만 그는 이때 교토에 있다가 곧이어 영국으로 유학을 떠나 아내와 같이할 시간이 전혀 없었다. 그래서 아내는 하기(萩)에 있던 이토의 집에서 혼자 시집살이를 했다.

결국 스미코는 1866년 3월에 이토와 결별했다. 이토는 오로지 권력에 정신이 팔려 이리저리 돌아다니느라 이혼할 때까지 3년 동안 아내가 사는 집에 들른 적은 단 하룻밤뿐이었다. 스미코와 헤어질 무렵에는 주로 시모노세키에서 지내며 요정 기생 고우메(小梅)와 이미 동거생활을 하고 있었다. 이토의 전기(傳記)에는 스미코와의 이혼에 대해 단순히 '까닭이 있어서'라고만 적고 있으나 고우메는 그때 이미 첫아이를 임신하고 있었다. 이토는 1866년 4월 그녀를 정식아내로 맞아들였다. 이 여자가 바로 일생을 같이한 우메코이다. 그때만 해도 이토가 장차 국정의 최고책임자가 되리라고 내다본 사람은 한사람도 없었다. 이토 자신도 그런 일은 생각지도 못했다고 한다. 한마디로 말하면 이토는 내일을 알 수 없는 하급 지사(志士)에 불과했다.

명가 출신 아내보다는 다루기 쉬운 우메코를 선택함은 너무도 당연했다. 그녀는 사다코(貞子)와 이쿠코(生子)라는 두 딸을 낳았다. 사다코는 두 살 때 세상을 떠났고 이쿠코는 자라서 스에마쓰 겐초와 결혼했다. 이토는 앞서 설명한 대로 밖에서 딸 하나와 두 아들을 보았다. 1876년 2월에 셋째딸 아사코(朝子)를, 1886년에 후미요시(文吉)를, 그리고 신이치(眞一)는 1891년의 일이었다. 그러나 이토는 우메코의 마음을 배려하여 두 아들 가운데 누구도 가계의 대통을 잇는 상속자로 삼지 않았다. 아니, 그는 이에 앞서 이미 1879년 그와 절친한 이노우에 가오루의 친형인 고로사부로(五郞三郞)의 넷째아들 히로구니(博邦)를 양자로 하고 있었다. 히로구니가 여덟 살 때 일이었다.

부인 우메코는 이토의 별난 취미에는 그리 신경을 쓰지 않고, 오이소 집에서 분재 등을 손질하며 조용히 보내는 일이 많았다. 이토가 일류요정 기생이나 다방마담, 추종자 등을 데리고 오이소로 와서 술을 마시다 늦으면 보통 거기서 재워 보냈다. 간단히 놀다가 돌아갈 예정으로 이토를 따라간 여성들은 다음날 아침 화장이나 몸치장에 지장을 받게 마련이었다. 원래 기녀 출신인 우메코는 이를 잘 알고 미리 그들이 당황하지 않게 심부름꾼을 시켜 화장품 등을 갖다 주었다. 하지만 배려가 지나친 탓이었을까. 하룻밤을 지낸 기녀들은 "그렇게까지 할 줄은 정말 몰랐다. 우리 같았으면 배알이 뒤틀려서 도저히 그렇게는 할 수 없었을 것이다"라며 도쿄로 돌아가면서 흉을 보았다고 한다.

이토가 메이지왕을 수행하고 히로시마에 갔을 때의 일이다. 그는 술자리를 함께 했던 히카리기쿠(光菊)라는 기생을 도쿄로 데려왔다. 이토는 어느 날 밤에 마차를 타고 가면서 추위에 떨고 있는 마부에게 자기가 입고 있던 외투를 벗어주겠다고 약속했다. 그런 뒤 히카리기쿠에게 그 외투를 갖다주도록 부탁했다. 그녀는 외투가 수입품이어서 안에 달린 모피에 욕심이 났다. 그래서 모피를 떼어내고 겉옷만 그 마부에게 주었다. 이토는 나중에 이 일을 알고 "도둑놈이 아닌가. 뱃속이 썩어 있다"며 그 날로 그녀를 내쫓았다고 전해진다.

또 도쿄 쓰키치(築地)에 있던 신기락(新喜樂) 요정의 마담 이토킨은 원래 요정 주인 요시하라의 애인이었으나 이토와도 한때 관계를 맺고 있었다. 이토킨은 이토가 죽자 여의암(如意庵)이라는 집을 짓고 이토가 써준 글 한 구절을 대문에 새겨 넣었다. 가메다 우타는 열여섯 살 때부터 이치가와 겐주로(市川權十郎)의 첩이었으나 1년 반 만에 헤어진 뒤 이토의 애첩이 되었다. 일편단심으로 사랑했으나 이토와도 1년 반 정도밖에 계속되지 못했다. 그 뒤 돌봐주는 사람이 있어서 한때 다른 세도가의 첩이 되었다가 끝내는 시나가와에 있는 요정에서 젊음을 보냈다.

아버지가 어부인 오후쿠(お福)는 오이소에 있던 선초각(仙招閣)이라는 여관에서 심부름꾼으로 일하다가 이토의 눈에 띄어 창랑각 식구가 되었다. 말은 몸종이었으나 실제로는 이토의 밤 노리개였다. 그러나 이토는 원래 사랑이 식기 쉬운 사람이어서 300엔의 위자료를 주고 내보냈다. 이 위자료가 탐이 난 어느 초등학교 교사가 그녀를 첩으로 삼았다고 《호색가 염문사전》은 기록하고 있다. 기생들이 뭔가 바라고 칭얼대면 이토는 '좋다'고 말하고 그 약속을 반드시 지켰다. 그 때문에 그는 신바시에서 '좋은 당신'으로 통했다. 그러나 이토는 하룻밤 상대가 된 기녀는 깨끗이 잊어버렸다. 그래서 그들에게 원한을 사고 술상에서 공격을 받는 일이 잦았다.

이토의 이러한 유별난 애정행각은 늘 언론의 표적이 되었다. 특히 그는 《요로즈초호(萬朝報)》의 좋은 기삿거리였다. 1892년 구로이시루이코(黑岩淚香)가 창간한 이 일간지는 특히 소설을 비롯한 문예에 힘을 쏟고 노동문제에도 관심이 높았다. 이 신문은 1899년 연재한 〈축첩의 실례〉에서 이토에 대해 다음과 같이 쓰고 있다.

"대 훈위(勳位) 후작 이토 히로부미의 엽색담은 너무나 진기하여 세상에 알려진 사실도 많다. 하지만 여기에 소개하는 이야기는 아마도 신기한 일 가운데 가장 기이한 사건이며 비밀 가운데 일급 비밀임에 틀림없을 것이다. 도쿄 아자부(麻布)의 어느 화려한 저택에 한 처녀가 혼자 살고 있었다. 그녀는 이토와 같은 동네에 사는 한 토목 청부업자의 큰딸로 아버지에게 집을 선물 받은 것이다. 이토는 이 집에 드나들며 그녀와 밤을 즐겼다. 그러나 그녀가 1894년 갑자기 죽자 이토는 그 동생이 들어와 살도록 했다. 그런데 웬일인지 둘째도 올해(1899년) 열아홉 살의 꽃다운 나이로 병사하고 말았다. 그러자 이토는 그 아래 열여섯 살 난 여동생을 손에 넣기 위해 그녀의 아버지에게 딸을 달라고 사정했다. 하지만 그녀의 아버지는 딸이 둘이나 요절했는데 이번만은 절대로 허락할 수 없다고 거부했다. 또 동생도 두려워 싫어하고 있다고 한다."

이쯤 되면 화젯 거리도 보통이 아니었다. 《요로즈초호》에게 이토의 사위 스에마쓰 겐초도 좋은 이야깃감이었다. 그에 관한 이야기 한 토막을 소개하면 아래와 같다.

"남작 스에마쓰 겐초의 부인 이쿠코는 아버지 이토 히로부미의 위세를 업고 만사를 마음대로 요리한다. 때때로 겐초가 밤늦게 돌아오면 무서울 정도로 꾸중을 한다. 그래도 겐초는 입을 다물고 '겉보리 서 말만 있으면 누가 처가살이하랴'는 속담을 되뇌며 몰래 탄식하는 일이 많다고 한다. 그런 그가 이쿠코 부인의 엄중한 감시를 피해 스물 세 살의 여성을 손에 넣었으니 얼마나 대담한 일인가."

이토의 구애(求愛) 무대는 요정에만 국한되지 않았다. 1883년 1

월 28일 도쿄 고지초(麴町) 옛 사쓰마번(薩摩藩) 자리에 '국제친선의 마당'인 이른바 '로쿠메이칸(鹿鳴館)'이 완공되면서부터는 이곳이 밀애장소가 되었다. 영국 건축사 조지프 콘도르가 설계하여 완성한 이 건물은 당시로는 거액인 18만 엔이나 들어가 호화롭기 이를 데 없었다. 이 국제 사교장은 당시 외무경이었던 이노우에의 생각으로 세워졌다. 선진 강국의 외교관들을 이곳에 초대하여 환심을 산 뒤 개국 당시 불평등하게 맺은 각종 조약을 개정해 보자는 취지에서 출발했다. 나아가 일본은 미개 야만의 나라가 아니라 구미 여러 나라와 견주어도 손색이 없는 문명 개화국이라는 인상을 심고자 하는 목적도 있었다.

준공식에는 각국 외교관과 각계 인사 1,200여 명이 참석하여 하루를 즐겼다고 한다. 로쿠메이칸이라는 이름은 이노우에 부인의 전 남편인 나카이 히로시(中井弘)가 《시경(詩經)》의 소아편(小雅編)에 있는 한 구절을 따서 지었다고 전해진다. 사슴들이 소리치며 사이좋게 풀을 뜯어먹듯이 손님을 맞아 즐겁게 보낸다는 뜻이라고 한다. 그러나 나카이가 아내를 이노우에에게 빼앗겼듯이 로쿠메이칸도 많은 사연이 쌓였다. 나카이는 가고시마 출신으로 무단 탈번(脫藩)이 문제가 되어 고향으로 돌아가지 않으면 안 되었다. 그래서 아내 다케코(武子)를 잠시 돌봐달라고 이노우에에게 부탁했다. 이노우에는 그런 뜻을 저버리고 그녀를 가로채 버렸다.

아무튼 연회는 날마다 계속되었다. 그 가운데서도 1888년 4월 20일 밤 이토 내각총리 부부가 주최한 가장무도회는 아주 호화스러웠다. 이토 부부는 그 날 밤 옛날 6세기 때의 베니스 귀족으로 가장하고 손님을 맞았다. 정부 각료와 귀족들은 고대 서양 군복, 귀족 옷, 기병대 의장차림을 하고 참석했다. 이토는 무도회 의상을 모두 국비로 독일에서 사들였다. 메이지왕후의 옷값만도 14만 엔이나 되었다니 얼마나 호화스러웠는지는 독자들이 판단할 일이다. 당시 독일공사로 옷 구매일을 맡았던 다니 간조(谷干城)는 다음과 같이 일기에 적고 있다.

"전보로 부인복을 주문하다니 정말 놀라울 일이다. 여러 대신(大臣)들이 이렇게 미칠 수 있을까. 지금이 어느 때인가…… 머지않아 전쟁은 필연적으로 일어날 것이다. 우리들은 어느 항구 하나도 제대로 갖추지 못하고 있다. 그럼에도 수십만 엔을 들여 옷을 외국에 주문할 정도로 밖의 적을 두려워하지 않고 안으로 인민의 고통을 돌보지 않는다. 오로지 외국인들에게 아첨하는 정책을 세우기에 급급하다. 아아, 이러고도 우리들의 처지가 위험에 빠지지 않을지 심히 우려된다."

그러나 이렇게 깨끗한 척하던 다니도 왕후의 옷값을 지불하면서 2만 엔을 가로챘다고 전해진다.

가장무도회는 밤 9시에 시작되어 이튿날 새벽 4시에 끝났다. 이토는 그 날 밤 연회에 참석한 백작 도다 우지다카(戸田氏共)의 부인인 기와코(極子)를 몰래 정원 숲으로 유인하여 범했다. 도다는 오스트리아·헝가리·스위스 공사 등을 역임한 인물로 1882년 이토가 서구 선진국의 헌법조사 연구를 위해 유럽에 갔을 때 연구원의 일원으로 수행하기도 했다. 그런 의리를 감안하면 보통 사람으로는 도저히 생각할 수 없는 일이었다. 이토의 정사를 확인한 신문들은 연일 그를 '파렴치하고 부도덕한 인물'이라고 비난했다. 가쓰 가이슈는 행사가 끝난 뒤 이토에게 보낸 건의서에서 무도회를 '음란한 바람'이라고 공격할 정도였다. 요시마쓰 주타로(吉松壽太郎)와 사노 기이치(佐野義一) 등 고치현(高知縣) 청년들은 각료들의 사치를 보다 못해 이토를 암살하려고 했다. 그러나 비겁하게도 일행 가운데 한 명이 이를 경찰에 알리는 바람에 탄로나고 말았다. 둘은 변절자를 살해했으나 결국 경찰에 붙잡혀 사형을 당했다.

이토는 이 밖에도 화족(華族)여학교를 창설하려고 분주하게 관계 부처를 돌아다니던 시모다 우타코(下田歌子)와도 관계를 가졌다는 것이다. 이러한 소문이 나돌자 여론은 다시 끓는 가마솥으로 변했다. 그러나 그는 그러한 비난에 조금도 귀를 기울이지 않았다. 그때 어떤 사람이 그에게 기사를 취소하도록 요구해야 하지 않느냐고 말하자, 이토는 웃으며 공적인 일에 대해서는 불문에 붙일 수 없지만 일신상의 명예는 마음에 둘 필요가 없다고 대답했다. "여러분은 나에게 무엇을 기대하는가. 하루 종일 국무(國務)에 시달려 머리가 어질어질할 때 저녁 술잔을 기울이며 예쁜 여성의 손을 만지면 얼마나 위안이 되는지 여러분은 아마 모를 것이다."는 말이 반응의 전부였다. 물론 뒤틀린 일이긴 하지만 그는 공과 사를 그 나름대로 분명하게 구별하였다. 이토는 다른 고관들과는 달리 도쿄와 창랑각을 자주 오가면서도 열차요금은 반드시 자기 호주머니에서 직접 냈다고 한다.

이토는 초대 한국통감으로 발령을 받자 오사카에서 데려온 질투심한 고유를 어쩔 수 없이 함께 데리고 부임했다. 그는 통감부 관사에서 세 명의 한국인 하녀를 부리고 살았다. 이토는 밤이 되면 차가운 통감부 관사 다다미 바닥을 따뜻하게 하여 고유와 즐기기 위해 화로 대신 하녀들을 불러 몸으로 바닥을 데우도록 했다고 한다. 이토의 아내 우메코가 일요일 오전 무심코 방문을 열기라도 하는 날이면 함께 뒤엉켜 있던 이들은 당황하여 부엌 쪽으로 도망가거나 찬장에 숨고 뒷문으로 달아나기도 했다. 이토는 고유가 늘 향수에 젖어 눈물을 흘린 데다 쓸쓸함을 호소하자 마침내 돈을 주어 일본으로 돌려보냈다. 고유는 그 뒤 다시 오사카의 토미옥에서 기생으로 재기하여 도쿄 신바시로 진출, '오사카야 분코(大阪屋文香)'라는 이름으로 손님을 받았다. 이토와의 관계가 소문난 데다 말이 유창하여 가장 잘 팔리는 기생이 되었다고 한다(《호색가염문사전》).

이토는 도쿄 신바시의 젊은 기생들이 생각나면 수시로 일본으로 건너가 그들과 즐겼다. 그가 한국통감으로 근무한 3년 반 동안 일본을 오고간 횟수는 여섯 번이나 되었다. 물론 공식적인 업무도 있었지만 한 번 가면 보통 2달~4달을 도쿄에서 지냈다.

이토의 염문은 교육당국의 과잉충성으로 그가 죽은 뒤에도 일본 국민의 웃음거리가 되었다. 문부성이 국장(國葬) 당일 이토를 제목으로 수신(修身) 교육을 실시하고 그에 대한 조의를 표하도록 각급 학교에 지시한 것이다. 그때 《도쿄아사히신문(東京朝日新聞)》은 다음과 같은 기사를 실었다.

"문부성 통첩에 따라 각급 학교 교사들은 이토 히로부미 공에 대한 전기(傳記)와 신문기사 등을 읽고 교훈이 될 만한 훈화자료를 만드느라 고심하고 있다. 그러나 이토 공은 알다시피 생전 여자관계가 복잡하여 그런 결점이 '동양호걸'이라는 평가를 무색하게 할 정도이다. 이 일은 청소년 학생들도 잘 알고 있어서 어떻게 이를 학생들에게 이해시킬 것인지가 교사들의 큰 고민이다. 그래서 기자는 어느 중학교 교사와 초등학교 교장을 만나 그 고심담을 들었다. 그 이야기에 따르면 문부성의 이 통첩만큼 곤란한 일도 없다. 국가에 이바지한 공적을 칭송하기는 어려운 일이 아니지만 이토 공의 사사로운 개인 문제에 들어가면 특히 사춘기에 있는 학생들의 머리에 즉각 떠오르는 결점이 문제가 된다.

실제로 아카사카(赤坂)에 있는 어느 초등학교에서 있었던 일이다. 교사가 이토 공의 인물됨을 설명하고 있는 도중 2학년 한 어린이가 일어나 '나는 아버지로부터 이토는 소행을 고칠 수 없는 인간으로, 닮아서는 안된다고 들었는데 선생님은 어떻게 생각하시느냐'고 질문하여 크게 당황했다고 한다. 그 교사는 그러한 일은 있을 수 없는 일이라고 대답했다는 것이다. 또 어떤 여고 교장이 이토 공은 우리 여성계의 은인이라고 말하자 학생들은 서로 옷소매를 끌어당기며 일제히 웃음을 터뜨려 교장은 단상에서 어쩔 줄을 몰라 쩔쩔맸다고 한다.

　이처럼 이토 공에 대한 훈화는 처음부터 모범이 될 만한 교육조건을 갖추지 못했던 관계로 교원들의 특별한 '각오'가 필요했다. 이토 공과 같은 대정치가가 바로 수신교육 자료가 될 수 없다는 것은 문부성도 잘 알고 있을 터이다. 이번 통첩은 그 자체가 현실을 무시한 졸속행정이었다. 하지만 상부의 명령이기 때문에 할 수 없이 교육은 하지만 이토 공의 장점과 단점을 들어 장점을 더 짧게 이야기해야 할 것 같다고 한 교장은 말했다.”

　'취해서는 미인과 베개를 같이하여 살을 섞고, 깨어서는 천하의 권력을 잡는다'는 것이 이토의 생활철학이었다.

당근과 채찍
장기집권의 비결

권모술수와 섹스로 메이지시대를 풍미했던 이토 히로부미는 일본정치사에서 도요토미 히데요시(豊臣秀吉)와 견줄 만큼 경력도 화려했다. 조슈(長州)에서 가난한 농부의 아들로 태어난 그는 서른두 살(1873년)에 오늘날의 장관급인 참의(參議)가 되고 서른일곱(1878년)에 내각의 핵심인 내무경(內務卿)에 올랐다. 마흔네 살(1885년)때 자신의 주도로 내각제를 창설, 마침내 '일인지하(一人之下) 만인지상(萬人之上)'의 재상(宰相) 자리를 거머쥐었다. 그리고 쉰아홉 살에 이르는 동안 네 번이나 총리를 지냈다. 총리 재직일수를 합하면 2,720일(약 7년 5개월)이나 되었다.

그는 누가 그렇게 하라고 강요한 것도 아닌데 1888년 4월 30일 스스로 총리를 그만두고 한직인 추밀원(樞密院) 의장으로 옮겨 헌법제정에 전념했으며, 1890년 10월 24일 첫 국회가 열리고 나서는 귀족원(貴族院) 의장을 맡기도 했다. 어디 그뿐인가. 이토는 텐노 자문기관인 추밀원 의장을 네 번이나 역임했고, 그가 예순네 살 되던 1905년 12월 21일부터 1909년 6월 14일까지 3년 반 남짓 한국통감으로 있으면서 우리 국권을 짓밟기도 했다.

이토는 화족제도(華族制度) 실시(1884년)와 함께 백작(伯爵)으로 귀족의 반열에 올라 후작(侯爵, 1895년)과 공작(公爵, 1907년) 칭호를 잇따라 받고 최고의 영예를 누렸다. 그는 청일전쟁 승리로 후작을 받은 데 이어 '을사보호조약'을 일본의 뜻대로 체결한 공로로 공작에 올라 우리 민족의 슬픔이 곧 그의 기쁨이 되었던 셈이다. 이토는 노년이 되면서 실권을 모두 젊은 후배들에게 물려주고 내각에서는 한발 물러나 있었지만, 1909년 10월 26일 하얼빈에서 안중근이 쏜 총에 맞아 죽을 때까지 '유신 원훈(元勳)', '원로'의 자격으로 내각에 여전히 막강한 영향력을 발휘했다.

그러나 앞에서 설명한 것처럼 유신 초기만 해도 그가 이처럼 메이지 정권의 총수가 되리라고는 아무도 예상하지 못했다. 유신 4년째인 1871년 초를 기준으로 막부타도운동에 가담했던 조슈벌 출신들의 관직만 보아도 이를 알 수 있다. 이토는 당시 조세두(租稅頭) 겸 조폐두(造幣頭)로 공학두(工學頭) 겸, 측량두(測量頭)였던 야마오 요조(山尾庸三)와 병부대승(大丞)인 야마다 아키요시 (山田顯義), 병부 권소승(權少丞) 겸 육군소장인 미우라 고로(三浦梧樓) 등과 비슷하거나 다소 높았을 뿐, 대장대보(大藏大輔)인 이노우에 가오루(井上馨)와 병부대보(兵部大輔)인 야마가타 아리토모(山縣有朋)와 견주면 관직이 낮았다.

대보(大輔)는 오늘날의 차관급, 소보는 차관보급에 해당하고 대승과 권소승은 국장급이며, 조세두와 공학두는 대보와 소보의 중간 정도였다. 반면 오쿠보 도시미치(大久保利通)가 암살된 뒤 경쟁자였던 오쿠마 시게노부(大隈重信)는 1870년에 이미 장관급인 참의였다. 이토는 유신 쿠데타가 일어난 1868년 초반까지 기도 다카요시(木戶孝允)의 부하로 활동하고 있어서 영향력 있는 관직을 차지하지 못했다. 그의 정치활동 자체가 기도를 보좌하는 역할이었기 때문이다. 이토는 1868년 5월 효고현(兵庫縣) 지사를 출발로 1869년 7월에는 대장소보 겸 민부소보(民部小輔), 1871년 9월에는 공부대보(工部大輔)로 초고속 승진을 거듭했다. 그리고 17년 만에 쟁쟁한 선배들을 제치고 재상에 올랐다.

이렇게 되기까지 그 비결은 과연 무엇이었을까. 메이지왕이 정말 그의 부하로 텐노에 오르게 한 데 대한 은혜를 갚은 것일까. 일본학계에는 실로 많은 설(說)이 나돌고 있다. 그러나 대다수 학자들은 그가 번벌(藩閥) 의식이 강한 조슈번에서 태어나 유신정권의 두 기둥 가운데 하나였던 기도 다카요시와 인연을 맺은 점을 첫째로 꼽고 있다. 게다가 기도가 마흔네 살 한창 나이에 병으로 죽어, 기도의 대변자였던 이토가 조슈번의 대표권을 자연스럽게 일찍 물려받을 수 있었다는 설명이다.

그는 또 사람과 사람 사이의 관계를 엮는 주선의 재주가 탁월한 데다, 염치가 없어 창피한 줄도 모르고 상대방에게 달라붙는 성격이어서, 그런 유들유들한 성품도 큰 몫을 했다는 분석이다. 이토는 특히 인간관계에 적(敵)을 사는 일이 별로 없으며, 아무리 나쁜 관계라도 그가 나서면 풀리지 않은 일이 없을 정도였다는 것이다. 이토는 정치문제에 대한 견해 차이로 오쿠마 시게노부와 야마가타 아리토모와도 한때 소원한 관계였지만 오래 가지는 않았다.

그가 정치생활에서 적대관계를 만들지 않기 위해 얼마나 고심했는가는 다음 일화에서도 충분히 엿볼 수 있다. 메이지시대에는 정부고관이 지방에 출장가면 지사(知事)를 비롯한 지방장관들은 나름대로 향연을 준비하게 마련이었다. 그때 고관이 그 연회석에 나온 예기(藝妓) 가운데 마음에 든 기생을 골라 밤을 즐기는 일은 고관의 특권이자 관례였다. 그러나 젊은 여성과 미인을 좋아했던 이토는 지방에서는 절대로 미인을 택하는 일이 없었다. 이따금 지방 장관에게서 "지방의 시골티가 나는 여자를 상대해 보면 또 다른 감흥이 생길 것"이라는 권유를 받곤 했지만, 어떠한 경우라도 그 고장의 명기(名妓)와 미기(美妓)를 고른 적은 한번도 없었다. 그의 대상은 기관장들의 눈길이 잘 가지 않는 2, 3류 기생이 보통이었다.

이토는 지역에서 이름을 날리는 명기는 그 고장 유지가 후견인으로 돌봐주고 있는 것을 알고 있었다. 당시 후견인 없이 명기가 되기는 그만큼 어려웠다. 또 고관들이 마음에 든 기생을 일단 지명하면 아무리 힘 있는 후견인이 있다 하더라도 이를 이유로 고관의 뜻을 거역할 수는 없었다. 이토는 자신의 희망대로 하룻밤 쾌락을 얻는 대가로 그 지역 유지의 원한을 사는 일을 피했다. 이토는 이런 일로 장래 정적을 만드는 것처럼 바보스런 짓은 없다는 생각이었다.

이토는 구 사족(士族)들의 불만을 해소하는 데도 앞장섰다. 사족들은 막부시대에 누리던 특권을 유신 이후 모두 빼앗겨 이만저만 불만이 아니었다. 특히 막부와 다이묘(大名)들에게 때때로 돈을 받아오던 조정의 공경(公卿)들은 그 길이 막히자 대놓고 불평을 털어놓았다. 막부의 정치는 원래 뇌물이 있어야 제대로 돌아가는 구조였다. 막부 간부들과 다이묘들이 조정을 움직이기 위해 공경들에게 돈을 주었기 때문이다. 공경들은 이를 뇌물로 생각하지 않고 막부와 다이묘들의 권리를 도모해 주는 대신 이에 상응하는 대가를 받는 사례라고 생각했다. 막부 간부들은 생각보다도 돈이 큰 효과를 발휘하는 사실을 알고 더 적극적으로 돈을 주었다. 각 번(藩)의 다이묘들도 이에 대처하기 위해 더 많은 뇌물을 공경들에게 보냈다. 정초와 추석에는 액수도 커졌다. 물론 공경들 모두가 다 그런 건 아니었지만 돈에 좌우되지 않는 공경은 극히 드물었다. 유신 뒤 이들은 새로 만들어진 태정관에서 모두 쫓겨나고 산조(三條)와 이와쿠라(岩倉)만이 새 정권에 기용되었다. 많은 다이묘들도 정권에서 소외되기는 마찬가지였다.

이토는 정치를 안정시키기 위해서는 이들의 불만을 해소하는 일이 무엇보다 급하다고 판단했다. 그는 헌법제정에 앞서 1884년 화족령(華族令)을 만들었다. 화족제도는 이들에게 특권적 지위를 부여하고 지위에 따라 보수를 지급하여 생계를 지원하는 일종의 귀족 양로제였다.

지위는 공작·후작·백작·자작·남작의 다섯 단계로 나누었다. 산조·이와쿠라·도쿠가와·시마즈·모리가(毛利家) 등과 같은 화족집안 출신에게 가장 높은 공작이 주어졌고 사이온지(西園寺), 나베시마(鍋島) 등 명문에도 후작이 수여됐다. 백작은 10만 석 이상을 받았던 다이묘, 자작은 그 이하의 녹을 받은 상급무사들에게 돌아갔으며 큰 번(藩)의 가로(家老)로 1만 석을 받았던 사족에게는 남작이 주어졌다. 이 밖에 유신공로자에게도 백작·자작·남작의 작위가 수여됐다. 이토·야마가타·이노우에·야마다(이상 조슈), 구로다·오야마·사이고·마쓰가타(이상 사쓰마), 오오키·소에지마(이상 히젠), 사사키(도사) 등이 백작을, 히지가타·후쿠오카(이상 도사) 등은 자작을 받았다. 그러나 오쿠마와 이타가키·고토 등에게는 처음 작위가 주어지지 않았으나 1887년 재심 결과 백작을 수여했다.

작위에는 많은 일시금과 연금을 지급했다. 이토는 막부시대 10만 석의 녹을 받는 다이묘와 지위가 같았다. 화족제도는 물론 일본도 서구의 상·하원처럼 2원제 의회를 도입할 목적으로 이에 대비한 조치였다. 이토는 텐노가 임명하는 귀족원을 구성하려면 화족제도가 필요하다고 판단했다. 말하자면 막부시대 지배계급의 불만을 덜고 귀족원을 구성하여 정권을 이끌어 갈 장기집권의 포석이었다.

이토는 유능한 인재를 발탁하여 그들의 재능을 빌리는 데도 남다른 재주가 있었다. 그는 메이지 초부터 '막료단(幕僚團)'을 만들어 정치를 요리했다. 스에마쓰 겐초(末松謙澄)·이토 미요지(伊東巳代治)·가네코 겐타로(金子堅太郎)·이노우에 고와시(井上毅)·사이온지 긴모치(西園寺公望)·하야시다 가메타로(林田龜太郎)·아리가 나가오(有賀長雄)·사메지마 다케노스케(鮫島武之助)·후루야 히사쓰나(古谷久綱) 등이 이토의 막료들이었다. 이 가운데 스에마쓰 겐초·이토 미요지·가네코 겐타로·이노우에 고와시 등은 '이토의 사천왕(四天王)' 또는 '후지문(藤門)의 4영재(四英才)'로 불리었다.

사천왕 가운데서는 스에마쓰 겐초가 가장 먼저 히토의 보좌관이 되었다. 스에마쓰는 인생역정도 특이했다. 1855년 고쿠라(小倉) 번에서 태어난 그는 도쿄사범학교(東京師範學校)에 진학했으나 곧 자퇴하고 놀다가 1874년 《도쿄니치니치신문(東京日日新聞)》의 발행사인 《닛보샤(日報社)》에 들어갔다. 학교를 그만두고 놀 때는 다카하시 고레기요(高橋是清)와 함께 영자신문 번역으로 생계를 이으며 영어공부를 했다.

그는 신문사에서 '사사나미 효지(笹波萍二)'라는 필명으로 외국 사정을 소개하거나 논설을 쓰다가 사장 후쿠치 오치(福地櫻痴)의 소개로 이토를 알게 되어 1876년 공부(工部) 권소승(權少丞)에 임명되었다. 권소승은 지금의 과장급으로 그는 처음부터 실력을 인정받은 셈이었다. 1877년 10월 태정관 권소서기관(내각 비서관)으로 옮겼다가 1878년 1월 주영 일본공사관 일등서기관으로 발령을 받고 2년 동안 근무했다. 그러나 1880년 외교관을 그만두고 1882년부터 86년까지 영국 캠브리지대학에서 역사학을 공부했다. 그는 귀국한 뒤 영시(英詩)를 일본어로 번역하고 가부키(歌舞伎) 개량운동에도 참여하는 등 활동이 다채로웠다. 그는 1889년 이토의 둘째딸 이쿠코(生子)와 결혼했다.

다음은 이토 미요지가 막료로 기용됐다. 1875년 나가사키에서 상인의 아들로 태어나 어려서부터 네덜란드인 프로베키(미국교회 선교사)에게 영어를 배워 어학에 재능을 보였다. 유신 뒤 한때 공부성(工部省) 전신기사로 일했으나 그만두고 고베(神戶)에서 발행하던 영자지 《효고 & 오사카 헤럴드》의 직원이 되었다. 그는 여기에서 어학실력을 발휘하여 1873년 8월 효고현 6등 역관(譯官)에 채용되었다.

승진도 빨라 1875년 10월에는 열여덟 살의 젊은 나이에 외무과 부과장이 되었으나 현청(縣廳)의 내분에 휘말려 1876년 10월 퇴직했다. 그를 아끼던 전 현령 간다 다카히라(神田孝平)가 이토에게 소개하여 1877년 1월 공부(工部) 계장에 특채되었다. 이토는 이때 미요지에게 미국공사관 앞으로 보내는 문서를 영문으로 기안하게 하여 이를 읽어보고 다시 고쳐 서명한 뒤 발송했다고 한다. 이는 미요지의 어학실력이 어느 정도인지 알아보고, 동시에 자신의 실력도 보통이 아니라는 사실을 알리기 위한 하나의 면접시험이었다.

이렇게 하여 이토는 한동안 스에마쓰에 이어 미요지를 보좌관으로 활용했다. 미요지는 이토의 자리가 바뀌자 내무성 계장, 참사원 의관보(議官補) 겸 서기관 등으로 승진한 뒤, 1882년 3월 헌법조사원으로 이토의 유럽여행을 수행하게 되었다. 헌법조사를 마치고 돌아와서는 이토가 초대 내각총리에 취임(1885년 12월)하자 가네코 겐타로와 함께 수상 비서관으로 임명되었다. 가네코는 이토의 세 번째 전속 보좌관이었다. 1853년 후쿠오카(福岡) 번사(藩士)의 아들로 태어난 가네코는 후쿠오카번이 파견한 유학생으로 미국 하버드대학을 졸업(1878년)하고 돌아온 수재였다. 한때 계몽단체 요원으로 계몽운동에 참가하기도 했으나 1880년 4월 원로원 서기관으로 관직에 첫발을 들여놓았다. 1884년 이노우에 고와시의 추천으로 이토에게 헌법 기초작업을 도와달라는 부탁을 받고 태정관 서기관 겸 제도조사국 서기관으로 이토의 보좌관이 되었다. 제도조사국은 헌법 기초작업을 위해 설치된 부서로 이토가 장관을 겸하고 있었다.

이노우에 고와시는 이토와의 관계가 이들 세 명과는 달랐다. 그는 이토의 전속 보좌관은 아니었다. 그래서 귀속의식이나 충성심이 별로 없었다. 1843년 구마모토(熊本) 번사의 아들로 태어난 이노우에는 어려서 사서오경을 통달하여 신동으로 불렸다. 그러나 그는 한학을 멀리하고 막부가 네덜란드·영국·프랑스·독일·러시아 등 서양학을 가르치기 위해 세운 개성소(開成所)에 들어가 프랑스어와 프랑스 학문을 공부했다. 제국헌법에 프랑스의 법적 요소가 보태진 것은 바로 이노우에의 영향이었다.

유신 뒤 사법성 관료로 들어간 그는 1880년 태정관 대서기관으로 법제부를 담당했으며 1889년 2월에는 2대 법제국 장관에 올라 초대 추밀원 서기관장을 겸임했다. 이노우에는 처음 오쿠보와 가까웠으나 그가 죽자 이와쿠라 밑에서 헌법개정 준비작업을 도왔다. 이노우에는 이토가 법제국 장관을 겸임하면서 업무적으로 그와 가까워졌다. 이토는 그를 대단히 아꼈다. 하지만 그는 이토가 생각하는 만큼 이토의 전속막료라고는 생각지 않았다. 이노우에는 야마가타·이노우에 가오루·야마다·마쓰가타 등도 이토와 똑같이 대했다.

당시는 통신시설이 미비하여 보스와 보좌관 사이는 말할 나위도 없고 각료들도 보통 서신을 통해 정보를 주고받으며 정무를 협의했다. 헌법을 만든 1889년만 보더라도 미요지는 이토에게 56건의 서한을 보냈고 이노우에는 53건, 스에마쓰는 12건, 가네코는 7건을 각각 보고했다. 사천왕 가운데 이토 미요지의 서신보고가 가장 많았다. 정무와 직접 관련 없는 정계동향 등 개인적인 정보는 그가 수집, 보고를 전담했던 탓이었다. 이토는 이런 서한을 역사의 기록으로 여겨 하나도 버리지 않고 그대로 모아 두었다. 그러나 1923년 9월 2일 관동대지진 때 도쿄 도라노몬(虎門)에 있던 유신사(維新史) 자료 편집국에서 정리하다 1만 수천여 권의 이토에 관한 유물과 서적이 불탔다고 한다.

아무튼 이토의 정치적 성장에 따라 이토 사단도 세력이 커지고 회원들의 정치적 지위도 순조롭게 상승했다. 굳이 파내 서열을 따지자면 이노우에 고와시가 첫째였고 스에마쓰·미요지·가네코 순이었다. 이토는 나름대로 보좌관들을 내각 본부와 추밀원 사무국 등 적재적소에 배치하여 그들의 재능을 활용했다. 1892년 제2차 이토 내각 구성 때는 이노우에 고와시를 문부대신에, 이토 미요지를 내각서기관장에 발탁한 데 이어, 1894년에는 사이온지 긴모치를 문부대신에 임명했다. 또 1898년 제3차 이토 내각 때는 이토 미요지를 농상무대신에, 스에마쓰를 체신대신에 임명하고, 가네코 겐타로도 이토 미요지가 사표를 내자 그 후임으로 기용했다. 가네코는 이어 제4차(1900년 10월 19일) 내각의 법무대신으로 중용됐다.

따라서 막료들도 2, 3세대들로 자연스럽게 교체되었다. 이토는 출신지는 물론 출생신분에 관계없이 막료들을 골랐다. 이토파(伊藤派)에는 조슈 출신이 두 명밖에 없었으며, 당시 천민계급이었던 상인신분의 자녀도 있었다. 사쓰마 출신과 구 막부 관계자들을 주로 막료로 기용했던 구로다와, 조슈 출신만을 고집했던 야마가타와는 좋은 대조를 보였다. 이토는 또 막료 채용에 어학실력을 중시하고 때때로 자신이 직접 면접시험을 보거나 과제를 내었다.

이토는 서양서적과 외국신문을 즐겨 읽으며 이러한 능력을 막료들에게 요구했다. 그는 유럽의 법학과 정치학에 대한 지식을 갖춘 인재를 뽑아 요직에 앉혔는데, 이러한 노력은 죽을 때까지 계속되었다. 이토 개인을 위한 정치 정보수집은 제1세대 막료들의 담당으로 그 가운데서도 주로 이토 미요지의 활약이 컸다. 미요지는 정보의 가치를 깊이 인식하고 수집, 평가, 조작에 큰 관심을 보였다. 미요지의 활동은 이토의 정치적 승리에 크게 공헌하고 자신도 정·관계의 단계를 착실히 밟아 올라갔다. 그러나 미요지의 그러한 탁월한 정보수집 능력 때문에 그에게만 정보를 의지한 나머지 각료 진출이 늦어 불만을 사기도 했다.

이토는 돈으로 적수를 매수하는 데도 보통이 아니었다. 그는 정부예산을 물 쓰듯이 하면서도 이노우에 가오루와 야마가타처럼 축재(蓄財)는 하지 않았다는 것이 학계의 평이다. 이토는 특히 신문사에 많은 돈을 지원하며 여론을 정부에 유리하게 이끌었다. 당시 유신정부는 각종 정보수집과 여론조작을 위한 '기밀비'와 '기밀금'을 운용하고 있었다. 내각은 말할 것도 없고 내무성과 외무성, 육군성, 해군성, 경찰청, 부현청 등 주요 관청에도 같은 용도의 예산이 있었다.

하지만 기밀비와 기밀금은 쓰임새는 같았으나 조성과정이 달랐다. 곧 기밀비는 정부예산에 정식으로 편성되어 용도가 분명한 돈으로 회계감사원도 이를 감사하지 않았다. 반면 기밀금은 예산에 세목이 없는 데다 어떻게 조성되는지도 잘 알려지지 않았다. 내각의 경우 기밀비와 기밀금은 총리대신에게 사용권한이 있었지만 통상 내각서기관장이 실무를 관장했다. 액수도 시기에 따라 차이가 있었지만 1880년대는 연간 10만 내지 16만 5천 엔에 이르렀던

것으로 집계되고 있다. 기밀비가 3만~4만 엔, 기밀금이 10만~12만 6천 엔이었다. 이는 당시 국가 예산의 0.12~0.2퍼센트 수준이었다(《伊藤博文の情報戰略》).

이와 같은 기밀비와 기밀금은 주로 친정부 신문사나 단체의 보조금, 정부요인의 해외여행비 보조, 반정부 인사 회유, 외국특파원 매수, 조선의 친일파 지원 등에 쓰였다. 이 가운데 가장 많은 부분은 신문사 지원이었다. 내각제 도입을 위해 격론이 심했던 1885년 8월에는 《대동사(大東社)》 보조금으로 600엔, 《일보사(日報社)》 보조금으로 975엔, 이와쿠라 전기 자료조사비 70엔, 기타 요인 지원비 160엔 등이 쓰였다.

《대동사》는 오사카의 친정부 신문인 《내외신문(內外新聞)》의 발행 모체였고, 《일보사》는 도쿄 《마이니치신문(每日新聞)》의 전신인 《도쿄니치니치신문》의 모회사였다. 또 일시금으로 《충애사(忠愛社)》에 1만 5천엔, 《아사히신문(朝日新聞)》에 137엔이 보조되었다. 현재 중립을 표방하고 있는 《아사히신문》은 당시만 해도 정부에 가까워 많은 돈을 지원받았으나 1894년 보조금을 정부에 되돌려 주고 정부와 관계를 끊었다고 한다.

이토는 민권계(民權系)였던 《도쿄아케보노신문(東京曙新聞)》을 1만 엔에 매수하고 《도쿄니치니치신문(東京日日新聞)》, 《조야신문(朝野新聞)》, 《호치신문(報知新聞)》, 《게이힝마이니치신문(京浜每日新聞)》, 《요미우리신문(讀賣新聞)》 등을 날마다 대량으로 사주었다. 이들 5개 신문을 사는 데는 매월 2,500엔의 큰돈이 들었다. 당시 신문값은 신문사에 따라 조금씩 차이가 있었지만 한 부당 평균 10전 정도였으므로 한 신문사마다 매일 330부씩을 사주는 셈이었다. 그는 이처럼 언론을 일단 돈으로 매수하고 그래도 말을 듣지 않을 때는 보안법을 적용하여 가차없이 단속했다.

이토는 이에 그치지 않고 3만 엔을 들여 정부신문을 발행할 계획이었으나 유럽출장을 가는 바람에 뜻을 이루지 못했다. 이토 미요지가 1896년 1월 명성황후 시해사건을 무마하기 위해 코커릴 《뉴욕헤럴드》 주일특파원에게 건넨 6천 엔의 큰돈도 모두 기밀금이었다. 이를 지금 돈으로 환산(한국은행 추산)하면 2천만 엔, 우리 돈으로는 자그마치 2억여 원이나 된다.

이토는 청일전쟁 뒤 조선문제를 둘러싸고 정부에 비판을 가하던 국민협회에 3만 엔을 주고 정부에 협조해 주도록 회유하기도 했다. 그는 1906년 한국통감으로 부임해서도 언론을 돈으로 매수하고, 그래도 안 되면 보안법으로 다루는 '당근과 채찍'으로 통제했다. 특히 그해 창간된 《경성일보(京城日報)》는 식민통치의 주구였다. 초대사장은 《오사카 아사히신문(大阪朝日新聞)》의 편집장을 지낸 이토 유칸(伊藤祐侃)이었다. 《경성일보》 운영비는 역시 기밀비에서 나왔다.

이토는 또 각 기관에 정보경찰을 몰래 보내 정보를 모으고 보좌관들에게도 공안정보를 수집하도록 했다. 연말에는 공안정보 수집 공로자들에게 특별상을 주기도 했다. 미요지와 주고받은 서한에 따르면 이토는 1893년 11월 28일 미요지에게 1천 엔, 스에마쓰와 고쿠라(小倉)에게 각각 500엔, 소노다(園田)에게 300엔, 오노다(小野田)와 겐지(檢事)에게 각각 200엔씩을 주라고 지시했다.

이토는 하얼빈에서 최후를 맞을 때까지 텐노를 등에 업고 모든 수단방법을 동원하여 장기집권하며 권세를 누렸다.

참고문헌

강만길,《고쳐 쓴 한국근대사》, 창작과비평사, 1994.

강창석,《朝鮮總督府研究》, 국학자료원, 1994.

강창일,《이등박문》, 중심, 2000.

권태억,〈통감부 설치기 일제의 조선근대화론〉,《國史館論叢》53, 국사
　　　편찬위원회, 1994.

김은숙 옮김,《閔妃暗殺》, 조선일보사, 1988.

미승우,《日帝農林收奪相》, 녹원출판사, 1983.

박영석,〈李完用研究〉,《國史館論叢》32, 국사편찬위원회, 1992.

역사학회 편,《露日戰爭前後 日本의 韓國侵略》, 일조각, 1986.

유재곤,〈日帝統監 伊藤博文의 對韓侵略政策〉,《청계사학》10, 청계사학
　　　회, 1993.

──────,〈伊藤博文의 對韓侵略政策─大臣會談筆記를 중심으로〉, 조항래
　　　편,《日帝의 對韓侵略政策史 研究》, 현음사, 1996.

이광웅,《소설 배정자》, 예가출판사, 1994.

이현희,《征韓論의 背景과 影響》, 대왕사, 1986.

장백일,《義士 田明雲》, 집문당, 1997.

정일성,《황국사관의 실체》, 지식산업사, 2000.

──────,《후쿠자와 유키치 ─ 탈아론을 어떻게 펼쳤는가》, 지식산업사,
　　　2001.

조항래,〈一進會 研究〉, 중앙대 박사학위논문, 1984.

천관우,《韓國近代史 散策》, 정음문화사, 1986.

최문형,《한국을 둘러싼 제국주의 열강의 각축》, 지식산업사, 2001.

──────,《명성황후 시해의 진실을 밝힌다》, 지식산업사, 2001.

혜안기획실 편,《제국 흥망의 연출자들》, 혜안, 1994.

岡義武,《近代日本の政治家》, 岩波書店, 1979.

京城美術俱樂部 編,《伊藤博文公 遺墨·入札·目錄》, 京城美術俱樂部,
　　　　　1935.

久米正雄,《伊藤博文傳》第15卷, 改造社, 1931.

金正明 編,《伊藤博文 暗殺 記錄》, 原書房, 1951.

楠木誠一郎,《眞說, 伊藤博文 暗殺》, 祥傳社, 1999.

奈良本辰也,《吉田松陰》, 岩波書店, 1985.

鹿嶋海馬,《伊藤博文はなぜ殺されたか》, 三一書房, 1995.

德富蘇峰,《吉田松陰》, 岩波書店, 1985.

童門冬二,《小說 伊藤博文 上·下》, 學陽書房, 1996.

東洋拓殖株式會社 編,《東洋拓殖株式會社 槪要》, 1908~1911.

毛利敏彦,《明治六年 政變》, 中央公論社, 1999.

邦光史郎,《歷史を創った人人》, 大阪書籍, 1895.

白井久也,《明治國家と日淸戰爭》, 社會評論社, 1997.

服部之總,《黑船前後》, 筑摩書房, 1969.

三好徹,《史傳 伊藤博文 上·下》, 德間書店, 2000.

上垣外憲一,《暗殺 伊藤博文》, 筑馬書房, 2000.

西部邁,《思想史の相貌》, 世界文化社, 1991.

石田文四郎 編,《明治大事件史》, 錦正社, 1954.

星新一,《明治の人物誌》, 新潮社, 1998.

松重正·宮崎鐵雄·鹿島昇,《明治維新の生贄》, 新國民社, 1998.

勝本淳弘,《伊藤博文》, 明治圖書出版, 1997.

安川壽之輔,《福澤諭吉のアジア認識》, 高文硏, 2001.

岩井忠雄,《明治天皇》, 三省堂, 1997.

鹽田庄兵衛,《日本社會運動史》, 岩波書店, 1984.

鈴木安藏,《(評傳) 伊藤博文》, 昭和刊行會, 1931.

友納友次郎,《伊藤博文と安重根》, 子供の日本社, 1930.

伊藤之雄,《立憲國家の確立と伊藤博文》, 吉川弘文館, 1999.

───,《立憲國家と日露戰爭》, 木鐸社, 2000.

伊藤博文關係文書研究會 編,《伊藤博文關係文書 1~9》, 塙書房,
　　　　1973~1981.

入江昭,《日本の外交》, 中央公論社, 1986.

齋藤泰彦,《わが心の安重根》, 五月書房, 1997.

祖田浩一 編,《好色家艷聞事典》, 東京堂出版, 1996.

佐藤充功,《伊藤博文を擊った男》, 中央公論社, 1999.

佐藤隆,《明治の群像》, 實業之日本社, 1998.

佐木隆三,《伊藤博文と安重根》, 文藝春秋, 1994.

佐佐木隆,《伊藤博文の情報戰略》, 中央公論社, 1999.

中野泰雄,《安重根》, 亞紀書房, 1884.

───,《安重根と伊藤博文》, 恒文社, 1996.

中村吉藏,《伊藤博文傳》, 大日本雄辯會講談社, 1931.

中村金藏,《(少年)伊藤博文公傳》, 大同館, 1930.

中塚明,《日淸戰爭の硏究》, 靑木書店, 1994.

淺野健一,《天皇の記者たち》, スリーエーネットワーク, 1997.

淸水伸,《明治憲法制定史 上・下》, 原書房, 1971.

春畝公追頌會 編,《伊藤博文傳》, 春畝公追頌會, 1931.

平塚篤 編,《伊藤博文 秘錄》, 原書房, 1982.

───,《續 伊藤博文 秘錄》, 原書房, 1982.

河合敦,《目からウロコの近・現代史》, PNP研究所, 2000.

海原徹,《松下村塾の人びと》, ミネルヴア書房, 1999.

丸山眞男,《日本の思想》, 岩波書店, 2001.

檜山幸夫,《日淸戰爭》, 講談社, 2000.

이토 히로부미 연보

연도	월	일	경력	비고
1841	9	2	야마구치현 구마게군(熊毛郡) 쓰카니(束荷) 마을에서 농부의 외아들로 태어남	
1846	12	20	아버지 주조(十藏)가 하기(萩)로 이사하여 외가에 맡겨짐	
1849	3	7	어머니(琴子)와 함께 하기로 이사. 공부 시작	
1853	1	1	구보고로사에몬(久保五郎左衛門) 가숙에 다님	
1854	1		아버지가 이토 나오에몬(伊藤直右衛門)의 양자가 되어 이토(伊藤) 성을 얻음.	미일화친조약(3월 31일)
1856	9		미우라(三浦) 반도의 가미미야타(上宮田)에서 경비근무. 구루하라 묘조(來原良藏)의 조수가 됨	제2차 아편전쟁
1857	9		쇼카손주크(松下村塾)에서 요시다 쇼인에게 배움	
1858		7	26	조정(朝廷)의 동정을 알아보기 위해 나카무라 미치타로(中村道太郎)를 따라 교토(京都) 잠행	미일수호통상조약(7월 29일)
	11	25	나가사키에서 소총 다루는 법을 배움	
1859	9	15	존왕양이 운동에 참가. 기도 다카요시(木戶孝允)의 수행원으로 도쿄에 감	요시다 쇼인 사형(10월 27일), 유해 수습
1862	12	12	다카스기 신사쿠(高杉晋作) 등 12명과 함께 영국공사관 습격	진주민란
	12	21	국학자 하나와 지로(塙次郎)를 칼로 베어 죽임	
1863	3		스미코와 결혼	
	3	20	무사 신분이 됨	
	5	12	이노우에 가오루(井上馨) 등과 함께 영국 유학	
1864	6	10	조슈번이 외국선을 포격하고 사쓰마번이 영국함대와 교전한 것을 알고 이노우에와 함께 귀국	철종 사망. 제26대 고종 즉위
	8	8	강화사절 통역으로 시모노세키에서 다카스기 신사쿠의 대(對)영국 강화회담을 도움.	
	12	15	역사대(力士隊)를 이끌고 다카스기 신사쿠와 함께 시모노세키로 출병	
1866	3		스미코와 이혼	제너럴 셔먼호 사건(9월 2일)
	4		우메코(梅子)와 재혼	
	12		큰딸 사다코(貞子) 낳음	병인양요(10월 16일)
1867	9		시모노세키에서 사카모토 료마(坂本龍馬)를 만나 막부 토벌 논의	러시아가 알래스카를 720만 달러에 미국에 매도(3월30일)

연도	월	일	내용	참고
1868	1	13	메이지 신정부의 외국사무담당관이 됨	메이지유신 왕정복고(1월3일)
	5	3	오사카부판사 겸 외국관판사	
	5	23	효고현(兵庫縣) 지사. 미국 프랑스 독일 이탈리아 네덜란드 등 5개국에 텐노 친정을 통보	
	8		둘째딸 이쿠코(生子) 낳음	
1869	7	18	대장소보(大藏少輔)가 됨. 큰딸 사다코 요절	수에즈운하 개통(11월 17일)
	8	11	민부소보(民部少輔)를 겸임	
1870	11	2	재정제도 조사연구차 미국에 감	
	12	12	미국대통령 알현	
1871	5	9	미국에서 돌아와 조세두 겸 조폐두가 됨	신미양요(1월 8일)
	11	12	이와쿠라 특명전권대사와 함께 전권부사로 구미각국 방문	
1872	1	25	대사일행과 미국대통령 회견	경복궁 완공
	3	20	조약개정을 위한 전권위임장을 지참하기 위해 오쿠보 부사와 워싱턴 출발	
	5	17	전권위임장을 가지고 출발하여 6월 17일 워싱턴 도착	
	7	14	런던 도착	
	11	4	빅토리아 여왕 알현	
	11	16	파리 도착	
	11	26	프랑스 대통령에게 국서를 전달하고 각국 순방	
1873	9	13	마르세유에서 배를 타고 귀국	대원군 실각
	10	25	참의 겸 공부경(工部卿)으로 승진	
1874	7	7	법제국 장관. 지방관 회의 의장	
1875	2	11	기도 다카요시, 오쿠보 도시미치, 이노우에 가오루, 이타가키 다이스케 등과 간담하고 '오사카 회의'를 주선	운요호사건(9월 20일)
1876	2		셋째딸 아사코(朝子) 낳음	
1877	11	20	서남전쟁 공로로 훈일등욱일대수장(勳一等旭日大綬章)을 받음	
1878	5	15	내무경이 됨	오쿠보도시미치 암살
	6		이노우에가오루의 형 아들을 양자로 삼음	
1880	2	28	전임 참의가 됨	
	12	24	후쿠자와유키치를 오쿠마집으로 불러 이노우에가오루, 오쿠마시게노부 등과 정부신문 발행 계획 협의	
1882	3	14	헌법 조사연구를 위해 독일유학	한미·한영·한독 수호통상조약 체결. 조중상민수륙통상장정체결. 임오군란(7월 23일)
	5	16	베를린에 도착한 뒤 그나이스트, 슈타인 등에게 헌법 강의를 들음	

1884	7	7	백작이 됨	한러수호통상조약 / 갑신정변(12월 4일) / 원세개, 개화파 정권을 붕괴시킴(12월 6일) / 이노우에가오루, 한성조약체결 차 방한(12월 30일)
1885	12	22	내각제 창설 / 초대 내각총리에 오름 / 정부(情婦) 사이에서 아들 후미요시(文吉) 낳음	
1887	6	4	헌법기초를 위해 가나가와현 나쓰시마(夏島)의 별장에서 합숙	
1888	4	30	협법제정을 위해 내각총리를 사임하고 초대 추밀원 의장이 됨	
	9	13	한국의 여러 항구와 블라디보스토크 인근 시찰	
1889	2	11	헌법 공포. 헌법제정 공로로 욱일동화대수장(旭日桐花大綬章)을 받음	
1890	7		다른 정부 사이에서 둘째아들 신이치(眞一) 낳음	
	10	24	귀족원 의장	
1891	6	1	추밀원 의장	
1892	8	8	제2차 이토내각 총리	
1893	4	13	법전조사회 총재	
1894	8	22	영일조약 본문 텐노에게 봉정	동학혁명(2월 15일) / 김옥균, 상해에서 홍종우에게 암살(3월 28일) / 청병 아산 도착. 일본군 인천상륙(6월 12일) / 청일전쟁(8월 1일)
1895	3	19	이홍장과 시모노세키에서 강화 담판	전봉준 처형(4월 23일) / 미우라 주한공사, 민비 암살 / 미우라 재판에 회부
	6	18	대만사무국 총재	
	8	5	후작. 대훈위국화대수장(大勳位菊花大綬章)을 받음	
1896	3	5	한성 방문	조선 양력채택 / 아관파천(2월 11일) / 서재필《독립신문》발간
	3	19	아버지 주조 사망	
	8	31	내각총리 사임	
1897	5	7	아리스가와노미야다루히토 친왕과 영국 빅토리아여왕 즉위60년축전에 참석하기 위해 영국 방문	고종 덕수궁으로 환궁(2월 20일) / 대한제국(10월 11일),광무 연호 채택
1898	1	12	제3차 이토내각(내각총리)	대원군 서거(2월 22일)
	6	30	내각총리 사임	
	7	26	청나라 방문	
1899	8	24	제실(帝室) 제도조사국 총재	마산·군산·성진을 외국인 거류지로 지정(6월 2일) / 경인선개통(9월 18일)

1900	9	15	입헌정우회 창립(총재)	청나라 의화단 난
	10	19	제4차 이토 내각(총리)	
1901	5	10	내각총리 사임	한국·벨기에 수호통상조약 / 한불우편협정
	9	18	구미(歐美) 순방길에 오름	
1902	1	6	영국외무대신 랜스다운과 회견	제1차 영일동맹 / 경의선 착공 / 한국·덴마크 수호 통상조약
1903	7	6	입헌정우회 총재 사직, 추밀원 의장	용암포 조차에 관한 한러 협정
	10	7	어머니 고토코 사망	
1904	2	3	원로들과 가쓰라 수상 관저에서 대(對)러시아 전쟁 결의	일진회 결성 / 제1차 한일협약(8월 22일)
	3	13	한국황실 위문 특파대사로 고종 알현	
1905	10	17	을사보호조약 체결	경부선 철도개통(1월 1일). 민영환·조병세 등이 을사 보호조약에 항거하여 자결
	12	21	한국통감	
1906	3	28	통감부 업무 시작	경의선 개통(4월 3일) / 을 사보호조약 폐기 민중시위
1907	9	21	공작	고종 헤이그 세계평화회 의에 특사 파견 / 한국군 해산 / 순종대관식 / 한국 치안유지를 위한 한일의 정서 체결 / 한국 황태자 이은(李垠), 인질로 이토 와 함께 도쿄로 떠남
1909	6	14	한국통감 사임. 추밀원 의장	소네아라스케 제2대 한 국통감에 취임 / 일본내 각 한국합병 결정 / 조 선은행 설립
	10	14	만주여행 출발	
	10	26	하얼빈 역에서 안중근 의사에게 피살	
	11	4	히비야(日比谷)공원에서 국장(國葬)을 치름